U0745785

现代高职院校全面质量管理创新研究

王文勇　著

中国原子能出版社
China Atomic Energy Press

图书在版编目（CIP）数据

现代高职院校全面质量管理创新研究 / 王文勇著 . —
北京：中国原子能出版社，2021.5
ISBN 978-7-5221-1340-1

Ⅰ.①现… Ⅱ.①王… Ⅲ.①高等职业教育－教学质
量－研究－中国 Ⅳ.① G719.2

中国版本图书馆 CIP 数据核字 (2021) 第 063312 号

内容简介

本书属于高职院校教学质量管理方面的著作，由现代高职院校管理概述、高职院校教学质量管理、教育体系管理、专业课程质量管理、师资和学生质量管理、国外高职教学管理、教育质量评估与实践教学管理创新等部分组成。本书以高职教育为出发点，从高职院校教学管理的各个方面、不同角度来分析现代高职院校的质量管理，从而达到优化教学、提升高职院校教学水平、实现高职院校全面质量管理的目的。本书对高职院校的教学实践和创新管理进行了阐述，对高职教学管理者、高职教学从业人员以及高职教育行业的研究者具有学习和参考价值。

现代高职院校全面质量管理创新研究

出版发行	中国原子能出版社（北京市海淀区阜成路 43 号　100048）
策划编辑	高树超
责任编辑	高树超
装帧设计	河北优盛文化传播有限公司
责任校对	冯莲凤
责任印制	潘玉玲
印　　刷	三河市华晨印务有限公司
开　　本	710 mm×1000 mm　1/16
印　　张	16.5
字　　数	270 千字
版　　次	2021 年 5 月第 1 版　　2021 年 5 月第 1 次印刷
书　　号	ISBN 978-7-5221-1340-1
定　　价	85 元

前　言

　　高等职业院校英文名为 Higher Vocational College，简称高职院校。高职教育是高等职业技术教育的简称，高职教育是广义高等教育概念中的重要内涵。高等职业教育的目的是为国家和地方培养满足生产、建设、管理和服务第一线需要的应用型高技能人才。

　　全面质量管理是为了能够在最经济的水平上，并在考虑到充分满足客户要求的条件下进行市场研究、设计、生产和服务，把企业各部门的制定质量、维持质量和提高质量的活动构成一体的有效体系。高职院校的全面质量管理是指一所高职院校以质量为中心，以全校师生、员工的共同参与为基础，目的在于通过学校的消费者满意和本校所有成员及社会受益而达到长期成功的管理方式或途径。高职院校全面质量管理是对影响高职院校教育质量的全过程和各种因素进行的全面、系统的管理，它涉及高职院校中的所有活动，关系高职院校中的全体人员，贯穿高职院校教育工作的始终，其突出特点是全面性、全员性、全程性、预防性和质量改进的持续性。高职院校推行全面质量管理有着重大意义，全面质量管理有利于提高教学管理水平，提高高等教育质量，提升高职学生的社会竞争力。

　　高职院校全面质量管理是现代高职教育管理方式的一种创新。本书从高职院校的教育体系管理、专业课程管理、师资质量管理、学生质量管理、教学质量评估管理、实践教学质量管理等六个方面论述了高职院校全面质量管理建设，构思比较全面，讲述清晰透彻。本书的最后是对全面质量管理创新的整体叙述，从全面质量管理的角度审视高职院校的实践教学管理。

　　国外高职院校教学管理的经验可为高职院校教学全面质量管理提供参

考。本书综合分析了德国、美国、英国等国外高职院校的教学模式，为我国从"制造业大国"向"制造业强国"的转变提供了值得借鉴的教学经验。高职院校通过深入实施全面质量管理，可以促进其对教学结构的调整和技能型人才培养方式的转变，在我国高技能人才稀缺的背景下，高职院校的全面质量管理模式无疑为高技能型人才的培养提供了全新的视角和诸多启迪。

在撰写本书的过程中，笔者参考了一些专家、学者的研究成果，在此表示衷心的感谢。由于时间仓促，水平有限，不足之处在所难免，恳切希望广大专家、读者批评指正。

目 录

第一章　现代高职院校管理概述

第一节　高职院校的起源与发展

一、高职院校的定义

高等职业院校英文名为 Higher Vocational College，简称高职院校，类型有理工、文史、财经、政法、艺术等，其办学性质属于高等职业教育，所以也可以称为职业高等专业学校。根据教育部相关规定，从 20 世纪末期开始，非师范、非医学、公安类的专科层次全日制普通高等学校应当逐步规范其校名，后缀统一改为"职业技术学院"或"职业学院"；师范类、医学类的专科普通高等学校校名后缀统一为"高等专科学校"。本书中"高职院校"扩展涵盖了专科层次的高等职业技术学院、普通高等学校设置的职业技术学院和五年制高级职业技术学院。

《教育大辞典（下）》对"职业院校"的定义为"有中等和高等之分的实施职业技术教育的院校[①]。"不难看出，高职院校肩负着为社会培养高技能一线人才的责任，是高等院校重要的一部分。"高职"是高等职业的简称，目的是培养高等职业人才，其文凭相当于过去的大专。不过，和过去的大专比较，它更注重职业技能的培养。现在一般大专教育很少，主要是高等职业教育，因为后者有更好的就业前景。应该特别注意的是，高职院校属于高等

[①] 《教育大辞典》编纂委员会.教育大辞典（下）[M].北京：清华大学出版社，2006：103.

职业教育系统，与普通大学的差异并不在水平上，而是在功能上。正如我国著名高等教育专家潘懋元教授所言："高等职业教育是一种有别于理论性普通高等教育的类型，但并不是一个区别于本科的专科层次①。高等职业教育是独立于理论性本科院校之外的高等教育体系②，高等职业教育根据需要和条件的不同，由高等职业院校或者普通高等院校来实施。其他学校可以根据教育行政部门的总体规划，实施同级别的职业院校教育"。

高职包括专科和本科两个学历教育层次，根据教育部的有关规定，专科层次的非师范类和非医学类普通高等学校，校名后缀应逐步规范为"职业技术学院"或"职业学院"，专科层次的师范类和医学类普通高等学校，校名后缀应规范为"高等专科学校"。在发达国家和地区，高等职业教育体系完全囊括了专科和本科。而说到高职院校就会涉及高职教育这一概念。

二、高职教育的产生及历史

清光绪二十八年（1902 年）颁布的《钦定学堂章程》确立了中国的职业教育体制。实业学堂是当时进行职业教育的学堂，它将教育分为高等、中等、初等三个阶段。同时开设了简易实业学堂、中等实业学堂、师范学堂、高等实业学堂和师范馆。

在 1902 年至 1904 年实行的"壬寅学制、癸卯学制"中，出现了中国近现代最早的高职院校——"高等实业学堂"和"高等师范学堂"。《专门学校令》是"中华民国"政府教育部于 1912 年 12 月 22 日颁布的一项规定，它将高等实业学堂称为"专门学校"，主要用来教授高等学术，培养专门人才③。"中华民国"政府在 1913 年颁布的《实业学校令》中规定，"实业学校以教授农工商业必需之知识技能为目的。"随后在颁发的《实业学校规程》中规定"实业学校的种类有工业学校、农业学校、商业学校、商船学校和实业补习学校"。"中华民国"政府于 1912—1913 年颁布的"壬子癸丑学制"，是中国近现代高职院校的进一步发展④。

① 陈英杰.再论高等职业教育是一种类型 [J].三门峡职业技术学院学报，2007(3): 1-4.
② 陈玉玲，李玉贵.就业导向：高等职业教育发展的基本原则 [J].职教论坛，2007(1): 19-22.
③ 杜小燕.简述民国时期颁布的新学制与教育立法 [J].兰台世界日刊，2011(16): 40-41.
④ 张艳艳.从近代学制看我国师范教育体制的确立与发展 [D].石家庄：河北师范大学，2008.

　　黄炎培等48名教育界和实业界人士于1917年5月在上海正式发起并创办"中华职业教育社"，将实业教育正式改称为职业教育。由此可以看出，高等实业学堂相当于现在的高等职业院校。中国民族工业的不断发展，需要大批技术人员的支持，在清末实业教育的基础上，很多资产阶级民主派教育家在"实用主义"教育思想的指导下，大力倡导职业教育，促使高职教育有了一定的发展。截至1925年，全国共有67所专修科大学和专门学校的大学。中国现代教育史上影响最深的一次变革是1922年的"壬戌学制"中的建立的专门学校和高等师范学校。1922年制定的"壬戌学制"至今仍然在台湾贯彻实施。1929年，中华民国国民政府在颁布的《大学组织法》和《专科学校组织法》中将专科学校的宗旨确定为"教授应用科学，培养技术人才"。

　　中华人民共和国成立以后，在我国的高职院校中只有高等师范院校仍在坚持走高等职业教育的道路，其他高职院校的高职教育则已经名存实亡了。我国现代高职教育的前身是20世纪70年代末出现的职业大学。金陵职业大学是我国第一所职业大学，于1980年在南京成立，它的成立标志着我国现代高职教育的产生。1980年，教育部批准建立了其他13所职业大学，包括天津职业大学等。

　　1990年以后，我国高等职业教育发展迅速。1991年，国务院在颁布的《国务院关于大力发展职业技术教育的决定》中明确规定了职业技术教育的性质、地位、作用以及方向、任务、措施等，再次重申了建立由初等到高等的职业教育体系的问题，并再次提出了积极发展高等职业技术教育的任务。

　　1993年召开的全国教育工作会议明确指出了我国教育未来发展的两个关键点是基础教育（重中之重）和职业技术教育，随后国务院在颁布的《中国教育改革和发展纲要》[①]中明确了"职业教育是现代教育的重要组成部分，是工业化和生产社会化、现代化的重要支柱[②]。"根据《中国教育改革和发展纲要》的实施意见，我国要有计划地实行初高中教育后的三级分流，大力发展职业教育，逐步形成中等和高等职业和普通教育共同发展、相互衔接、比例合理的教育体系，积极开展多元化的高中后职业教育和培训，通过对现有高等专科学校、职业大学和成人高校的改革以及灵活多样的高等职业班的

[①] 中国教育改革和发展纲要（中共中央、国务院1993年2月13日印发）[J].上海成人教育，1994(9): 35-40.

[②] 赵伟业，纪春明.发展职业教育应解决的几个问题[J].职业技术教育，2000(3): 14.

组办等，积极发展高等职业教育。

1996 年召开的全国职教工作会议提出，要大力发展职业教育和高等职业教育，前者通过三级分流来实现，后者则通过实行"高等专科学校、职业大学、成人高校改革，中等专业学校办高职班作为补充"（简称"三改一补"）来实现。1966 年，第八届全国人民代表大会通过并颁布的《中华人民共和国职业教育法》使职业教育的依法治教有了法律依托。《中华人民共和国职业教育法》第 13 条规定了职业学校教育分为初等、中等、高等职业学校教育，并确定根据实际需要和条件由高等职业院校实施，或者由普通高等学校实施。

1997 年，联合国教科文组织教育统计局编写的《国际教育标准分类法》（以下简称《标准分类》）将教育分为 7 个教育层次，分别是 0 级学前教育、1 级小学教育、2 级初中教育、3 级高中阶段教育、4 级补习期教育（高中阶段与大学阶段之间）、5 级大学阶段教育和 6 级研究生阶段教育，其中大学阶段教育又分为以学术性为主的教育和以技术性为主的教育两类，分别用 5A 和 5B 表示。5A 教育的课程在很大程度上是理论性的，其目的是为进入高级研究课程和从事工程要求职业的学生做充分的准备；5B 教育的课程内容是面向实际的，是针对具体职业的，其主要目的是培养学生从事某个或某类职业、行业所需的实际技能，掌握相关知识，使完成 5B 教育的学生基本具备了进入劳务市场所需的能力和资格。由此可以看出，我国现阶段所追求的高等职业教育就是 5B 教育。5B 教育不仅仅是国家现象，还是世界教育发展的必然趋势。《标准分类》的出现确认了高职教育的权威性必将促进高职教育的发展。

1998 年，全国人大常委会通过并颁布了《中华人民共和国高等教育法》，将大学、独立设置的学院或高等专科学校，包括高等职业院校和成人高等学校认定为高等学校。高等职业院校是高等教育的一部分在法律上得到了确认。

1999 年 6 月，第三次全国教育工作会议召开，会议期间发布了《中共中央国务院关于深化教育改革全面推进素质教育的决定》（以下简称《决定》）[①]。《决定》明确指出，高等职业教育是高等教育的重要组成部分，要大力发展高等职业教育，培养一大批具有一定理论知识和较强实践能力的技术

---

① 顾明丽. 新形势下高职院校公路监理专业教学改革的研究与探讨 [J]. 教育教学论坛，2016(39): 123-124.

应用型人才。1999 年，全国独立设置的高职院校已达 161 所，名称均为"高等技术学院"或"职业技术学院"。截至 2000 年，全国高职学院增加到了184 所；截至 2001 年，全国高职院校增加到了 386 所。

2006 年 11 月 16 日，中华人民共和国教育部印发的《教育部关于全面提高高等职业教育教学质量的若干意见》（教高〔2006〕16 号）明确了高等职业教育是高等教育发展中的一个类型，直接面向生产、建设、服务和管理第一线，肩负着培养高技能人才的使命，其在我国加快推进社会主义现代化建设进程中的作用不可替代[①]。同时，"国家示范性高等职业院校建设计划"（又称"高职 211 工程"）开始实施，力争到 2020 年中国大陆出现 20 所文化底蕴丰厚、办学功底扎实、具有核心发展力且被国外高等职业教育界广泛认可的世界著名高职院校；重点建设 100 所办学特色鲜明、教学质量优良、在全国起引领示范作用的高职院校；重点建设 1 000 个技术含量高、社会适应性强、有地方特色和行业优势的品牌专业。

据统计，2002 年至 2007 年的五年间，我国普通高校招生数量年均增长25.82%，在校学习学生数量年均增长 25.60%；普通本科招生数量年均增长24.20%，在校学习学生数量年均增长 21.80%；高职院校招生数量年均增长36.50%，在校学习学生数量年均增长 33.75%。

截至 2008 年，以天津职业大学、成都航空职业技术学院、深圳职业技术学院等为代表的共计 100 所国家示范性高等职业院校和 8 所重点培育院校通过了教育部和财政部的正式遴选。这标志着我国高等职业教育及高职院校进入了一个前所未有的新的发展历史时期。

我国仍在大力促进高等教育的普及，现阶段已经实现了高等教育毛入学率 40% 的目标，基本满足了社会对高技能人才的需求。至此，高等职业教育进入了蓬勃发展阶段。我国高等职业教育起步较晚，但随着社会经济的发展，它的作用越来越被人们所认识。尽管我国高职教育兴起的时间不长，但是由于市场经济的发展和我国现代化建设的不断提速，促成了我国高职教育以快速发展，以适应形势的需要。各地高职院校如雨后春笋般地涌现，并在实践中勇于探索，积极创新，而且很多高职院校的教学管理各有千秋，具有创新特色。

[①] 廖世平.切实提高教学质量 促进高职教育发展[J].新课程研究职业教育，2008(2):8-11, 18.

三、高职院校发展现状

40 多年来，高校的不断深化改革使我国的高等教育事业取得了举世瞩目的成就。目前，中国高校的在校生数量已跃居世界第一位。由于 20 世纪末扩招的惯性作用，高等教育发展中规模与质量、结构与效益等方面的矛盾日益突显，这些问题影响着高等教育质量的持续提高，引起了国家高度重视。21 世纪初，我国就提出了"高等学校教学质量与教学改革工程"，要求各高校在确保自身教育质量的前提下实现高等教育规模的适度发展①。目前，我国的高等职业院校主要有隶属于普通本科院校的二级学院、高等专科学校、独立设置的职业技术学院和成人高校等。其中，独立设置的职业技术学院是现阶段我国高等职业教育的主力军。现在，高等职业教育规模已经达到高等教育的一半以上，因此我们要在办好专科学校的基础上，重点发展应用技术类型高职高校，培养更高层次的职业人才，建立以提升职业能力为导向的培养模式，并根据高等学校设置制度的规定将符合条件的技师学院纳入高等学校序列。

2018 年 11 月 14 日，中共中央总书记、国家主席、中央军委主席、中央全面深化改革委员会主任习近平同志主持召开了中央全面深化改革委员会第五次会议，会议审议通过了《国家职业教育改革实施方案》（又称"职教 20 条"）。2019 年 1 月 24 日，国务院印发《国家职业教育改革实施方案》②，随后"职教 20 条"成为职教人最常说起的"关键词"与"流行语"。"职教 20 条"的创新点有以下几个方面：第一，明确了办好类型教育的发展方向。"职教 20 条"开辟了职业教育改革与发展的新道路，提出了深化职业教育改革的路线图、时间表和任务书，明确了此后 5 年的工作重点是实现 2035 年中长期目标的基础，也是实现 2050 年远景目标的基础。第二，形成了一支联合力量，共同推动职业教育发展。"职教 20 条"在考虑经济社会发展全局的基础上对职业教育进行了规划，注重各部门之间、中央与地方之间的合作，以促进职业教育的协同发展，同时强调地方统筹推进，最大限度地凝聚各方共识、落实责任。第三，建立了许多制度标准。加快了标准化进程，打造了升级版职业教育体系软环境，不断完善学校设置、师资队伍、教学教材、信息化建设、安全设施等办学标准，提高职业培训水平，突出职业教育

① 林琳. 地方高校实施全面质量管理研究 [D]. 锦州：渤海大学，2014: 37.
② 张振华. 关于高职院校产教融合的探讨 [J]. 智库时代，2019(39): 68—69.

特色，提升职业教育水平。第四，启动了一些有基础、可操作的重大项目。"职教20条"对每一项具体工作都配套设计了具体工程项目，以重点项目体现改革导向。项目设计不仅充分考虑了已有工作基础，还体现了时代需要，包括中国特色高水平高职学校和专业建设计划、高水平实训基地建设等。

2019年6月，教育部公布了2019年全国高校名单。截至2019年6月15日，全国公办高职高专院校1 098所，民办高职高专院校322所，中外合作办学高职高专院校3所，共计1423所。

根据2020年5月21日教育部公布的专科层次高等学校备案名单，2020年全国新设高职高专院校56所，但由于部分院校的合并、撤销、升本，实际上2020年高职高专院校共增加了45所。其中，河南省的增加数量最多，高达10所，山东省增加了6所，四川省增加了5所，广东、安徽、北京等省市则无增加，而江苏、福建、黑龙江等省由于院校合并、撤销、升本的原因，院校数还有所减少。

截至2020年6月30日，根据教育部公布的全国高等学校名单，全国范围内普通高等学校2 740所，成人高等学校265所（未包含港澳台地区高等学校），共计3 005所。公办高职高专院校1 128所，民办高职高专院校337所，中外合作办学高职高专院校3所，共计1 468所。

一直以来，江苏省是拥有高职院校最多的省份，2020年，河南省新设高职院校10所，高职高专院校总数达到了94所，超过了江苏省，位居全国第一。江苏省一所院校升本，院校总数89所，位居全国第二。广东省87所，高职院校数量与2019年保持不变，位居全国第三。山东省2020年新设高职院校6所，院校总数82所，位居全国第四。四川省最近两年院校数增幅较大，2017年，教育部公布的全国高校名单中，四川省的高职院校有58所，排名第九，近两年高职院校数增加了21所，排名跃居到第五位。从"国家示范、骨干校"到"双高计划"，历经国家三次重大改革，江苏、山东、浙江、广东等沿海省份的高职教育综合实力始终居于全国前列，这一点直接反映在高职院校入选"国家示范、骨干校""国家优质校"和"双高计划"的数量上。高职高专院校数排在前十位的省份还有湖南、安徽、河北、湖北、江西，院校数量均在60所以上。

从行业和学科类型看，排在第一的高职院校是理工类院校，共有550多所，占比为38.9%；排在第二和第三的是综合类和财经类院校，分别有325

所和 121 所，占比分别为 22.9% 和 8.5%；医药、师范、艺术、农林的数量分别为 90 所、80 所、56 所和 51 所；政法、语言、体育、民族等类别的院校相对较少，四者相加的总和为 70 所。最近两年，高职又进行了大面积扩招，高职扩招是指高职（专科）院校实施扩招，属于大学扩招。2019 年，高职院校实施扩招，扩招人数为 100 万人。2020 年政府工作报告再次提出，今明两年继续扩招 200 万[①]。在党和政府的高度重视下，高等职业教育展示出了前所未有的发展前景。

2019 年以来，教育部批准开展本科层次职业教育试点的院校共计 22 所，打破了职业教育止步于专科层次的"天花板"。时任山东省教育厅党组书记、厅长的邓云锋曾经就职业院校的前景发表看法。他认为，职业院校的发展空间很宽广，上职业院校不仅就业有优势，升学还有渠道，学生自然就选择了职业教育。2020 年，山东 70% 的中职学生毕业以后选择了继续升学。其中，职教本科录取比例由原来的 6：1 提升到现在的 4：1。最初，山东职教本科计划才有 2 600 个，2020 年在教育部支持下，实际数额达到了 1.5 万个。但是，大部分由中等职业院校升格建立的高职院校，在办学过程中遇到了办学理念、校舍条件、师资数量和质量、教学和管理的规范等多方面的困难。

我国高职院校的发展历经了很多坎坷，高等职业教育发展还需要解决许多的困难和问题。高职教育的理念和实践也存在着不同的认识和表现，其教学管理状况也不尽如人意，教育教学观念和培养模式陈旧，甚至还存在着局部的滞后状况。高职教学管理在发展中前进，在不足中成长，还需要与时俱进，深化改革，创新教学管理，以加快高职教育发展。

第二节　高职院校的教育内涵与特点

一、高职教育的内涵

（一）高职教育的概念

高职教育的全称是高等职业技术教育，是高等教育 (Higher Education)

---

① 王洋.高职再扩招，怎么引进来送出去 ?[J]. 中国大学生就业，2020(16): 17-19.

系统的一个子系统。高职教育具有双重属性，即高等性和职业性①。高职教育是"高等教育"的一种，这里的高等教育是指中等教育以上程度的各种教育；高职教育具有职业性，所以它属于职业教育范畴，即高职教育是以职业能力培养为主要目标的高等教育。高职教育相较于中等职业教育，其培养目标更具有"高等性"，相较于高等普通教育培养则目标更具有"职业性"。《教育部关于加强高职高专教育人才培养工作的意见》（以下简称《意见》）中明确提出了高职教育的培养目标：培养拥护党的基本路线，适应生产、建设、管理、服务需要的德智体全面发展的高等技术应用型专门人才；要求学生在具备必备的基础知识和专门知识的基础上，重点掌握从事本专业领域实际工作的基本能力和基本技能，具有良好的职业道德和敬业精神②。《意见》指出：高职学校应以培养高等技术应用型专门人才为根本任务，以适应社会需求为目标，以培养技术应用能力为主线设计学生的知识、能力、结构素质和培养方案，毕业生应具有基础理论知识适度、技术应用能力强、知识面较宽、素质高等特点；以应用为主旨和特征构建课程和教学内容体系；实践教学的主要目的是培养学生的技术应用能力，并在教学计划中占较大比例；要有一支"双师型"教师队伍；坚持学校与社会用人部门结合，理论与实践结合的基本途径。《意见》对高职高专的很多方面都做了明确要求，如培养方案、知识体系、技术技能、师资培养、培养途径等。

高等职业教育这个名称和概念是很具有中国特色的，因为从国际上看，虽然存在高等职业教育这类教育活动，但很少有国家使用这一名词。高等职业教育的目标是培养高级技术应用型人才，目的是使接受高职教育的人可以直接从事某种职业。这里所说的职业是具有高级知识和技能的职业，而不是靠体力或手工技艺的职业。高等职业教育面向的是实际，并非针对某个特定的职业，主要进行有关"直接改造客观世界"的技术知识的教学。

学术界对"高等职业教育"的概念界定说法众多，随着高职研究的逐渐深入，人们对高等职业教育的认识日渐清晰，在高等职业教育概念的内涵上形成了一些共性的认识：基于人才类型定义高等职业教育。杨金士教授等人从教育类型的结构和培养人才类型结构的关系出发，给高等职业教育下了定义。他们认为，人才结构包括学术型人才和应用型人才两大类，学术型人才

---

① 冯军.论高职教育的高等性和职业性 [J].西部皮革,2016(6):194.

② 刘志霞.高职思想政治理论课实践教学体系构建 [J].中华少年,2016(4):16.

是指通过基础研究积累了高深知识的人，而应用型人才是指能够运用知识、技能高超的人，后者又可分为工程型人才、技术型人才和技能型人才。基于以上划分，他们认为，高等职业教育主要是高等技术教育，培养的是生产、管理和职业等一线的技术型人才。在我国，高职教师的专业化是高职教育发展的重要标准和保证。当前条件下，高职教师被认定为一种专业，是因为其专业理论完善、专业技能成熟，经过长期而严格的专业培养与发展，具有高度的专业自主权等不可或缺的社会功能。

我国的高职教育和西方发达国家的高等专业技术教育相似。由此推论，高等职业教育在我国也是旧有的职业教育形态，我国的专科、工科教育，以及更高层次的应用型专业学科的本科教育、硕士研究生教育及专业博士教育，都归于此类。对高等职业教育培养目标的称谓，在研究人员、政府文件和实践界有着许多新颖的表述，如高技能人才和技术应用型人才的称呼，突出了高等职业教育培养人才属性中的"高级"和"应用"。

我国的职业教育分为初等、中等和高等职业教育，分别对应普通教育中的初等教育、中等教育和高等教育。高职教育是职业教育的最高层次，包括专科、本科、硕士和博士等。高职教育中专科院校数量是最多的，是我国培养高技能人才的主要场所。高职教育是由高职院校实施，以职业能力为本位，以技术型（或高技能）人才为培养目标，具有一定的基础理论知识、专业知识、创新精神、终身学习能力、良好情操、可持续发展的高技术专门人才的高等教育。

（二）高职教育的本质内涵

一般认为，高等教育是指高等院校提供的各类中学后的学习、培训或研究，是建立在中等教育之上的教育，高等教育包括中等教育以后的所有教育，如高等技术训练、建立在中等教育基础之上的通识教育和专业教育、全日制大学教育、大学远程教育、在职教育、技术教育等。很明显，高职教育是广义高等教育概念中的重要内涵。尽管世界各国对高等教育大众化及其以后的教育机构名称没有统一的说法，但类似高等职业技术教育在各国都被视为高等教育大众化实践中的客观存在却是一个不争的事实。各国对高职院校各有着不同的称呼，如在美国被称为社区学院，在德国被称为职业学院或高等专科学校，在英国被称为多科技术学院，在日本被称为短期大学或5年制高等专门学校等。而人们在分析教育活动时并不刻意于其名称的差异，因为区分其性质的首要标准是其教育内容和培养目标，用院校名称来代替教育内容是片面的行为，可能会牺牲国际可比性的目标，因为在国际上院校结构通常是不可比的。因此，将在高等教育大众化的过程和框架下的高等技术教育体系称为高职教育，不会引起概念上的混淆，且符合中国高等教育的实际。

　　高等职业教育是我国高等教育体系的重要组成部分，也是我国职业教育的重要组成部分[①]。高职教育既联系于其他普通高等教育，又区别于其他普通高等教育；高职教育既从属于高等教育，又具有职业教育的属性。职业教育的宗旨是服务于社会主义现代化建设，培养的是以亿计的高素质劳动者和以千万计的高技能专门人才[②]。高等职业教育的内涵实质是高等技术教育，它是一种从属于高等教育，实施以职业为主定向的教育计划。"高等职业教育"是"高等"与"职业教育"两个概念的复合。业内人士将之通俗地表述为高等职业教育"姓"高"名"职。高等职业教育是具有独立行政地位的高等教育，为职业技术教育，可简称为高职教育。高职教育有两种教育表现形式，即职业技术培训和学校教育。高职教育注重培养技能型人才，更符合应用型岗位对求职者的需求。高职教育在人才培养目标与教学模式上有其自身的职业教育特色。高职教育院校在中职技校毕业生、普通高中毕业生、具有实践经验的中级技术工人中招收学生。只有正确认识高等职业院校的内涵，才能对其准确定位。高职教育培养的"高技能专门人才"是指接受高等教育的技术型人才[③]。高职教育的本质内涵可以归纳为下面几个方面：

　　（1）高职教育培养的"高技能专门人才"是技术型人才，不同于学术型人才和工程型人才，这些"高技能专门人才"在生产第一线工作，可以为社会谋取直接利益，可以直接生产社会需要的各种物质产品和服务产品。

　　（2）高职教育培养的人才，应具备形成技术应用能力所必需的基础理论知识和专业知识，应具有较强的综合能力，应具有运用各种知识和技能解决现场实际问题的能力，除能够完成必要的技能操作外还应具有相当的智力。

　　（3）高职教育培养的高技能专门人才，在知识、能力、情感等方面必须

---

①　张雅军．关于高职院校教学改革创新与人才培养质量的研究［J］．天津教育，2020(1)：25-26.

②　张军．职业指导教育实效的探索与实践例谈［J］．北方文学（下半月），2010(2)：35-36.

③　秦轶群．谈如何创新高职人才教育、培养高素质技术型人才［J］．才智，2020(16)：22.

是均衡发展的，必须是具有创新精神、终身学习能力的，只有这样才能符合高职教育的本质。围绕这个本质，高职教育的其他特性才得以产生，并为这个本质所制约。

（4）高等院校中高职院校是与普通高校并列的，两者都是我国国民教育类学校的重要组成部分。就教育类型而言，可以将"基础教育""职业教育"和"高等教育"按顺序连接，但这并不意味着高职教育在层级上就低于高等教育。高职院校的学生与普通高校的学生一样，必须具备科学文化理论基础和专业技术基础，要求学生必须是高中毕业或同等学力，并且具有初步的技术技能。

（5）高职教育的本质是技术教育，是一种以职业为导向的教育计划。高职教育从属于高等教育，是高等教育的重要组成部分，培养的是高水平的技术应用型人才。

二、现代高职院校的特点

我国高等职业教育培养的高等应用型、技术型专门人才，是拥护党的基本路线，能够适应生产、建设管理、服务第一线需要的，是德智体美等方面全面发展的。高职院校培养出的高级专门人才，应该具有一定的基础理论、专业技能和知识，应该具有相当的综合素质，应该拥护党的基本路线并在德智体美等方面全面发展；高职教育要培养工作在一线的应用型人才；高职教育的受教育者必须取得某种职业资格，接受过从事某种职业相关的技术教育（包括职业培训）。在培养方式上，高职院校首先要精准设置适合生源特点的专业；其次，要精确制定培养方案，灵活组织教学，围绕着不同职业方向分类制定人才培养方案，提供个性化、菜单式培养方式，如对退役军人、下岗失业人员、农民工等实施旺季工作、淡季学习的教学方式，针对素质较高的农民、村两委委员和相对集中的在职职工做好送教下乡、送教上门，并设立社区、企业学区，实施就近集中教学，同时实行弹性学制、弹性学期、弹性学时，学业年限3到6年。对于日常管理，高职院校应采取分类管理，实施单独编班，积极引导学生参与学生工作，对学习成果实施多元评价、过程性评价。山东、湖南等省通过在退役军人学生中推选老班长、党员、立功受奖人员担任班委和学生干部，开展自我管理。以下是对现代高职院校所具有的高等性、职业性、实践性、区域性、开放性和产业性等几个方面的特点的说明。

（一）高职教育的高等性特点

因为高职教育属于高等教育，而高等教育在培养人才时突出的是高等性，所以设置的高职教育课程也必须具有高等性的特点。与中等职业教育相比，高职教育的专业基础理论更为深入，在教授给学生相当的理论知识的同时，能够深度挖掘学生的发展潜能，并培养学生的创新能力。

（二）高职教育的职业性特点

高职教育相较于普通高等教育，其职业性更强[①]。职业性是高职教育培养目标定位的目标。根据社会的职业需要，高职教育设置了相应专业，即学生入学时已经明确其职业方向，在校的学习是按照必要的科学文化知识、专业理论知识和职业所需的相关技能来进行的，学生毕业时不仅要获得毕业证书，还要取得能够代表其职业能力和技术水准的职业资格证书或技术等级证书，以适应有着较高技术要求的岗位，直接从事专业性较强的工作。

（三）高职教育的实践性特点

中国职业教育学会学术委员会副主任、职业教育学博士生导师刘春生认为，高职教育的实践性主要体现在课程设置及实践能力的培养。相较于普通教育，在课程设置上，高职教育实习课程占比更大，强调理论与实践并行，知识与技能并重；在教学方法上，高职教育强调教育与生产劳动相结合，要求"手脑并用""学做合一"。此外，由于高职教育培养的高级技术型人才多在一线工作，对实践能力和理论知识的要求都较高，因此高职教育的教育过程以实践为主。

（四）高职教育的产业性特点

高职教育还具有产业性特点，办好相关产业可以促进相关专业的发展。全国许多职业院校都在利用自身精品专业的品牌优势，积极开创相关的校办

① 叶枫.对高职教育"高等性"与"职业性"融合的思考[J].中国校外教育，2017(18)：142，151.

13

产业，形成了"依托专业发展产业，以产业发展促进专业建设"的局面，最终达到"产教结合、产教并举、以教促产、以产养教"的良性循环，营造了产学结合的良好氛围。高职教育的产业性是以市场为导向的，以"办一个专业，建一个实体，育一批人才，兴一个产业，富一方群众"为宗旨，在依托专业办产业上积累了很好的经验，促进了当地的经济发展。

第三节　现代高职院校的教育目的、任务、意义

一、现代高职院校的教育目的

21 世纪的世界高等职业教育发展呈现出新的趋势，人们对高职教育更为重视，其在国民经济发展中的作用也有所改变。高职教育院校不再是被普通大学筛选后留下的"低端人才"的最后选择，而是能够提供更好就业机会的优先选择。现在人们普遍认为，职业教育的质量已经有了很大提升，能有效地降低失业率，提高就业质量，高职院校培养的是高素质、符合经济社会发展的技能型人才，这些人才能够满足社会及企业的需求，能够促进经济社会的发展。

高等职业教育与普通本科院校的学术教育相比，两者在办学水平和层次上是相同的，在功能定位和人才培养目标上则是不同的。高等职业教育更倾向于特定的职业岗位，职业的内涵不仅规范了现实生活中职业工作的层次，还规范了职业教育的具体标准，如课程开发、专业设置等，而学术型大学教育的人才培养目标则"脱离"了具体的工作岗位，更多专注于学生高深理论和学科研究基本规范的掌握，更重视一般的科学素养的养成。高职教育因为其与市场、产业的紧密联系，比大学教育对地区经济发展的影响更大。在知识经济时代，随着全球一体化和信息技术的发展，全球经济竞争变得越来越激烈，以技术人才和高级专门劳动力竞争这一核心特征表现得愈发明显。

高等职业教育培养的是国家和地方需要的，能够适应生产、建设、管理和服务等一线工作的应用型高技能人才。高职院校教育质量管理体系除应具有一般质量管理体系的基本特征以外，在其基本要素、结构以及人才培养目标和标准等方面，还应具有自己的特点。我国教育部在制定的《2003—2007 年教育振兴行动计划》中提到："大力发展职业教育，大量培

养高素质的技能型人才特别是高技能人才",这确定了高职院校的人才培养目标是高技能人才。高职院校作为培养"高素质的技能型人才,特别是高技能人才"的特殊高等教育机构,在产业转型升级过程中肩负的使命不可替代[①]。高等职业教育为国家培养了越来越多的高技能人才,高职院校与企业之间的长效合作机制及其全新的管理文化,使其在管理理念、制度与具体的管理实践等方面与高技能人才培养这一使命真正衔接,为我国经济发展和产业转型升级做出了突出的贡献,加速了国家经济的转型升级,帮助国家实现《国家中长期教育改革与发展规划纲要(2010—2020年)》所规定的目标,即到2020年,形成适应经济发展方式转变和产业结构调整要求、体现终身教育理念、中等和高等职业教育协调发展的现代职业教育体系,使职业教育能够满足人民群众的需求,使高素质劳动者和技能型人才在数量和质量上都能满足经济社会的需要[②]。

二、现代高职院校的教育任务

(一)教育任务概述

工业经济初期,社会分工更为细化,技艺型劳动岗位快速增长,对各种专门人才的需求也越来越大,但受当时科学技术水平的限制,各行业要求的劳动技艺都相对简单,职业岗位相对稳定,出现了有一技之长即可终身受益的现象。在当时的社会经济形态下,职业教育的首要任务是使"无业者有业,有业者乐业",培养胜任当时社会要求的各类职业人才。随着科学技术的发展,特别是信息技术的快速发展,"三大产业"及其对人才的要求也有了深刻的变化。现在与过去差不多的职位,需要掌握更多、更复杂的新技术才能胜任。由于发展的需要,有的两三个岗位合并成了一个岗位,有的岗位则被彻底淘汰,岗位的更新日益加快。随着社会经济和产业发展,从业者所需掌握的知识技艺也在不断更新,要求其不断提高职业能力,直接促进了高等职业教育的发展。

---

① 徐财龙.技能型人才职业素养的时代内涵、价值与培育路径[J].中国职业技术教育,2017(32):18-21.

② 姜大源.现代职业教育应有大视野:建立国家资格框架[J].现代人才,2014(1):47-48.

高等职业教育的任务可以归结为以下三点：①培养适应生产、建设、管理和服务等工作一线需要的高等技术应用型人才；②培养能够胜任当前岗位并具备长远发展能力和可持续发展能力的高等技术应用型人才；③培养可以满足现代化要求的亿万高素质劳动者和专门人才。其中，任务①是高职教育的培养目标，主要体现在人才培养的质量上而不是数量上；任务②是对人才培养目标的合理要求，但学校实际运作起来则较为抽象且难以量化；任务③既体现了质量方面的要求，又反映了数量的规模，比较生动、实用，最易操作。从职业技术人才的实际就业状况来看，一般都要经历一段时间的试用期，才能确定是否会被聘用，因此很难对高等职业技术教育人才用一个固定的标准进行定位。当前高职教育虽然处于快速发展阶段，但短期内不可能达到一个期望值很高的层次。

当代高职教育的任务是培养整体素质比较过硬、综合能力相对较强、可跨行业、宽层次的技术人才，这些技术人才既可以加入技术劳动大军，又可以经过一定的学习强化后进入专门的人才队伍。这里的"宽"指的是"宽基础"，"跨行业"则是指"活模块"；高等职业教育里"高"的具体含义是受教育的学生除了完成相应的学历教育外，还要完成具有高级技工实践能力的职业资格证书教育。

（二）教育任务详述

高职教育在我国的高等教育体系中占有重要地位，它承担的任务非常重要，所发挥的作用非常独特[①]。其基本任务归结起来有以下几个方面。

1. 剖析高职教育事业的发展规律及其所培养人才的成长规律，保证其培养的高技能职业人才符合社会需要

高职教育首要的、最基本的任务是在短期内（2~3年）完成高职院校各种资源的整合和利用，为社会培养急需的各类高技能职业人才。为完成这一基本任务，高职院校除应组织实施招生、教学、教育、管理、就业指导外，还应投入大量的人力、物力、资源，做出积极而不懈的努力。能否顺利地完成为社会培养各类急需的高技能人才的任务，甚至是出色地完成这一任务，已经成为高职院校办学水平及办学质量的根本衡量标志。

---

① 李昕，黄光芬.科学认识高职教育在我国教育体系中的地位和作用[J].云南行政学院学报，2016(5)：173-176.

2. 高职院校需要发挥自身的资源优势，对各类从业待业人员进行培训。

以提高职业技能为目的，在半年左右的时间周期内，为地方、企业、事业单位和社会培训各类从业人员和待业人员，是高职教育的一项重要任务。例如，电子信息业、房地产业、汽车产业和先进制造业等产业是当前新的经济增长点，是我国经济增长的主要推动者，其中电子及通信设备、电器机械及器材、交通运输设备、冶金和化学工业这 5 个行业占全部工业增长的一半以上；同时，金融、信息、贸易、旅游、卫生与健康服务等现代服务业也在迅速发展。随之出现了技能型人才短缺的情况，这严重制约着制造业和现代服务业的发展。为了缓解并解决这种状况，国家启动了"制造业和现代服务业技能型紧缺人才培养培训计划"，预计将在数控技术应用、汽车运用与维修、计算机应用与软件技术和护理 4 个专业领域内，共培养 10 万名毕业生，并增加 30 万人次的短期技能培训，以加快紧缺的技能型人才培养，为新型工业化提供更有力的人力资源支持。高职院校要在发挥自身师资、场地、设备各方面优势的基础上，敏锐地把握"制造业和现代服务业技能型紧缺人才培养培训计划"这一机遇，深入开展短期技能培训，以产生良好的办学效益和社会效益，为社会发展做出应有的贡献。

3. 高职院校要为经济和社会事业的发展服务

高职院校应充分发挥自身在人才、技术、条件等方面的优势，积极地"具体承办、为主承办、参与活动、配合行动"，提供力所能及的服务和支持，承担起相应的任务，为发展地方经济和社会事业做出应有的贡献。科技条件强、科技人才集中的高职院校，可以承接地方经济建设中的一些特定项目，或参与设计、建设、管理等工作，为地方经济发展服务；艺术创作及表演人才集中、有关条件相对完善的高职院校，可以参与地方的文化与文艺活动，为社会主义精神文明建设和文艺事业的发展提供热情而优质的服务，做出自身应有的贡献。

4. 当前高职教育的重要任务之一是开展并加强与职业理论和职业教育有关的科学研究

高职院校的科学研究尚处于起步阶段，其科学研究体制和机制远不能与其他普通大学相比。所以，高职院校必须把开展和加强科学研究工作抓实抓好，并将其作为日常工作的重要内容。一方面，要大力开展和加强职业理论方面的科研工作，保证职业分类、职业标准、职业能力、职业人才、职业环境等课题的研究兼具广度与深度；另一方面，要大力开展和加强职业教育相关的科研工作，密切关注职业教育在目标任务、方式方法、师资队伍建设、管理体制等方面的课题，并进行实践性、创新性的研究，争取将高职教育早日规范化、制度化、科学化，积极地为社会主义物质文明建设和精神文明建设做贡献。

三、现代高职院校的教育意义

（一）高等职业教育推动经济社会发展和科技进步

当前，我国生产力水平迈上了一个大台阶，只有以提高效益为中心，针对社会实际对经济结构进行战略性调整，才能保持经济的快速发展。高新技术的迅猛发展，促使我国的产业结构调整和技术结构升级进入新阶段，劳动力和专门人才结构也有了相应调整，社会职业岗位的总体结构也随之发生了变化：高新技术的迅猛发展和广泛应用将产生许多相关的职业岗位；第三产业的蓬勃发展，改变了社会职业岗位的格局和分布，从而产生了一系列新的职业岗位；旧有的职业岗位部分开始分化，部分开始复合，出现了很多智能结构呈复合特征的职业岗位。这些复合岗位主要有两种类型：一种是以技术与技术的复合，如机电一体化岗位是机械与电气的复合；另一种是以技术与技能的复合，如加工中心编程、操作、维修等岗位。在这些岗位中，高职院校的教学管理技术知识与工作所需的操作技能是一个不可分割的整体，从而形成了独立的智能型职业岗位。这些岗位无论是伴随高新技术发展而产生，还是因为第三产业的兴起而增加，其要求的技术含量和智能水平都比较高。

在技术层面上，职业岗位的差异体现在岗位技术范围的扩大和岗位技术水平的扩展上。职业岗位的重组也常常会导致岗位技术成分的提高和劳动内涵的增加，这些在一定程度上促进了职业技术教育水平的提高，促使职业教育由中等层次向高等层次发展，最终产生能够培养高级技术人才的高等职业技术教育。随着社会经济的发展和科技的进步，科学技术在生产和管理中的应用越来越广泛，工作在生产、建设、管理、服务等一线的高级技术应用型人才逐渐成为科学技术转化为现实生产力、全面提升经济效益及调整产业结构的生力军。此外，由于科技进步和国际竞争，企业、公司对毕业生的个人素质与职业能力的要求越来越严格①，用人单位逐渐认识到科技强企的重要性，开始对选聘人员的知识、能力、素质结构进行综合评价，这就从客观上对国家提出了要注重发展高等职业技术教育的要求。高等职业教育只有得到一定程度的发展，才能提供必要的技术劳动力以支撑社会经济的发展和科技的进步，为科技转化为生产力提供条件。

（二）高等职业教育推动我国高等教育结构改革

我国高等教育取得的成就举世公认，在培养了大批专门人才为经济建设服务的同时暴露出一些问题，如现有高等教育与经济发展和社会需求不完全适应，无法满足公民自身全面发展的要求等。我国高等教育的结构调整促进了教学领域的改革，在积极探索培养应用型人才的办学模式方面取得了显著成效，为我国高等职业技术教育的发展注入了新的生机与活力。我国的高等职业技术教育是高等教育的重要组成部分，是国家高等教育结构调整的必然结果，是国家批量培养高层次技术应用型人才的一项重大举措，也是科教兴国战略的重要组成部分。目前，我国职业教育结构体系尚未完善，还存在许多问题。例如，职业教育多样化、多层次供给不足，不能满足公众对职业教育的需求；初等职业教育发展相对滞后，未升学青年就业前几乎没有相关的教育培训；中等职业技术教育的类型单一，限制了中等职业技术学生的就业；高等职业技术教育发展缓慢，中等职业技术学校毕业的学生很少有机会接受高等职业教育；普通教育和职业教育之间的沟通和衔接有所欠缺，无专科以上层次的高等职业技术教育等。

（三）高等职业教育推动我国未来人口结构变化

我们国家要想实现现代化必须要把沉重的人口负担转化为强大的人力资源优势。随着九年义务教育的普及，公众逐渐对高等教育有了大众化的要求。因为这一要求，发展高等职业技术教育就成为了必然，这是提高我国国民素质、增强国际竞争力的必由之路，是我国高等教育为适应人口结构变化做出的必然选择。高职院校及高专院校的教学管理一般包括教学计划管理、教学运行管理、教学质量管理、教师队伍管理、实验室、实训基地和教材等

---

① 徐昭. 产学研结合培养高职人才的探索与实践 [J]. 中国职业技术教育，2007(13): 16-18.

教学基本建设管理等。由此，高职教育的教学管理可归纳为，根据高职教育的客观规律和特点，根据高职教育的人才培养目标要求，有计划地组织、安排、控制、监督并全面实施学校的教学活动。

第四节　现代高职教育改革与人才培养

一、现代高职教育改革

（一）对教育改革的认识

国家对职业教育的重视程度日益提高，社会对职业教育的认识在逐渐改变，企业对技能型人才的需求在不断增强。但是，从承担国家职业教育任务的职业院校来看，现有的职业教育培养模式似乎不能很好地完成职业教育的培养目标。现实告诉我们，不能简单地把职业院校毕业生的就业率当作考核培养效果的主要标准。由于当前企业确实存在的"用工荒"情况，加之产业分工愈加细化，流水作业愈加完善，社会上出现了四种声音：第一种，读职校没什么用，不读书也能找到工资两三千元的工作，而且环境不好我还可以立马跳槽；第二种，职校只有差生才会读；第三种，孩子年纪还小，不能出去打工，让他再多读几年书，哪怕只是多认识几个字也好；第四种，工作中根本用不上职校所学的知识。职业教育的本质被低就业率掩盖，所处境地十分尴尬。通过多年的教育管理和教学实践研究结果可知，现在的职业教育与社会需求严重脱节，社会对初、中级人才的需求量很大，而毕业生不能满足社会、企业的需求和个人发展的要求这一矛盾十分突出。只有对高职院校进行改革研究才能有效地解决这一矛盾。对职业教育培养模式的改革主要涉及以下几个方面。

1. 改革教学模式

职业教育的特点是不讲不懂、不看不记、不做不会。目前大多数职业教育都采用三年学制，部分学校在前两年为校内学习，基本上和普通教育一样每天进行理论教学，只是偶尔安排有操作训练，但常因指导教师、操作设备、实习耗材等的不足并不能达到理想的培训效果；第三年名为实习，实为就业，甚至连毕业考试（理论及操作）都取消了。对以课堂为中心的教学模式进行改革，以适应专业与岗位对教学的要求，对课堂教学和实训时间的比例进行合理分配，对传统且简单的"2+1"学制安排进行调整，真正做到"工学结合、校企合作、顶岗实习"。将传统的职业教育"重理论、轻实践"改革为"理论与实践并重，但以实践为主"，大力倡导校本教材的编写与使用[①]。目前，大部分职业院校仍在沿用传统的教育模式，从课程安排到课堂教学，只是多了几节专业课，其他根本没有改变，这种模式并不能为大部分学生所接受。因为进入职校的学生，大部分初中时成绩偏差，如果职业院校仍采取应试教育，只强调理论教学，这些学生就很难提起学习兴趣，从而影响他们的就读愿望和热情。就读职校的学生进入校园后，在教学模式方面，学校应该通过贴近现实需要的专业技能展示，帮助学生树立就读职校的信心，通过合理的教育培训帮助他们顺利就业。在教材方面，要根据学校和学生实际情况编写本校教材，努力贴近社会、贴近学生、贴近实际。学校须在确保学生德育和文化教育的前提下，增加他们实习实训的机会，并对不合理的考试制度进行改革。职业院校可考虑采取企业考核制度，重视并培养学生的实际动手能力，采取现场操作考核，做到理论联系实际，改变以前存在诸多弊端的考试制度。

2. 增加学生实习实训机会

在教学过程中，职业院校必须保证学生就业前有足够的实习实训机会，以便他们掌握相关的技能，并尽可能地满足社会各行业对一线技术人才的需要。必要时加大实训方面的投入，使学生拥有良好的实训空间和机会。我国在很多年前就提出了大力发展职业教育号召，各级政府对职业教育也有相应的政策和财政支持，从而使职业教育的发展有了更多的机会、更好的条件。除了政府的支持，职业院校自身也需投入一定的资金，以使学生的实训环境得到改善。职校在发展过程中必须解决提高和完善学生实训环境的问题，从某种意义上说，这是所有职业院校发展都必须跨越的难关。在现有的实训条件下，职业院校应该充分合理地调动实训力量，为学生创造尽可能多的实习实训机会，以提高他们的专业技能。

3. 加强学生的德育教育

职业院校在正常的教学过程中，需要对学生进行道德教育和责任教育，培养他们勤劳朴素、艰苦奋斗的观念，要让学生理解这种观念对自身成长的重要性。另外，还要对学生进行必要的品德教育和礼仪教育，以加强他们待

---

① 丁爱斌. 对职业教育培养模式改革的认识 [J]. 职业，2012(26): 119-120.

人接物、为人处世的能力，帮助他们树立正确的荣辱观。很大一部分学生在面试和应聘中，面对用人单位的提问不知道该做什么，该如何去做，该如何回答，甚至有些人出现了衣着不整的问题。只有通过规范而长期的教育，才能有效解决这些问题。传统的职业教育对传授就业技能的重视远远超过了对责任意识的培养，导致学生有"只要掌握了就业技能就能成功就业"的错误思想。在现实社会中，用人单位除了对求职者的专业技能有一定要求外，还对其敬业精神和责任心有所要求。让每一个毕业生都能受到企业的欢迎，具有一定的专业技能、高度的责任心和敬业精神，是职业院校教学的首要责任和义务，职业院校的教师在教学过程中除传授必要的专业知识外，还要积极培养学生的敬业精神和责任心。

（二）加强高职教育管理体制改革

只有解放思想、实事求是、面向现实，才能深化高职教育管理改革。实践告诉我们：高等职业教育每前进一步都是思想上的碰撞，改革困难的主要原因是旧有观念的阻碍。因此，消除旧有观念就成为了改革的首要任务。只有消除了旧有观念，改革才能顺利进行。

1. 充分调动办学积极性，增强办学自主权

政府应加强对高职教育的全面管理，充分调动各部门的办学积极性，增强各部门的办学自主权。高职院校要根据改革的需要，积极适应经济和社会的发展，坚持自主办学。在当前形势下，有必要进一步加强高职院校的自主办学意识，使高职院校解放思想，摆脱"等、靠、要"思想的束缚，增强自身活力，提升教学质量，增加办学效益。同时，坚决服从政府的全面管理，真正形成社会各行业共同办学的新格局。

2. 建立高职教育资源优化配置机制

经过多年的发展，我国的高职教育已初具规模，但从教育经济学的角度考虑，我国高职院校在规模、结构、效益和质量等许多方面仍有待提高，尤其是规模效益亟须提高。优化高职教育资源，一是改变传统的管理模式，使高职资源配置与社会主义市场经济相适应，并通过市场调节，合理科学地对高职资源进行优化配置，彻底改变原来由政府主管部门对高职资源进行配置和调节的单一模式；二是解放思想，实行跨行业、跨区域、优势互补的高职学校大联合、大兼并、大重组，实现高职教育的整体优化。

3. 建立多种所有制的职业教育投资主体

我国的高职教育因为投资的多元化，存在投资不规范的问题，亟须建立高效有序的投资保障机制，规范办学体制，使投资主体真正多元化。

4. 建立多样化的高职教育管理体制

要形成多种办学体制，就必须转变政府的管理职能。政府通过董事会间接管理高等职业院校。在当前形势下，除董事会外，还可以设立代表党和政府的监事会。监事会可以保证董事会和校长全面贯彻教育为社会主义现代化建设服务的理念；在董事会和校长的努力下，学校会逐渐发展壮大，同时国有资产在学校总资产中可以实现保值、增值。在高职教育的管理中，政府主要负责高校的宏观指导和统筹协调，担负着制定高校标准和评估体系的任务。

（三）高职院校教学改革趋势

高职教育教学改革的新形式和新定位包括以下几个方面。

1. 进一步推进学生工学结合

保证学生能将所学应用到实践，把实践的需要落实到学习，坚持学习实践两不误的教育理念，鼓励学校与企业建立联系，培养行业专业化人才，改进学校教育和课堂教学方法，实现开放式教学。采用工学交替、分段培养的方式，合理安排学生的实践和实习；建立健全学生实习的保障制度，培养符合用人单位需求的专业化人才，实施学徒式教学，根据现有供给关系，改革教学内容和培训方式，以就业为导向，针对性地培养学生实际操作能力，教学时理论联系实际，增强学生的职业观，加强对学生的职业技术能力培养，使学生对当前劳动力市场供求关系有着更清楚的认知，增强学生的社会危机意识；培养学生的创新能力以及独立解决问题的能力，增强学生市场竞争力；培育终身教育教学，并确保个人教育能够全面、深入发展。

2. 人才培养方案趋于标准化

传统的高职教育培养人才主要采用课堂讲授的方式，培养目标并不明确[①]。建立校企合作、工学结合的人才培养模式是当前高职院校改革的重点。高职院校要制订科学合理的人才培养计划，保证应用型高技能人才的培养质量；根据行业标准，不断调整专业培养目标、人才培养模式、课程体系和教学

---

① 林宗朝，田美艳. 探索基于"3+2"学制的中高职人才培养模式的有效衔接路径——以计算机应用专业为例[J]. 黑龙江科学，2020(21)：22-23.

内容、教学方法和实习实践；提高市场意识，在市场化运作中实现工学结合。

3.高职教育集团建立新的办学机制

积极探索产教结合、校企结合，师资队伍与实训基地相融合的职教集团运行机制，鼓励建立多种形式的职教集团，深化工学结合、岗位实践的人才培养模式，推进校企联合对技能型人才培养模式进行改革。建立健全集团化办学体制，鼓励地方政府和社会各行业共建高等职业院校，促进企业与高职院校的深度合作（组建职业教育集团），充分发挥各方在规划产业、筹措经费、应用先进技术、聘任兼职教师、建设实习实训基地和学生就业等方面的优势，最终形成政府与企业、学校等各方合作办学，共同推进高职教育的长效机制，坚持"以人为本""服务社会"的原则，对高职教育教学进行改革，培养符合社会要求的高技能应用型人才。

二、现代高职人才培养

衡量大学人才培养质量的基本标准和核心内涵是促进人的全面发展和适应社会需要，也是实现内涵式发展、建立现代大学制度、实现人才培养全面质量管理的应有之义。人是促进社会和谐发展的关键因素，社会主义的建设离不开高素质的人才。在经济快速发展的新时代，国家和地区的发展与国民素质的高低、人才数量的多少、人才质量的高低有着密切的联系，人才培养的实践活动对和谐社会的构建起着推动作用。从这个层面上看，人才培养不仅是要每个人都享受受教育的平等机会，还要与和谐社会的建设相呼应。

（一）人才培养的内涵

人才培养是一个整体的工程，包括理念、对象、主体、目标、途径、制度与模式等要素。人才培养理念的具体内涵是"在什么思想指导下培养什么样的人才"，它是对教育的本质特征、职能任务、目标价值、活动原则等方面的认识和理解，主要解答了"为谁培养人才""人才应是怎样的""应该如何培养人才"等问题。

人才培养这一系统工程包含多个方面，人才培养的理念也包括国家、高校和教师等多个层次。国家层面上的人才培养理念是整个国家人才培养活动的总指挥，它起着引领作用，对高等教育的发展，甚至国家发展都具有极其重要的意义；高校层面上的人才培养理念主要体现在学生观、教师观、教学观、活动观、质量观、科研观以及评价观等多个方面，这种思想既受国家层面教育理念的影响，又受客观条件和高校主体思想认识的制约。

（二）人才培养的目标

我国高等职业技术教育的人才培养目标多年来一直随着社会发展而变化，从最初的"技术型人才""应用型人才"发展到"实用型人才"，然后发展到现在的"高技能人才"[①]。我国高等职业技术教育的人才培养目标包括：①高职培养人才更注重应用性，不同于普通高等教育培养的人才；②培养的是高级专门人才，相较于中等职业院校其培养的人才素质更高（比技术员高一层次的高级技术员），即所谓的高技能人才；③工作内容是将成熟的技术和管理规范应用于现实的生产和服务；④工作场所和岗位多为生产第一线。

（三）人才培养的路径

1.行动导向人才培养路径

"知识传授型"教学体系是一种基于学科的教学体系，其目标是培养学术型及研究型人才，其发展的逻辑起点为理论，强调知识的系统性和完整性。它的特点主要有：教学过程中以教师为中心；教学内容以统一的教材为中心；教学组织形式以班级课堂教学为中心。高等职业教育区别于普通教育的是，它更注重应用型人才的培养[②]。因此，高职教育应与技术、技能人才的培养规律相结合，向建设"行动导向型"教学体系的方向努力。首先，要以"实践"引领教学体系，实践是"行动导向型"教学体系的逻辑起点，其最本质的要求是妥善处理理论与实践的关系。因此，"实践到理论""实践先于理论""实践多于理论"的理念要在教学体系的每个要素中都有所体现。教学目标是以能力为本，加强综合职业能力的培养。课程体系以理论与实践相结合为设计框架，教学内容以就业后的工作任务为导向。教学组织方式是理论与实践相结合，根据实际情况对教学环境进行整合。教学方法以"做中学"为指导，学习以"做"为中心。构建多元化的评价体系，德技并重，保证学生具有一定的专业能力和社会能力、方法能力和其他非专业能力。其

---

① 李凯，凌濛.职业院校人才培养现状探究 [J].科协论坛（下半月），2013(12): 390-391.

② 佚名.高等职业教育质量标准研究 [J].职教论坛，2009(7): 43.

次，为保障教学效果，采用"小班化"模式进行教学。用教学组织模式调整"一校多本"的人才培养方案。目前，我国高职院校规模已趋于稳定，学生与教师人数的比例也有所下降，这为"小班化"教学的实现提供了有利条件。"小班化"教学是世界教育个性化教学的发展趋势，可以有效解决高职教育"粗放式"人才培养模式效率低的问题，使高职院校的教学更有针对性，更利于学生自主学习和合作学习[①]。学校改革是否成功主要依据课堂教学和学生表现。在"行动导向型"教学体系中，教师既要传授知识，又要对学生的学习有所引导，教师已经由原来知识的权威成为现在的"平等中的首席"[②]。学生是"行动导向型"教学体系的主体，其自身的需求是学习的主要动力来源，其他的教学要素则是对他们能够正常学习的保障。

2. 三方认同人才培养路径

《国务院关于加快发展现代职业教育的决定》提出，"要完善职业教育质量评价制度"。然而，如何确定教育质量的高低一直是教育领域的关键问题之一。产学融合和校企合作是高职教育办学的重要特征，但在发挥多元主体参与人才培养的积极性上，尤其是在人才培养质量的话语权上分配不够到位。为了使这一问题得到有效解决，必须对话语权进行重新分配，实现从"各自为政"到"天下共治"的转变，构建"三三三"质量评价体系，重点解决"由谁评价""评价什么""怎样评价"的问题。

（1）评价质量的三大主体

利益相关者理论认为，利益相关者是影响公司目标完成或受其影响的任何团体或个人，它包括员工、顾客、供应商、股东、银行、政府，以及对公司有帮助或损害的其他团体。当前评价理论越来越关注利益相关者的评价与诉求，努力向多元评价、共建共享方向发展。对高职教育质量进行认定的主体主要是学生、用人单位和履行监管职责的政府。关注学生、用人单位和教育主管部门的观点，整合他们的诉求和意见，既可以掌握人才需求状况，又可以帮助提升毕业生的素质。

（2）观测质量的三个维度

教育质量一般是指教育水平和教学质量的高低，也就是受培养者能否达

---

① 吴孔荣.因材施教促进学生个性发展——浅议因材施教对小班化教学的作用[J].考试周刊，2018(40)：14.

② 陈俊珂.创新学习与教师角色的转变[J].教育导刊，2005(2)：26-28.

到预期。我国高职院校虽然办学时间较短，但却同时具有高等教育和职业教育两种教育类型的特征，需要从"高""职""专"三个维度来对人才培养的质量进行观测。

①"高"

"高"是过程性的"高"主要指学生对学校人才培养过程的满意程度。其中，全国高等学校学生信息咨询与就业指导中心每年开展的学生对学校教学工作满意度调查，最具权威性和典型性。

②"职"

"职"是结果性的"职"，主要指毕业生的职业吻合度、职业稳定性和收入。职业吻合度主要是指学校所培养的人才对社会所需职业的适应性，职业稳定性主要是指用人单位对高职院校毕业生的总体认可度。离职率是评价职业稳定性的主要指标，离职有主动离职和被动离职之分，毕业生主动离职会被认为缺乏忠诚度，被动离职则说明其能力不符合用人单位的需求。

③"专"

"专"是对高职院校专业的综合评价，是过程与结果的统一。教育主管部门从目标、过程、结果三方面对高职院校专业的人才培养进行考察，然后依据考察结果对同类学校的相同专业进行排名。例如，教育部对高校教学质量的审核评估，对高水平大学的工程、医学等专业的认证等，都是对高职院校专业的综合评价。

（3）报告质量的三大载体

政府委托第三方评价机构对学生进行所在院校的满意度测评，形成"学生满意度报告"；对高职院校学生的竞争力进行评价，形成"学生竞争力指数报告"。随着教育体系中"管办评"制度的逐步完善，上级政府部门对高职院校的人才培养和教育教学质量进行综合评估，包括对学校师资队伍的评估、对专业设置与建设的评估、对专业教学的评估、对教学管理的评估、对学生管理的评估，对招生就业的评估等，形成"院校（专业）评估报告"。高职院校人才培养质量主要体现在人才培养方案的"总开关"和人才培养实施的"路线图"两个方面，使学生融入人才培养全过程，在培养目标、培养方案、培养过程、质量认同等方面，与学生的现状、需求、智能特点、发展等进行有效的联系，使高职院校突破现实的困境，真正发挥高职教育不可替代的作用。

第二章 高职院校全面质量管理

第一节 质量管理与全面质量管理

一、质量管理

21世纪重在管理，无论是知识生产还是物质生产，管理都是实现组织目标中不可缺少的关键要素，这也是管理学成为当前众多学科里的一门"显学"的重要原因之一。什么是管理？用罗宾斯的话说，这是一个在人们的共同努力下高效、有效地做好工作的过程。在人类漫长的历史进程中，管理是不断演进和发展的。直到近代，为了提高工厂的生产效率，人们才把它作为一门学科来研究。从这个意义上来说，管理是一种文化，是人类为了生存和发展而创造的一种"方式"。下面我们就先从质量管理的发展历程谈起。

（一）质量管理的发展历程

科学的发展有其内在的规律性，社会对质量的要求是质量管理科学发展的原动力。根据工业发达国家实践中质量管理的特点，质量管理的发展可以分为质量检验阶段、统计质量控制阶段和全面质量管理阶段。

1. 质量检验阶段（20世纪初至20世纪30年代）

质量检验阶段是质量管理的初级阶段。第二次世界大战前，人们认为质量检验就是质量管理，也就是通过严格的检验来控制和保证产品出厂时或进入下一个流程时的质量。20世纪之前，社会生产以小作坊为主，工人在生产的同时担负着检验的职能，因此人们将这一时期的质量管理称为"运营商质量管理"。20世纪初，科学管理的创始人泰勒（F.W. Taylor）提倡将生产中的计划与执行分离，并将生产与检验分离。然后，一些工厂出现了"领班制"，工长专门负责对产品质量进行检验，由此质量检验的职能从操作者身上分离了出来。"工长"的出现强化了质量检验的职能，所以人们将这一时期的质量管理称为"工长质量管理"[①]。

科技的进步和生产力的发展促进了企业生产规模的不断扩大，提出了分工的概念。在这一理念的指导下，一些工厂设立了检验部门，配备了专职检验员来检验产品质量，这使质量检查的功能从领班移交给质量检查员，此时的质量管理被称为"检查员质量管理"。专门的质检部门和专职质检员，加上专用的检验工具，在业务上更加专业化，在保证产品质量上发挥了更大的作用。

2. 统计质量控制阶段（20世纪40年代至20世纪50年代）

统计质量控制阶段的主要特点是从单纯依靠质量检验、事后检查，发展到过程控制，突出质量的预防性控制[②]。1926年，美国贝尔电话研究室的工程师休哈特（W.A. Shewhart）提出了"事先控制，预防废品"的观点，并应用概率论和数理统计理论发明了"质量控制图"。随后，美国人道奇（H.F. Dodge）和罗米格（H.G. Romig）提出了抽样检查方法，并设计了适用的"抽样检查表"，以减少所有检查和破坏性检查所造成的损失[③]。但是，由于当时的经济危机，这些方法长期以来一直没有得到重视和应用。

第二次世界大战爆发后，对高可靠性弹药的需求激增，原始的质量检查方法严重限制了弹药的供应。为了解决这个问题，美国政府和国防部组织了一组统计专家和技术人员研究军事物资的质量和可靠性，这直接促进了数理统计在质量管理中的应用。随后，他们引入了三个战时质量控制标准，包括 AWSZ1.1–1941 质量控制指南、WSZ1.2–1941 数据分析用控制图和 AWSZ1.3–1941 工序控制图法。这些标准的提出和实施标志着质量管理已进入统计质量控制阶段。质量检查最终发展为统计质量控制，质量管理的理论和实践有了巨大的飞跃。

① 汤彬.质量是企业生存与发展的基础 [J].冶金管理，2001(12): 50.

② 程静.树立质量管理意识加强质量管理 [J].贵州电力技术，2007, 10(9): 88.

③ 马毅林，严擎宇.统计抽样检验的历史和现状 [J].数理统计与管理，1983(4): 1–5.

3. 全面质量管理阶段（20 世纪 60 年代至今）

全面质量管理阶段开始于 20 世纪 60 年代，至今仍在不断发展、完善。美国的费根堡姆（A.V. Feigenbaum）和朱兰最先提出了"全面质量管理"这一概念[①]。1961 年，费根堡姆编辑的《全面质量管理》正式出版。从统计质量控制到全面质量管理，这是质量管理的质的飞跃。全面质量管理的兴起，标志着质量管理进入了一个新阶段，它使质量管理更加完善，并使质量管理成为一种新的科学管理技术。随着对全面质量管理认识的加深，全面质量管理的实质是一种以质量为核心的管理逐渐普及。因此，全面质量管理可以称为质量管理。日本是第一个将全面质量管理与企业管理联系起来的国家。日本著名质量管理专家 Ishikawa Xin 教授在他的《质量管理导论》中提出："全面质量管理是管理方面的思想革命，是一种新的管理理念。"20 世纪 80 年代，随着全面质量管理的发展，世界标准化组织（ISO）发布了第一个国际质量管理标准 ISO 9000。

ISO 9000 质量管理体系标准最先用于控制企业产品的质量，它是由国际标准化组织（ISO）质量管理和质量保证技术委员会制定的国际标准。这一标准后来转化运用到教育领域，以控制质量。ISO 9000 标准的实质是通过建立文件化的质量管理体系来控制所有过程，从而使产品在形成的全过程中，所有影响质量的因素始终处于受控状态。ISO 9000 质量管理体系标准的实施过程是实施全过程管理、全面实施、全员参与这一基本思想的过程。实践证明，建立和运行教育质量管理体系是高职院校加强教育教学质量监督，实现科学规范管理，全面提高人才培养质量的有效和重要途径。该质量管理体系至今仍在使用，这体现了该体系标准的可行性和科学性。人类社会正处在全面质量管理的发展阶段，随着社会的发展，ISO 9000 质量管理体系标准在全面质量管理方面必将进一步得到完善。

（二）质量管理的基本概念

ISO 9000 质量管理体系标准将质量管理定义为"根据质量指导和控制组织的协调活动"[②]。这里提到的活动是指制定质量政策、质量目标、质量计划

---

① 卢畅. 全面质量管理"软""硬"要素与企业绩效的关系研究 [D]. 西安：西安科技大学，2012.

② 王堃. 质量管理、质量管理体系的定义和内涵 [J]. 中国认证认可，2006(7): 41–42.

以及质量控制、质量保证和质量改进。质量计划致力制定质量目标，规定必要的操作流程和相关资源以实现质量目标；质量控制是为了满足质量要求；质量保证是为了提供信任并确保可以满足质量要求；质量改进是提高满足质量要求的能力。

朱岚博士认为，为了确保质量，人们需要从建立组织的"愿景"和政策目标开始。通过管理过程实现目标向结果的转化（实现质量目标），管理过程是确保产生预期结果的一系列活动。朱岚认为，质量管理可以分为相辅相成、紧密相连的三个阶段，即质量策划、质量控制和质量改进。

质量计划确定质量管理的目标以及实现这些目标的方式，这是质量管理的前提和基础。质量控制确保组织的活动可以按计划进行，并且质量目标可以顺利实现。质的提高意味着质量标准的提高，标志着质量活动以螺旋上升的方式在不断提高。

质量管理就是对确定和达到质量要求所必需的职能和活动的管理，它包括质量政策的制定、质量目标的确定和企业内部或外部有关质量保证和质量控制的组织和措施等内容。全面质量管理简称 TQM（Total Quality Management），是指公司所有员工和相关部门充分合作，运用现代科学和管理技术，结合专业技术、经营管理、数理统计和思想教育，控制影响产品质量和工程质量全过程的各因素，使用经济手段生产和向用户提供令人满意的产品的一系列管理活动。TQM 提出后，已被各种工业发达国家甚至发展中国家所重视和使用，并在日本取得了巨大的成功。

二、全面质量管理

（一）全面质量管理的内涵

ISO 9000 系列质量管理体系标准将全面质量管理定义为一个组织以质量为中心，以全员参与为基础，目的在于通过让顾客满意和本组织所有成员及社会受益而到达长期成功的管理途径。该定义反映了全面质量管理概念的最新发展情况，是当今质量管理界的广泛共识。可以说，全面质量管理的概念是通过长期的实践和对理论的反复总结而得到的。像其他概念一样，全面质量管理的概念也没有统一的定义。尽管各种学者有不同的定义，但它们的核心含义基本相同，即强调全面质量管理的全面性、整体性、全过程性、高质量和以客户为中心。20 世纪 80 年代后期，全面质量管理得到了进一步深化和扩大。香港质量管理顾问谢家菊这样描述了全面质量管理："在高级管理层的领导和参与下，所有员工共同努力，以具有竞争力的成本提供高质量、不断改进的产品和服务，以质量和物有所值而享有良好声誉。"

全面质量管理是在确保充分满足客户要求的前提下，以最经济的方式进行市场研究、设计、生产和服务，以便企业的所有部门可以发展质量、保持质量，并改善质量活动等方面的有效集成。时至今日，全面质量管理已经成为一套完整而科学的管理方法，也是企业普遍采用的质量管理方法。与传统的质量管理有所不同，它是质量管理的更高境界，是将组织的所有管理职能纳入质量管理的范畴，强调一个组织以质量为中心，强调以全员参与为基础，强调全员的教育和培训。对于企业来说，全面质量管理是其经营的核心，解决产品质量问题的关键是开展好工作，鼓励全体员工都参与质量管理。因为在企业界实施质量管理的影响以及对高等教育本身以提高质量和降低成本的需求，大学已开始向企业学习管理技能。一些本科院校已开始向企业学习管理技能，引入全面质量管理，并且收到了一定的效果。

所谓全面质量是指除了产品质量和服务质量之外，它还包括广义上的工作质量。全面质量可以在一定程度上保证产品或服务的质量，它不仅要对产品性能进行质量管理，还要对产品的安全性、经济性、时间性和适应性等进行质量管理。为了提供全面质量，企业必须对影响产品质量的各个因素进行全面控制。与原有的统计质量管理相比，因为其管理方法的多样性，管理已经不仅仅局限于质量管理方面，它已经发展成为一种以顾客为驱动的管理哲学。其管理对象范围的扩大，必然要求管理方法与工具更加全面。尽管数理统计技术依然在质量管理中占据非常重要的位置，但是在理论中，组织行为学、领导理论、激励理论等经典管理理论以及信息技术等新学科的应用价值正在逐渐增加。

（二）全面质量管理的特点

全面质量管理是一种综合管理，它与企业的各项工作有着直接的关系，渗透在各项工作的全过程，需要企业的全体人员的参与，从使用价值的角度组织和控制企业的各方面工作。全面质量管理具有以下特点：

1. 管理的目标是全面的

全面质量管理不仅必须确保产品质量，还必须确保产品所依赖的工作质量，确保产品的质量、功能，并且要及时交货、服务周到使用户满意。

2. 质量管理的范围是全面的

全面质量管理是对整个过程中的质量进行管理，要求对形成产品质量的所有过程（设计试制过程、制造过程、辅助生产过程、使用过程）都进行管理，以全面提升产品质量。

3. 参加质量管理的人员是全面的

参加管理质量的人员是全面的是指企业的各业务部门、各环节的全体职工都参与质量管理。

4. 质量管理的方法是全面的

在质量分析和质量控制时，以统计质量控制方法为基础，以数据为科学依据，对各种质量管理方法要全面、综合地运用，将组织管理、专业技术和数理统计结合在一起，并确保它们在质量管理中充分发挥作用。

（三）全面质量的主要内容

全面质量主要包括七个方面：质量体系、质量方针、质量手册、质量控制、质量保证、质量审核和质量评估。质量体系是整个质量管理体系的核心部分，并且是与质量管理相关的元素的集合，如组织结构，实施程序和资源的使用。组织最高领导人发布的质量政策主要是对组织的宏观问题进行规范和限制。例如，质量标准的制定和质量方向的改进可以分为外部和内部两部分，外部是指组织的产品和消费者，内部是指组织内所有员工的行动准则。质量手册以质量政策的要求为出发点，阐述公司行为的目标和使命，并作为指导组织行为的纲领性文件。质量控制是质量管理的核心，其目的是实现质量目标，它作为操作技术和监视活动贯穿于整个管理过程。质量保证是质量管理不可缺少的一部分，它反映了对组织提供的产品和服务的信任程度，并且是组织对消费者期望的承诺。质量审核是对质量结果的测试，主要是评估质量管理的实施是否达到预期以及预期的计划是否可行。质量评估是质量管理的重要组成部分，在高等教育领域，它是由专业的第三方机构进行的大学质量检查，大学可以通过自我评估和第三方专业评估来提高办学质量。质量改进是指采取某些措施来提高整个组织范围内活动和流程的有效性和效率，从而实现增值收益。质量改进是在不脱离控制的基础上，解决系统性的问题，提高现有的质量水平，从而使质量得到一定程度的提高。

ISO 9000：2000 将总体质量定义为质量管理的一部分，致力于满足质量要求。它有两种类型的质量管理活动：一种是采取积极措施来改善当前质量；另一种是通过质量控制来保持当前质量。ISO 9000 标准是用于质量管理和质量保证的标准，它是由国际标准化组织（ISO）建立的的质量保证技术委员会（TC176）制定的。将 ISO 9000 族标准引申到教育教学领域的全面质量管理上，ISO 9000 族标准在改进和完善学校教育教学质量管理方面效果显著，被学校用来提高自身教育教学质量管理水平。一般而言，学校教学质量管理体系的建设包括以下几个方面。

1. 选择教学质量体系要符合标准

学校教学质量管理主要采用 ISO 9001（质量保证标准）和 ISO 9004（质量管理标准）两种标准。

2. 制定教学质量方针和目标

质量方针主要包括两个方面：质量宗旨和质量方向。质量目标包括对质量和质量管理的态度，对父母、学生和社会的质量承诺以及实现质量承诺和目标的主要措施和方法；质量指导包括质量目标以及为达到质量目标和提高质量而应该遵循的原则和方法。

3. 编制教学质量管理体系文件

依据 ISO 9000 标准，学校教学质量管理体系文件可分为四类，即程序文件、质量手册、作业文件和质量记录。

（四）全面质量管理的工作原则

1. 预防原则

凡事要防患于未然，并要以具体措施和科学方法来保证。在设计阶段要采用统计过程控制方法对生产过程进行控制，把不合格品消灭在产生之前。

2. 经济原则

20 世纪 80 年代以来，市场竞争日趋激烈，使经济质量管理（EQC）成为发展方向之一，即在推行全面质量管理时追求经济上的最适宜方案，如最适宜的质量水平、最适宜的质量保证水平、控制图的最优设计、抽样检验方案的最优设计等。

3. 协调原则

生产规模越大，分工越细，环节越多，就越要在全面质量管理中强调协作。协作原则反映了系统科学全面观点的要求。

4. 按 PDCA 循环组织质量活动原则

（1）PDCA 循环的内容。全面质量管理一般采用 PDCA 循环来处理问题并开展工作，通过不断的循环来提高质量管理水平和产品质量。人们要想顺利完成一项工作，必须经历计划（Plan）、实施（Do）、检查（Check）和处理（Action）四个阶段，这四个阶段反映了事物发展的客观规律。全面质量管理作为一个工作体系，也必须遵循这种规律。这种由"计划、实施、检查、处理"四个密切相关的阶段构成的工作方式，称为 PDCA 循环，因其首创于美国学者戴明，所以又称为戴明循环。

（2）PDCA 循环的四个阶段。PDCA 循环的四个阶段按顺序分别为计划阶段、实施阶段、检查阶段和处理阶段，详细介绍如下。

①计划阶段（P）

计划阶段是指制定质量目标、活动计划、管理项目和措施方案。其步骤一般为：通过分析现状，发现存在的质量问题；分析、查找质量问题产生的原因及影响因素；确定主要原因及影响因素；针对质量问题，制定改进措施和方案。

②实施阶段（D）

实施阶段对制定的改进措施和方案做具体执行。

③检查阶段（C）

检查措施和方案的执行情况，注意是否仍存在问题。

④处理阶段（A）

根据检查的结果进行处理。处理阶段分为两步：第一步，总结成功的经验和失败的教训。把成功的经验进行标准化、制度化，以便以后遵循；对失败的教训，也记录在案，以作为借鉴。第二步，把没有解决的问题，转入下一个管理循环，继续解决。

PDCA 管理循环的内容，如图 2-1 所示。

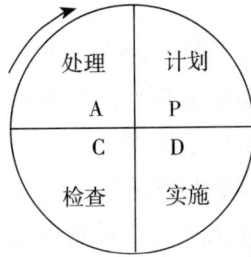

图 2-1　PDCA 管理循环的内容

（3）PDCA 循环的运转特点

①大环套小环，小环保大环，一环扣一环，推动大循环

如图 2-2 所示，首先是企业的质量保证体系形成了一个大的管理循环，其次是各级、各部门的管理循环，然后是更小的管理循环，甚至各个班组和个人，都有自己的管理循环，他们共同形成大循环套小循环的综合循环体系。在企业质量管理循环中，上一级的管理循环是下一级管理循环的依据，下一级管理循环既是上一级管理循环的组成部分，又是上一级管理循环实现的保证。各个小循环的连续运转，保证了大循环的不断转动。大小循环共同动作，把企业各方面质量管理活动有效地联系起来，彼此协调，互相促进。

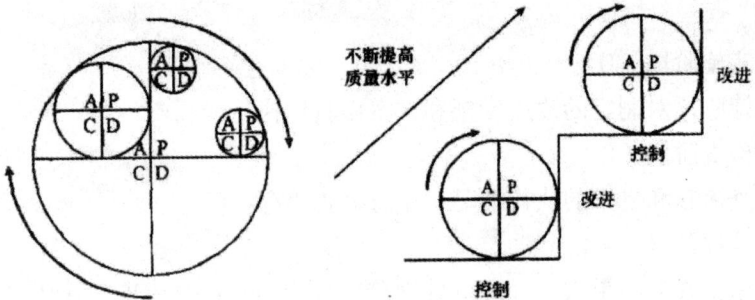

图 2-2　PDCA 循环运转特点

②循环运转，步步提高

PDCA 循环每运转一次，就前进一步，解决一批质量问题，质量水平就步步提高。

③处理阶段的目的是总结经验，巩固成果

每经过一轮循环，成功的经验都将纳入标准，定为规程，实现"标准化""制度化"，保证以后的工作有章可循，还要总结失败的教训，形成另一种标准，作为借鉴。处理阶段是保证质量管理水平的关键。

（4）PDCA 循环的八个步骤

第一步：分析现状，找出存在的问题并明确主要质量问题。

第二步：诊断并分析造成质量问题的各种影响因素。

第三步：分析并确定影响质量的主要因素。

第四步：针对影响质量的主要因素制定改进措施和方案，并预估效果。

第五步：按预定计划、目标、措施或分工安排，分项、分步实施。

第六步：检查措施、方案的执行情况，确保其符合相关规定和要求。

第七步：总结检查结果，把经验和教训都写入相应的标准、制度和规定中，并对已取得的成绩加以巩固。

第八步：提出本循环未能解决的问题，也就是遗留问题，并在下一个 PDCA 循环中将其解决。

三、高等教育质量

《教育大辞典》将教育质量定义为："教育质量是对教育水平高低和效果优劣的评价。""影响教育质量的主要因素是教育体系、教学计划、教学内容、教学方法、教学组织形式和合理的教学过程；教师的素质，学生的基础以及教师和学生积极参与活动的程度最终反映在培训对象的质量上"[1]。这种解释仅仅是对教育现象及其影响因素的简单描述和列举，不能揭示教育质量的实质和内涵。人们普遍认为"高等教育的质量是高等教育产品和服务满足主体需求的程度[2]"。高等教育系统理论对高等教育质量的描述是："高等教育的过程和结果是满足显性或隐性需求的能力的总和"。

过去，有学者认为，由于高等教育提供的产品是高级专业人才，因此人才培养的质量构成了高等教育质量的整体延伸。实际上，高等教育的质量包括很多方面，如人才培养的质量、科学研究的质量和社会服务的质量。只有通过人员培训、科学研究和社会服务这三大职能，才能实现高等学校提供的产品和服务。其中，高等教育质量的核心是人才培养的质量，而衡量指标是科学研究的质量，它们共同决定了大学社会服务的质量。换句话说，高校通过提供人才、科研成果和社会服务质量来满足社会、学校和父母的需求。因

① 刘显蓉.提高高等教育质量重在创新[J].教育与职业，2004(30)：39-40.

② 余小波.高等教育质量概念：内涵与外延[J].高教发展与评估，2005(6)：46-49.

此，高等教育质量的扩展必须包括人才培养质量、科学研究质量和社会服务质量。

通过以上分析可以得出，高等教育质量的内涵是通过培养具有一定专业特色的人才，满足社会、父母和高等教育本身对高等教育的需求。高等教育是否满足经济、社会和父母对高等教育的需求，主要体现在高等教育的社会服务质量上，具体体现在多样性、适应性和发展性上。高等教育的质量至少应该包括教学和人员培训的质量、科学研究的质量以及社会服务的质量，它还涵盖了大学的业务工作和管理工作的质量。

第二节　高职院校全面质量管理理论

一、高职院校全面质量管理的概念

全面质量管理（Total Quality Management，TQM）原本是企业管理中的一个专用概念。把全面质量管理的思想应用到学校教学管理，就是把人们的注意力集中到学校的全面管理并改进与之有关的活动，使学校的各项工作最终形成一个完整的服务网络，进而达到学校提高其质量和效益的目的[①]。将管理与教育研究联系在一起，从质量管理的角度谈高职院校的管理工作，是对高职院校管理工作的一种创新研究，是对高职院校的全方位思考，也为高职院校的管理工作提供了新的思路。

高校全面质量管理（University's Total Quality Management，UTQM）是指高校以质量为中心，以教师、学生及其他教职工的共同参与为基础，为了保证学生满意以及学校和社会全体成员的利益而实现长期成功的管理方法。高职院校全面质量管理观是对高职院校全面质量管理系统、理性的认识。在这种理性认识中，高职院校全面质量管理是以管理质量为中心展开的。

二、高职院校全面质量管理的内涵

高职院校的全面质量管理是高职院校在教师、学生和职工共同参与的基础上，以质量为中心的方针，使相关消费者满意，并使学校和社会全体成员受益，将此作为目标并终于取得了长期的成功的一种管理方法。高职院校全

---

① 李炜.全面质量管理理论在高职院校教学中的应用[J].中国农村教育，2019(11)：24.

面质量管理是一种既包括管理的观念体系，又包括管理的方法、模式或框架的管理途径。不同的高职院校具有不同的特点，应根据院校自身情况确定采用哪种途径。

高职院校全面质量管理，强调高职院校的活动必须以质量为中心，不能用其他管理职能代替，也不能任其独立发展。

高职院校全面质量管理必须基于所有员工的参与。这不但要求高职院校各部门、各层次的人员积极参与素质活动，而且要求校级管理人员坚持不断地领导、组织、支持有效的素质培训，以提高高职院校的素质。

高职院校全面质量管理强调的是让消费者感到满意，符合校内成员及社会的利益，而不仅仅是照顾一方的利益。这就要求高职院校尽可能地满足消费者的需求，并使消费者受益。高职院校自身也可以获得良好的经济效益和社会效益。

高职院校的全面质量管理强调的是高校的长期成功，而不是短期的利益或虚假的市场效应。这就要求高职院校要有长远进取的质量目标，建立和不断完善质量体系，培养和不断更新质量文化，最终建立基于自身素质和实力的管理体系。

三、高职院校全面质量管理的本质属性

本质是事物的内部联系，它由事物的内部矛盾决定，是事物更深刻、更一致和更稳定的体现[①]。人们普遍认为，高职院校全面质量管理的实质是协调高校内外各种关系和资源与实现高校教育质量目标之间的矛盾。

管理具有自然属性和社会属性。自然属性是指一般劳动者需要管理才能行使统一指挥的功能；社会属性意味着在阶级对立的社会形式下（工人与生产资料的所有者之间的对立），统一的命令成为对劳动的监督，使管理层能够执行监督职能。

高职院校的全面质量管理也具有自然属性和社会属性。高职院校全面质量管理的自然属性是稳定的，它在高职院校全面质量管理活动的性质不会因社会条件和时代背景而改变；高职院校全面质量管理的社会属性会呈现不同的特质，是高职院校全面质量管理活动随社会形态的变化和历史发展过程而形成的特殊个性。自然属性体现在管理的普遍性、通用性和技术性上；社会

---

① 蔡星星.论教育本质[J].广东经济，2017(18): 245-246.

属性反映在历史传承中和为阶级服务的政治性上。生源、师资水平、教材、教学方法、设备条件等都是影响高职院校教育质量的因素。为了提高教育质量，必须适当控制这些影响因素。

高职院校的教育质量管理体现的是高职院校工作的综合效率，这就要求高职院校的综合素质管理要充分利用现代科技成果，协调全局，密切配合。首先，要遵循高职院校工作和管理的客观规律，注重脑力劳动者和教育者的特征，以及受教育者的特征和成长规律，使高职院校的整体质量管理符合高职院校的形成规律。其次，教育质量要符合普通劳动目标的要求。此外，对高职院校全面质量管理以及管理技术、课程设置、设备管理等进行规划、组织、指挥和协调。这些都属于高职院校全面质量管理的自然属性。

高职院校全面质量管理的社会属性一般表现为在不同的社会形式和条件下，它们的内容、方法、管理系统、机制、概念等也有所不同。例如，高职院校全面质量管理质量方针的制定、管理体系的建设以及高级管理人员的组成与一定的社会制度和社会性质密切相关，反映了一定的社会特征、形式和社会制度。高职院校培养的人才必须能够满足社会的需求，即必须达到社会要求的教育质量标准。这是教育质量标准的社会制约。在阶级社会中，统治阶级通过制定教育质量政策、编制教学大纲、审查教材，培养符合统治阶级利益和意志的人才，以此来控制高职院校的教育内容和质量。因此，在不同的社会制度下，高职院校的全面质量管理存在明显，差异，这是由高职院校全面质量管理的社会属性决定的。

高职院校全面质量管理活动的自然属性和社会属性是矛盾统一的，两者之间的矛盾运动使高职院校全面质量管理活动不断完善。同时，这两种属性在高职院校全面质量管理的计划、组织、领导和控制等管理环节上又具有统一性，即在高职院校全面质量管理的效益上是根本统一的。高职院校全面质量管理如果没有社会属性，其自然属性就会因失去了存在的基础而无从实现；高职院校全面质量管理如果没有了自然属性，其社会属性也失去了存在的必要。

四、高职院校全面质量管理的特征

高职院校的全面质量管理，是指对整个过程和影响教育质量的各种因素进行全面、系统的管理。它在高职院校的所有活动中都有体现，涉及高职院校中的所有人员，贯穿于高等职业教育的全过程，具有全面性、全员性、全过程性、预防性和持续质量提高的特点。

（一）全面性

全面性是指高职院校管理的质量是全面的，包括教育成果的质量和教育工作的质量。具体表现为：以教学为中心，实行教学、科研、后勤的综合管理；通过提高工作质量，减少质量损失，并培养可以满足各方面需求的合格人员；对学校进行全面系统的管理，不仅是针对影响学校教育质量的全过程和各种因素，还关系到学校的一切活动，涉及学校的所有人员。

（二）全员性

全员工作是指高职院校全体人员参与质量管理。全员性强调高职院校的所有人员（包括学生）必须关注质量管理，任何部门的员工都必须具有质量意识，并通过共同努力来提高高职院校的教育质量。

（三）全程性

全程性意味着实施的管理是整个过程，即管理高职院校教育过程中的每个环节以及每个环节之间的"接口"，以及确保各项活动能够围绕高职院校的质量目标有序开展。此外，高职院校全面质量管理具有严密的质量体系，它采用了系统的理论和方法，强调高职院校各部门、各环节要有机联系，密切合作。

（四）预防性

高职院校全面质量管理坚持预防为主，质量先行，防患于未然。预防有"防止再发生"和"从开始就不允许失败"（"第一次就将工作做好"）两种模式。第一种模式的基本程序：是发现问题—分析问题—查找原因—寻找对策—产生规范；第二种模式的基本程序是：实控—预测—对策—规范。第二种模式可以称为根本意义上的预防。

（五）质量改进的持续性

高职院校实施全面质量管理的真正目标是实现质量的持续性改进。这种持续性体现在三个方面：一是个人，即每一个员工要从内心深处持续的改进，都能清楚地认识到持续改进对自己和学校的重要性；二是团体或部门，团体和部门需要制订一套完整的计划，促进团体或部门之间的团结与合作，最终达到目标实现质量的持续改进；三是整个高职院校，每个员工都是坚强的、积极的，要不断地改进。另外，各集团、各部门的持续改进活动都是积极有效的，保证了整个高职院校质量的不断提高。

五、高职院校实施全面质量管理的内容

高职院校全面质量管理的实施一般包括组织管理、人才培养活动管理、科研与社会服务活动管理、人力资源管理、财力和物力资源管理、发展战略、管理的信息化等[①]。其中，组织管理包括高职院校的领导体制、组织结构和规章制度；人才培养活动管理包括教学管理、课程设置与改革管理、招生与就业管理；科学研究与社会服务活动管理包括知识产权管理与学术活动规范、大学生科研活动的组织与指导、社会咨询服务活动及其功能；人力资源管理包括人力资源规划、招聘与选拔教师管理、教师培训与发展、教师绩效评价、教师薪酬管理；财力物力管理包括办学资金筹措、资金使用及成本核算、图书馆管理、实验室及设备管理、学校生产管理、校园建设、后勤管理等；发展战略包括发展定位与目标选择、形象设计与学风建设、高职院校合并；管理的信息化包括信息系统管理、学校园区网络建设管理。

第三节　高职院校全面质量管理的实施与意义

一、高职院校全面质量管理过程的实施

高职院校全面质量管理是一项系统工程，不可能一蹴而就，要以可操作的方式逐步实施。具体实施过程如下。

（一）全面动员，全员参与

1. 全面动员，统一思想，提高全员认识

高职院校实施全面质量管理，首先要使全体员工对全面质量管理有一个统一的认识，使他们明白什么是全面质量管理。如果没有充分参与，一些员工可能不知道如何开展工作。无论质量管理专家如何定义全面质量管理，其实质都是强调以"顾客满意、持续改进"为核心的管理理念。只有将这一理念融入高职院校全体员工的日常工作中，全面质量管理才能取得显著成效。高职院校的管理者、教师和学生是高职院校的主要价值主体，是高职院校素质文化的主要实践者。高职院校全体成员只有把教育质量作为共同的价值和内在追求，才能自觉地为提高教育质量而努力。

2. 健全全员参与，明确全员使命

高职院校全面质量管理是一个系统，为保证各项工作的连续性，必须对工作任务进行系统分解，确保分解工作的系统性和完整性。全面质量管理的基本要求是全体员工参与所有要素、所有过程的管理。可以说，全员参与是质量管理有效运行的基础。充分发挥全员的主动性和积极性，全面发展和提高全员素质，既是有效管理的基本前提，又是有效管理应达到的效果。全员参与是高职院校全面质量管理良好运行的客观要求，其核心是调动人的积极性。只有充分发挥每个人的能力，实现创新和持续改进，高职院校全面质量管理才能获得最大的效益。

（二）制定全面质量管理方案

全面质量管理（TQM）是一套以提高工作质量为目标的理论和实践。高职院校在实施全面质量管理之前，应通过深入研究、系统规划、协调各要素，制订全面质量管理计划，然后学校系统按计划运行和实施。在制订全面质量管理计划时，要注意以下三点：一是制定的标准要符合实际；二是制定的规范要符合实际，具有足够的科学性；三是制定的管理方案要具有可操作性，易于考核。

1. 建立合乎实际情况的高标准

全面质量管理的关键要素之一是标准化，即针对各单位、各部门和各岗位的工作任务、工作内容、工作规范和考核制定标准。规章制度用来规范人们的行为，起到管理控制的作用。标准的制定是一项重大的基础性工作，必须明确、具体，符合高职院校的实际情况。实际上，标准化是单个作业任务的工作流程和质量检验标准。因此，有必要对单个作业任务进行分析，实现标准化。高职院校应在认真学习 ISO 9000 体系标准的基础上，结合自身实际，制定相关标准。在制定标准的过程中，应认真调查研究师生、职工对本校实施全面质量管理的意见、要求和建议，这些意见、要求和建议是制定质量标准的主要依据。对于不确定的地方，要到全面质量管理取得良好效果的高职院校进行观摩和学习，再动员员工共同制定部门的工作标准。工作标准制定初步完成后，征求全体师生和员工的意见，并根据反馈意见对工作标准进行修订后实施。制定标准的工作要体现全体员工的特点。高职院校要要求全体职工根据自己的工作内容，借鉴其他高职院校的先进经验，制定自己的工作任务标准。这是一个所有员工共同学习和进步的过程。员工只有充分了解自己的工作任务和工作标准，才能更可靠、更有效地履行职责。

2. 创建符合实际的科学规范

高职院校在建立全面质量管理体系和开展质量保证活动时，既要遵循国家法律法规，又要体现全面质量管理活动的本质特征，建立合理的规章制度，规范实施依法管理，避免人的主观随意性，使高职院校的全面质量管理更加规范、科学、有序。为了贯彻落实科学的实践规范，必须加强高职院校的全面质量管理。高职院校全面质量管理工作应通过系统规划，确定质量方针，明确目标。通过统筹规划，有计划、有步骤地实施高职院校的全面质量管理。为有效控制影响高等教育质量的各种因素、过程和环节，提高高职院校全面质量管理的质量，必须确保高职院校全面质量管理工作的各个步骤、环节实施程序科学、操作行为规范。

3. 制定可操作、易考核的管理方案

高职院校制订全面质量管理计划，必须对岗位职责和任务进行分析、总结和细化，以岗位职责的核心部分作为评价指标。在制订全面质量管理计划时，特别是在制定评价体系的过程中，对能用数量确定质量标准的，提出量化要求；对不能用数量确定质量等级的，提出量化要求，制定科学合理的定性检测方法和标准，提高评价方案的可操作性、易评价性和公正性。一方面，高职院校全面质量管理方案要适应高等教育发展的客观要求，科学剔除那些看似重要但实际上无关紧要的指标；另一方面，为了方便全面质量管理的实施和检测，应尽量选取简单易行的指标。

（三）成立领导小组，明确岗位责任

成立高职院校质量管理体系建设领导小组和办公室，院长为领导小组组长，副院长为副组长，各部门负责人为成员，负责领导质量体系建设。校长任命专职分管质量管理的副校长为管理者代表，兼任质量管理体系建设领导小组办公室主任，对高职院校质量管理体系建设领导小组成员进行培训。全面质量管理的首要重点是系统化，即全要素、全过程。换言之，就是对高职院校的整个体系进行梳理和重组。质量管理体系领导小组成立后，对高职院校整个体系按职能进行重新划分和分类，并设立新的职能部门①。每个部门再根据各自的职能划分为职能小组。职能小组将功能分解为作业，再将作业分解为任务，最后形成领导小组、职能部门、工作组、岗位、任务的职能金字塔。这个功能金字塔涵盖了高职院校系统中的所有功能和任务。在构建金字塔管理结构时，要满足系统性、完整性的要求，自上而下地逐级分解职能和任务，确保分解过程中不出现空缺。许多高职院校通常将职能分解为工作组，即基层部门或岗位，而实施全面质量管理的高职院校应尽可能将职能分解为单项任务。按照从制度到岗位的功能金字塔，进行人力、财力、物力的配置。高职院校要建立健全全面质量管理体系，确定质量方针和质量目标，整理现有的文件、制度和规定，区分哪些可以使用，哪些需要修改，哪些必须废止，最后编辑成册。自上而下的人员配置表面上是一个管理过程，但实际上是一个组织学习的过程。

高职院校领导小组成立后，要公开各部门的岗位职责，明确深化改革、实施全面质量管理的路径，从而使全面质量管理理念贯穿于高职院校管理的全过程。在具体的管理行为中，要让每个员工明确自己的职责和权利，以及学校的各项战略、决策、目标和责任，了解高职院校管理制度的实施、控制、检查和激励对院系以及自身的影响。质量管理体系建立和完善后，需要通过试运行才能实施。试运行结束后，检查质量体系文件的有效性和协调性，对暴露出的问题采取一定措施予以纠正，进一步完善质量体系。必须强调的是，即使质量体系通过了试运行，也不意味着以后就没有问题了。因为它的运行是动态的，涉及高职院校各部门各种活动的交织。只有在分配、时

---

① 殷雨时.高职院校教学全面质量管理体系主要构件分析 [J].科技风，2017(2): 36.

间和目的上协调这些活动，质量体系才能持续有效地运行。

（四）运行质量管理体系

高职院校建立全面质量管理体系，必须做好以下几方面的工作。一是做好质量信息管理。其原则是根据数据和事实构建质量信息。在质量体系运行过程中，必须收集、存储、处理和反馈准确可靠的质量信息。对质量管理实施过程进行动态控制，使各类质量活动和教育质量得到控制。只有实施了文件化质量体系和信息网络跟踪的高职院校，才能真正建立起自身的教育质量管理体系。二是做好组织协调。良好的组织协调工作是质量体系有效运行的保证。根据质量手册和质量计划，组织开展各项质量活动，协调相关主体达成共识，协调质量体系中的错漏项目，改进问题。为顺利组织协调工作，确保质量体系的有效运行，必须建立健全质量管理内外部的全面质量责任制，明确职责分工，并采取相应的程序和制度以保持各单位可以联系密切，信息畅通。

全面质量管理体系的运行过程是在教育质量总体目标的指导下，按照已建立的教育质量管理体系的结构和要素进行教育质量管理的过程。全面质量管理体系运行是实施质量体系文件以实现质量目标的过程。高职院校实施全面质量管理，要求质量目标管理与质量过程管理相结合，注重过程控制。研究表明，质量计划设计和过程质量管理是直接影响结果的唯一有利因素，只有有效和有益的措施才能产生高质量的结果。

（五）组织质量考核和评审

高职院校实施全面质量管理应以教育教学质量和学生培养质量为核心，通过制定一系列全过程监控措施或一系列活动来开展这项工作。根据全面质量管理的内容，通过审核可以促进高职教育质量体系的运行和完善。审核是全面质量管理体系形成的重要组成部分，它有两种方式：一是第三方审核认证，即按照 ISO 9000 标准形成以确保用人单位满意为目的的教育质量管理体系，注重外部质量保证；二是内部审核，即从全面质量管理体系的理念出发，注重提高高职教育质量管理水平，加强高职院校内部质量管理，注重内部质量保证。

质量体系的自我修复和完善依赖高职院校定期的质量体系审核。在审核过程中，高职院校通过对质量体系要素的评价，确定质量体系的有效性；纠正和改进实施过程中存在的问题，保持质量体系的有效性。在评审过程中，通过对质量体系审核结果的整合，对质量体系的环境适应性进行评价，对质量体系的适应性进行测量，对体系设计中存在的问题和不合理的结构进行改进，以保证体系的持续有效运行。通过建立有效的绩效考核体系，以提高相关部门监督检查的力度。

二、高职院校教学全面质量管理的意义

（一）有利于提高教学管理水平

全面质量管理工作的实施对促进高校的改革与发展，提高教学质量和办学水平起着重要作用。从制订和调整教学计划及教学大纲到组织教学，从开发教育资源、推进教学建设到教学质量监督和学生学籍管理，从加强师资、充分发挥教师的作用到提供良好的教学环境、维持正常的教学秩序，都说明教育管理是一项十分复杂的工作。随着高职教育的发展和教育改革的不断深化，高职院校目前的任务是积极研究开发教育管理的新内容、新方法，使教育管理工作的水平得到有效提高。

当前，随着我国高职院校在办学规模方面的巨大发展，影响高职教育健康发展的深层次矛盾也逐渐浮出水面，尤其是教学质量问题变得更为突出，受到了社会的广泛关注。教学质量不仅是高职教育管理的一个重要课题，更是现阶段我国高职教育大发展中必须重视的一个时代命题。为了满足我国人才培养工作和各项事业发展的需要，保证高职教育的健康、持续发展，必须加强高职院校教育教学质量监控，有效提高人才培养质量。这既是我国高职教育发展环境及发展的需要，又是时代赋予我国社会经济发展的重要使命。因此，高职院校必须不断加强教育教学质量管理，建立健全教育教学质量监控机制，具体措施包括：应建立与实施质量体系，推动现代质量管理，对影响教育教学质量诸多因素加强过程的监控；应整合资源，成立质量保障机构，完善教育教学质量监控体制；应密切关注源头，提高教师教学监控能力，加强对教学实施过程的质量控制。

（二）有助于提高高等教育质量

提升教育质量，依赖高职院校全面质量管理的相关实践，并保证全面质量管理理念得以推广。对于高职院校全面质量管理来说，高职院校要更新教育教学观念、构筑质量文化氛围、规范教学管理制度、改善教育设施、扶持师资队伍建设、合理利用信息技术，通过提高质量促进高职院校全面质量管理实力的提升。随着我国高等教育的迅猛发展，教育质量方面的问题也越来越多。学校管理制度的完善能推进教育质量快速提高，全面质量管理作为行之有效的质量管理手段，在我国高等教育工作中的应用是必然的。

改革开放以来，我国高等教育事业取得了历史性的突破。但是，我们也应该看到，随着我国高等教育规模的扩大，生源数量与教育质量的矛盾也日益突出，质量问题已成为高等教育理论和实践研究的热点问题。高校扩招后，招生规模的快速增长导致学生享受的平均教育资源急剧下降。高职院校传统的管理模式已逐渐成为学校自身发展的障碍。高校培养的人才逐渐偏离经济社会发展的需要，学生综合素质明显下降；高校整体办学水平不高，暴露出一系列问题，如质量保证体系不完善、管理理念落后、管理水平不高、部分教师对整体教育目标和办学宗旨缺乏全面认识等。地方高校作为我国高等教育体系的重要组成部分，应服务于区域经济社会发展的需要，引导学生就业，努力培养"知、能、质"协调发展、具有创新精神和实践能力的"专、特、导"用型人才为区域经济社会发展服务。

提高人才培养质量是发展地方高等教育的根本任务[①]。为解决上述问题，特别是高等教育人才素质问题，引进和推广西方全面质量管理模式已迫在眉睫。

推行高职院校全面质量管理的基础是提升学校的教育质量，因而讨论提升教育质量的办法，对实现高职院校人才管理具有十分重大的意义。总体来说，深化全面质量管理教学改革，在高校的教育教学工作上取得了成果。可以说，这些方法和措施对于高校人才培养有着重要的意义。面对高等教育教学工作中仍然存在的诸多困难与问题，建立全面质量管理体系，对于解决这些困难，提升高校教育者的培养意识，乃至推进高校教育教学发展工作都有着积极的意义。

---

① 孙清云 . 全面提升高等教育人才培养水平 [J]. 成才之路，2015(20): 3.

（三）是"科教兴国"和"高等教育强国"的关键

基于我国当前的发展战略和高等教育的发展，高职院校迫切需要实施全面质量管理模式。《国家中长期教育改革和发展规划纲要（2010—2020年）》明确提出要"建设高等教育强国"，只有加强高等教育质量管理，我国的"科教兴国"和"人才强国"战略才能得以实现[①]。国内外众多相关事实表明，教育在经济社会发展中具有基础性、先导性和全局性的作用。知识经济已成为世界经济的主导模式，科教兴国战略在我国更广泛的领域得到实施。这两个突出特点，使大学在社会发展中的地位、作用和价值空前[②]。我国"科教兴国"和"人才强国"战略的实施，要求高等教育必须提供强有力的人才和智力支持。没有发达的教育，就没有高素质的科技人才。只有全面提高高等教育人才培养质量，全面提高高职院校科研水平，进一步优化高等教育结构，才能提高我国高等教育的国际影响力。总之，只有达到若干综合指标要求，才有可能实现高等教育强国建设。这里所提的众多指标都与高等教育质量密切相关，而提高高等教育质量，必须依靠高校实施全面质量管理来实现。因此，在高校实施全面质量管理是建设高等教育强国、增强我国国际竞争力的迫切需要。

（四）是提高高职学生社会竞争力的保障

质量是企业的生命线，也是高等教育的生命线，这是社会各界对大学教学的最基本要求。社会主义市场经济是通过刺激各种组织和生产要素的竞争从而促进生产力发展的竞争制度，这使高校竞争无处不在。高校如何在竞争中生存和发展是一个无法回避的问题。提高高校人才培养质量，必须充分发挥科研和社会服务的育人功能，真正实现教学与科研的互动与融合，光喊口号或只强化一个方面是远远不够的。只有在高校顶层设计中依托全新的质量管理理念，依托全新管理理念统筹兼顾下的管理模式，实现以学生为中心、预防为主、质量第一，确保质量不断提高，才能使学校、社会、学生最终受益，而高校这种全新的质量管理理念只能是全面的质量管理。可以说，高职

---

① 佚名.《国家中长期教育改革和发展规划纲要（2010—2020年）》指导思想和工作方针[J].高校理论战线，2010(10): 1.

② 吕雪峰.实施校本管理，推进现代大学制度建设[J].教育探索，2009(11): 80-81.

院校面临的就业压力和就业动力已成为高校实施全面质量管理、改变管理现状、提高高职学生社会竞争力的必然选择和有效保障。

第四节　高职院校全面质量管理的发展与现状

一、高职院校全面质量管理的发展历程

（一）初期阶段

联合国教科文组织在《学会生存》一书中指出："最近的各种实验表明，许多工业领域的新管理程序都可以实际应用于教育，不仅在全国范围内可以这样做，而且在一个教育机构内部也可以这样做。"[1] 根据美国教育委员会1993年的调查，当时70%的美国高校采用了全面质量管理。与之相比，我国高等教育在实施全面质量管理上起步较晚，发展也较为缓慢。

20世纪末至21世纪初，我国教育界在这一领域开展了大量的理论研究。虽然大多数高校认识到"质量是生命线"的重要性，加强了对内部主体工作的管理，但还没有真正落实全面质量管理的理念。20世纪80年代末，我国教育界开始实施全面质量管理。20世纪90年代末，国家教委开始立项，对"八五"期间高等教育质量管理进行专题研究。由于海事院校与国外的交流比其他院校更为密切，所培养的人才大多与海事工作相联系，对与国际接轨有更高的要求，因此这些学校已成为实施全面质量管理的先行者。大连海事大学和集美大学率先尝试建立质量管理体系。根据《中华人民共和国海员教育和培训质量管理规则》、ISO 9001标准和DNV三大认证标准，他们建立了海事人才培养质量管理体系，1998年先后达到标准要求，并通过主管部门审查，成为我国首批履行国际公约、获得海员教育培训资格认定的教育培训基地之一。这两所高校依托全面质量管理的实施焕发出了强大的生命力，使全面质量管理在我国高等教育界更加受到广泛关注。经过1999年的大规模扩招，我国高等教育规模迅速发展。然而，高校扩招后，随之而来的高校招生数量的增加和高等教育质量的下降已经成为一个普遍的矛盾。面对学

---

[1]　许德宽.试论全面质量管理与高职院校的内涵发展[J].教育与职业，2008(12)：26-28.

生、家长和用人单位日益强烈的"提高质量"呼声，我国高等教育必须积极引入全面质量管理理念。

（二）不断深化阶段

21 世纪初，有些学校成立了后勤集团，并实施全面质量管理。这一举措不仅提高了学校后勤管理水平，还提高了经济效益。2000 年，渤海大学后勤集团开始实施全面质量管理，并在工作制度、标准、制度、考核和监督等方面建立了良好的基础。截至 2008 年，学校后勤集团全面质量管理取得了以下成绩：绿化被评为全国先进单位，餐厅被评为全国餐饮百强，学生公寓被评为省级标准化公寓，管理成本比以前下降了 5%；与其他高校相比，在节省 1 500 多万元的基础上，师生满意度提高 30%。此后，全面质量管理运动开始蔓延到全国各类学校的各个领域。高校开始构建全面质量管理体系和规划，并取得了一定的成效，形成了许多宝贵的经验。例如，中国计量大学管理学院成功地将全面质量管理引入教学管理，将国际质量管理标准与学校实际有机结合，确定了以"抓质量"为主要办学理念和行动目标。经过几年实施全面质量管理，中国计量大学管理学院的在校生由 360 人增加到 1 200 多人，论文数量实现了每年 1 万篇的目标，现已成为浙江省质量和标准化的主要承担单位。

总体而言，此时我国高校全面质量管理尚处于起步阶段，实施全面质量管理的高校还较少。这股热潮消退后，我国只有少数高校在坚持全面质量管理，并形成了固定的体系。这一阶段高校全面质量管理实施的特点有两个方面：一是全面质量管理在高校的应用还不够广泛，主要集中在后勤、教学、图书馆等少数几个部门；二是高校全面质量管理体系各方面还不完善。因此，只有继续对高职院校全面质量管理进行创新研究，我国高职院校的教学管理水平才可能迈上一个新台阶。

二、高职院校全面质量管理的发展现状

由于我国高职教育的蓬勃发展，对相关高职教学管理的研究必然会成为趋势。随着研究人员数量的增加，广大高职院校教师加强了对高职教育教学的理论研究。同时，研究的范围日趋广泛，涵盖了高职教育的各个方面。另外，研究成果逐渐增多，并且有了一些独特的见解。这些都为高职教育的发

展和管理实践做出了贡献。简而言之，高职教育开始出现新的面貌，但也暴露出了新的问题。

（一）对全面质量管理认识不到位，实施不平衡

一是一些高校领导对全面质量管理缺乏全面的认识，导致全面质量管理只在教学、图书馆或后勤等小范围内实施，而不是全校真正实施全面质量管理，从而使实施的效果不够全面。高校要想实施全面质量管理，必须将全面质量管理体系中的一系列具体管理理念渗透到高校管理体系的各个方面。二是一些高校领导还没有意识到高校实施全面质量管理必须是系统的。其实全面质量管理的内容和范围非常广泛，包括质量策划、质量改进和质量控制等各个关键过程。三是有的高校对全面质量管理理解不够透彻，导致其教育质量提高缓慢。

（二）对全面质量管理实施不平衡

高校实施全面质量管理的不平衡主要包括以下两个方面。

1. 高校之间实施的不平衡

在我国现有的普通高校中，部分高校在实施全面质量管理方面取得了显著成效，使全校在毕业生数量和质量、科研成果数量和质量、教师绩效水平等方面取得了良好成绩，大大提高了学校的整体实力；而大多数高校在实施全面质量管理方面只局限于实施全面质量管理的形式，并没有真正摆脱传统管理模式的束缚，也没有制定出切实可行的实施方案，实施全面质量管理，仍然执行旧的管理制度，这些旧的制度老化且不完善，对提高高等教育质量起不到相应的作用。也有一些高校由于地域和财力的限制，缺乏实施全面质量管理的资源和实施全面质量管理的制度和人文环境，但这不是拒绝在本校实施全面质量管理的理由。

2. 实施的高校内部存在不平衡

高校的行政部门和学术部门与各自部门的利益密切相关，因此在某些问题上，各部门之间可能会产生对立。有的部门对高校的战略研究和规划重视不够，更热衷于当前的具体管理实践；有的部门对服务和公益实践漠不关心，更注重审批、认证等实权职能。一些高校在实施全面质量管理时，未能理顺内部行政管理体制之间的关系，使他们在各单位、各岗位没有系统划

分，各部门、各岗位权责不清的前提下，盲目推行全面质量管理，或者只是按照一定的固定标准来实施全面质量管理，从而导致全面质量管理在高校各部门的应用不平衡。这种不平衡主要表现在以下两个方面。

（1）后勤、行政等部门实施速度较快

高校对于后勤和行政人员的管理，可以根据企业的管理模式实行固定的上下班制度，建立人与责任的联系，落实责任到人。在这些部门可以充分发挥全面质量管理的优势的基础上，强调任务分解的系统性和完整性。全面质量管理易于系统化、规范化，建立合理的奖惩制度，激发员工的积极性。因此，在这些部门实施全面质量管理一般都能取得较好的效果。

（2）在教学队伍中效果缓慢

一些高校教师已经习惯了松散的管理模式，普遍不赞成在高校推行全面质量管理。因此，全面质量管理在高校的实施对教师队伍的影响是不太大的。

（三）教职工认识不够导致质量提高缓慢

高校人力资源的范围比较广，不仅包括在高校从事教学科研工作的教师和行政人员，还包括后勤管理人员和助教。高校教职工在文化程度、理解方式、接受新事物的速度等方面存在较大差异。受多种因素的影响，他们的理解能力会出现差异。一般来说，由于教师的观念独特，他们更不愿意接受管理者的服务和指导。由于客观条件（学历、文化程度等）的影响，物流管理者对全面质量管理的理解难度加大。大多数高校实行全面质量管理，尚未形成或建立起科学合理的符合新时代要求的员工管理体系。由于受到高校传统管理理念的束缚，他们仍然以事务管理为主要出发点。因此，大多数高校教职工习惯于固有的做事方式，对全面质量管理知识的理解不够全面，对全面质量管理理论的理解存在一定的偏差。

高等教育质量的缓慢提高体现在很多方面，可以概括为：人才培养质量、科学研究质量、学科建设质量、后勤管理质量的缓慢提高。其缓慢提高主要体现在人才培养质量和学科建设质量两个方面。学科建设不仅包括师资队伍建设，还包括科学研究。学科建设发展缓慢，主要体现在缺乏鲜明的高校特色。《国家中长期教育改革和发展规划纲要（2010—2020年）》明确要求，高校要有自己的特色。事实上，现阶段我国大学的特色还不是十分明显，虽然高校对人才培养模式进行了一定程度的改革，但大多数高校仍然实行传统的人才培养模式[①]。高校的核心任务是教育，教育质量主要体现在人才培养质量上。人才培养模式单一、陈旧，学科建设水平缺乏特色等问题使学科建设水平和科研水平的提高相对缓慢。过去我国高等教育质量管理虽然取得了一些成绩，但由于质量提高缓慢，还没有成为高等教育强国。

---

① 张程.关于高校办学特色的问题与路径选择 [J].当代教育理论与实践，2015(5):78-80.

第三章　国外高职院校教学管理

第一节　德国双元制教学管理

德国是一个原材料相对匮乏的工业化国家。在德国，无论你从事什么工作，"资格"都占有重要地位，而要想拥有"资格"，就必须接受职业教育，并通过教学专业考核。由此，在德国，人们往往把职业教育视为"经济腾飞的源泉"和"经济发展的支柱"。"双元制"职业教育模式是德国职业教育的核心特征。"双元"是指学校—企业、理论—实践、思维—动手。以下将详细介绍德国双元制教育。

一、德国"双元制"教育

什么是"双元制"教育模式呢？双元的含义是，要想接受职业培训教育，同一个人需要在两个不同的地方进行培训：一元是指职业学校，其作用就是给学生讲解与学生所选专业相关的知识；另一元是指校外培训场所，如企业或公共机构，主要功能是允许学生在其中接受有关职业技能的专业培训。所谓"双元制"，是指学校与公司之间为了实现发展而进行的合作。学校根据企业的需要帮助企业制定培养目标和计划，为学生提供公共课程，进行理论知识讲解活动；企业需要在学生即将毕业的时候，将专业设备提供给学生并对其进行培训，此外还需要找专业的老师对其进行技术指导和培训。

"双元制职业培训"整个培训过程在工厂、公司和国家职业学校进行。这类培训以内部培训为基础，必须涉及企业的实践活动和职业学校的理论。

此外，企业也向学生提供某些终身资助，为他们购买一些保险，如劳动保险、疾病保险和意外伤害险。同时，学生和企业员工的放假时间要一样，而且企业要在学生毕业以后为其提供一份工作。通过评估后，学生可以获得"双重"认证。他们除了获得学校颁发的毕业证书外，还可以获得 AHK（德国工商会）颁发的技术证书。

实际上，德国推行"双元制"的目的是让年轻人接受职业培训，帮助他们掌握职业能力，而不只是提供在职培训[①]。德国双元制模式的根本是培养学生的综合职业能力，而不只是培养学生的基本从业能力、社会能力。

经过双元制培训，学生就可以将自己所学知识应用到专业领域，能够独立解决问题，同时得到全方面发展，而不再局限于某一个岗位的知识与技能。在掌握专业能力的基础上，他们也能学到很多基础知识和实际的社会能力，适应性大大增强，从而为他们的生活打下坚实的基础。

德国职业教育立法和为参与"双元制"的企业提供教育报酬为德国"双元制"两方面动力元素。职业教育立法为企业、商会等利益相关者提供了外部驱动因素，而教育薪酬则为企业、商会等提供了相应的内部驱动因素。德国双元制模式在拥有技术特色和前瞻性的同时，对学生职业道德培养更为重视。学生通过参与培训，不仅能够收获广泛的知识和技能，还可以拥有较强的社会适应能力和市场竞争力。严格按照市场需求，对人才进行"双元制"培养，将国家、社会、企业和个人的发展纳入职业教育过程中，可以促进个人、企业、社会利益现实化，同时其应用性和针对性显然为职业教育的发展注入了不少活力。为了将高职教育的目标变为现实，"双元制"把知识与技能分成了不同模块的综合课程体系，将知识的广泛性和实用性划分到重点区域，使知识与技能有机结合，避免重复，注重学生职业技能的训练，使学生能较好地掌握专业技能，并在毕业后能立即投入工作。

二、德国"双元制"的特点

（一）职业教育的目标

在德国，教育是对未来的投资，没有受过职业教育的人不能进入职场，这是人们的共识。德国的职业教育有两个目标：一是铺平职业道路，帮助年

---

① 邬幼芬.德国双元制的思考与启示[J].现代职业教育，2019(33)：118-119.

轻人成功就业；二是帮助年轻人在经济社会和工作中立足。

（二）实施阶梯式课程结构

"双元制"课程分为理论课程和训练课程两部分。理论课程包括专业所需的所有理论——专业制图、专业计算等，其特点是知识面广、内容通俗易懂、综合性强。在实践活动中培养和锻炼学生的专业技能是"双元制"课程非常典型，也是非常突出的一个特点。在实践课程的选择和安排上，其更注重直接专业经验。例如，学生可以通过完成一系列的工作锻炼获取职业技能，这一过程可以说是集中的专业活动。通过参加以职业活动为中心的研修，学生可以达到提高职业技能和职业能力的目标。

（三）开展基于"关键能力"培养的行动导向

"关键能力"是指除专业知识以外的特定专业技能和能力。基于其，即使职业发展或劳动组织发生改变，工人的能力仍然有效。由于这种能力已成为劳动者的基本素质，所以他们可以在环境中重新获得新的专业知识和技能。劳动者在任何职业中都应具备的能力，称为交叉就业能力。这种能力在劳动者将来的发展中起着重要的作用，所以也被称为"关键能力"。"行动导向"教学是在培养"核心能力"的基础上，在德国"双元制"中发展起来的。它要求把学习、掌握某一特定任务作为一门课程和指导思想，或是以培养一定的行为能力（专业能力）为目的的教学策略和指导思想[①]。它认为，引导教育和行动训练是教育的基本，行动训练是教育过程中的重要组成部分，其必须在培养学生思维能力的基础上，使学生具备自觉行动和独立思考的能力，以解决技术问题或达到某种目的。

（四）执行严格的考试制度

德国的"双元制"在世界上享有很高的声誉，这主要是由于其高质量的培训，而这种高质量的培训是由客观、公正、规范的考试和评估体系来保证的。为了保证考试的客观性和不受培训机构影响的独立性，"双元制"职业教育考试通常在与培训没有直接关系的行业协会中进行。该行业协会设有一

---

① 谢燕月.德国双元制教育模式下行动导向教学法浅析 [J].经营管理者，2017(28): 395.

个特殊的审查委员会，该委员会包括雇主联合会、工会和职业学校教师三方代表。其中，雇主和工会的代表人数相同，并且至少应有一名职业学校教师。第三方代表必须是所评估职业的专家。该委员会负责的主要是设计试卷、指定考官和计分等。由于考试是由行业协会组织和实施的，因此有利于按照《职业培训条例》的要求进行，而不是根据哪个培训机构（企业或职业学校）所教授的具体内容进行，可以更客观地评估职业教育的培训质量。"双元制"职业教育考试强调统一规范性，同一职业或不同职业的相同科目的考试在同一时间举行，并按照统一标准评分[①]。在培训期间，行会会组织期中考试和毕业考试。考试包括 10 多个小时的实践技能测试和总共 5 ～ 6 个小时的专业理论知识测试。只有通过测试后，年轻人才有资格成为技术工人或技术人员。由于"双元制"职业教育考试的客观性和公正性，其结业证书不但在德国会得到认可，而且在欧洲共同体的某些国家也会得到认可。

（五）拥有经验丰富的师资

德国职业教育师资分两种：一种是在职业学校执教的教师，另一种是在企业进行专业训练的教师。要想在职业学校担任普通文化教师，人们首先需要完成大学的必修课，并通过首次全国考试获得毕业证书，之后还需要接受职业教育和培训，或者去公司接受专业实践培训。在此基础上，人们还需在有经验的教师指导下上两年的职业培训班，再参加第二次全国考试，通过考试。职业理论课对教师学历要求更严格，其必须在综合性大学完成八个学期的学习，修完三门课程，毕业时通过国家考试拿到文凭，然后在公司工作三五年，再接受两年的教育和培训，最后通过第一次全国考试。要成为职业学校的实用型教师，人们必须有三年以上的中等教育文凭、硕士学位或技术，而且接受培训前要有两年的实践经验和一年半的学校实践经验。从事企业研修的"师傅"为了取得资格证，必须接受行业技能相关正规教育。而且，如果不经过"师傅"的训练，进而取得"师傅资格"，人们就不能进行职业训练。

德国的"双元制"职业教育模式还有以下特点：理论教育和生产实践紧密结合；政府出资和企业的广泛参与相结合；专业培训和严格考核相结合；普通教育和职业培训相结合。近年来，不少获得大学入学资格的通识教育毕业生也

---

① 张高兴."双元制"职业教育中间和结业考试的几点做法 [J]. 中国轻工教育，2002(2): 42.

从一开始就接受了双元制职业培训，希望在进入大学之前学习一些专业经验，拥有一些经历。在德国的双元制教育体系中，企业培训发挥着主导作用，而职业学校只发挥合作和服务的作用。德国各种教育形式之间的转移也具有鲜明的特征，在接受完基础教育后，每个学生都可以由普通学校转到职业学校；接受过双元制职业培训的学生也可以在完成一定时期的文化课程之后进入大学。

三、德国双元制教育对我国的启示

在德国，职业教育得到了企业的广泛支持，这种"双元制"模式针对性强，注重能力，可以充分调动企业办学的积极性。在这一制度的保障下，企业不仅需要制订完整的培训计划，促进专业理论与专业实践的结合，加强技能培训，还需要为学校提供足够的培训资金和物质支持。这种模式对德国学生的培养起着重要的作用，而且培养出来的年轻人都是既有理论知识，又有实际操作经验的职业人才。我国职业教育与发达国家相比还存在一定差距。我们必须正视现实，增强信心，吸收德国职业教育的先进经验，打造具有中国特色的专业教学模式[①]。现今，我国对高级技术人才的需求更加细化，而德国的职业教育很好地解决了这个问题。比如，满足企业应用型人才培养目标需求；要求具备一定的职业技能和实践经验人才资格；以岗位需求为导向选择实践教学内容；注重实践应用，加强实践教学和实习教学。在我国探索高等职业教育规律和构建高等职业教育培养模式时，这些经验具有重要的参考价值和意义。在职业教育方面，中国的国情和教育制度与德国的国情和教育制度有很大不同，因此我们不能直接复制这种模式。但是，我们可以从这一成熟的制度中吸取一些相关经验，从而促进我国职业教育的改革。

（一）改变教育重点，注重能力培养

职业教育可以为学生提供更多的职业培训，让他们在未来有更多的职业选择，帮助他们快速适应当前复杂多变的市场环境，增强竞争力，平稳就业。双元制是德国职业教育模式的核心内容，它的教育体系的本质是以就业为导向，就业是这种教育模式的评估标准。但是，中国的职业教育仍然基于传统的绩效取向，所以学生无法将他们在学校学到的知识与实际工作结合在

---

① 陈军武.借鉴德国职业教育 构建具有中国特色的职教模式[J].中等职业教育（理论），2012(7):38–39.

一起。毕业生与市场脱节，导致高素质人才短缺，无法满足工作需要，同时自然有大量毕业生找不到自己满意的工作。因此，中国高职院校应对以往以课堂为中心、以绩效为中心的办学模式进行变革，对教育与就业之间的联系加以强化，着力培养学生的专业能力，尤其是独立学习能力，以帮助学生进行创新，进而适应市场变化。

在寒暑假和企业"用工荒"期间，学校应该加强与企业的合作，鼓励学生在企业的一线进行实践，使学生可以较深入地了解专业知识，加深对本专业的了解，并将理论知识与实践结合起来。一些高职学校和企业订立了相关协定，安排学生在合作企业实习。学生如果通过了相关评估，毕业后可以在该公司工作。这样不仅解决了学生就业的问题，还降低了企业的招聘和培训成本。

（二）专业设置和课程体系改革

随着社会科学技术的发展进步，产业结构也发生了巨大变化，许多传统产业不断消失，而一些新兴产业逐渐出现在人们的视野中。因此，为了满足实际市场的需求，职业教育的专业设置和课程设就要与之相适应。在德国，根据 AHK（德国工商联合会）职业技能资格培训中心的要求，职业学校需要随时调整课程，优先安排一部分专业课程。因此，中国职业学校就要加强教育改革，适当调整专业设置和课程体系建设，制定可以满足企业需求的课程标准，同时科学研发培训课程和教材，培养符合实际岗位需求的高素质优秀人才。

从职业角度分析，职业学校应构建以职业活动和能力为基础的课程体系。职业分析是指确认、定义、说明社会职业中所包含任务和工作项目的科学分析过程。德国政府非常重视职业设定的动态调整，会定期对职业教育的专业设定进行调整。因此，建立定期的职业分析和评价系统，有益于调查分析从事特定活动的人员，确定各种工作所需的知识和技能，为制订实用的专业教育计划提供依据。

（三）加强师资力量建设

除获得相应的学历和专业职称资格外，德国职业和技术专职教师还必须在一家校外企业中具有 3 年的工作经验。但是，中国的高等职业教育发展较为缓慢，优秀的教师不愿从事职业教育。近年来，一些学校大力引进"高学历"人才，但他们毕业后即当教师，缺乏社会工作经验；一些学校引进"高层次人才"当老师，但他们缺乏社交能力和专业经验。目前，中国还大力推进"双师型"教师队伍建设，"双师型"教师指的就是专业知识深厚，教学理论丰富和实践技能全方位发展的优秀人才。因此，高职院校不应该以"唯学历论"作为引进优秀教师人才的标准，而应多聘请实践经验丰富的一线企业技术人才，对学生进行培训指导。除此之外，企业还可以实施一些吸引人才的激励政策，如发放实践教学基金，或者把实践经验作为评价标准，帮助教师提升自我创新意识，完善自身素质。

（四）改变考试考核标准

考试评估不仅可以有效地对职业教育质量进行检验，还可以有效提高职业教育的质量。德国的"双元制"模式要求学校和公司共同参与课程管理和评估工作，而在此模式下，学生扮演的角色不仅是学生，还是公司的职员。因此，在德国，毕业生除了参加学校的理论考试外，还必须得通过公司设置的实践技能考试。但是，我国大多数职业学院对学生的评估还在用试卷的形式，该模型是单一的，而且无法完全评估学生的能力。因此，我国的职业教育也应结合自身特点，在学生评价体系中增加对实践技能的评价，激励学生，让学生主动获得国家认可的技术资格证书，提高高职毕业生的素质。

第二节　美国 CBE 教学管理

美国职业教育培养的是"宽专多能型"人才，这与其社会特征是相吻合的。其主要采用"CBE"培养模式，即"以能力为基础的教育（Competency Based Education，CBE）"[①]。近年来，"CBE"是世界上最流行的职业教育思想和模式。具体地说，它是指以特定职业能力为基础，确定培养目标，规划教学内容、方法和过程，评价教育效果的一种教学思想和实践方式。在美国接受职业教育培训的"宽专多能型"人才，与他们的社会特征是一致的。现在，它已经在美国和加拿大等北美地区的职业教育中得到了广泛的应用。

---

① 杜国海.国外三种高职人才培养模式的比较[J].职业时空，2008(6)：107.

一、美国"CBE"模式的发展历程

要想在美国接受职业教育，人们需要进入综合性高中和社区大学。社区大学在美国的职业教育体系中表现出了职业教育的主要特征。美国职业教育比较普遍，具体主要在学校或学院等公立高等职业学校进行。在美国，雇主所参加职业教育的水平一直很低。当然，这与职业流动性有关。"CBE"模式的主要特点是：首先，学校聘请一批具有行业代表性的专家组成专业委员会，根据岗位需要进行分工，确定专业所需技能，明确培养目标；其次，学校组织有关的教职人员根据教学规则对相同和相似的能力进行总结归纳，然后分成一个个的教学模块，并制定出相应的教学大纲；最后，根据教学大纲进行教学。这种模式突破了以公共课程和基础课程为基础的传统教学模式，体现出了它的科学性；培养以岗位为中心的职业能力，保证了职业能力培养目标的实现。以下是美国"CBE"教学管理模式的详细介绍。

（一）理论积淀阶段

第二次世界大战之后，"CBE"模型诞生，之后在美国和加拿大等北美地区的职业教育中被广泛使用，现已成为当今相对先进的职业教育模式。在第二次世界大战期间，美国出现了基于实践能力的教育。当时，美国渴望生产武器，许多民用制造转为军事制造，而无法从事军事生产的工人和技术人员则急需接受培训。由于时间紧迫、技能要求严格，CBE模型的雏形即应运而生。

19世纪末到20世纪20年代初是CBE模式的理论积淀阶段。从1776年到1884年，美国经济以农业为主。近百年来，美国农业在国民收入中的比重都超过了美国工业，重要的工业部门半数以上以畜产品为原料。到19世纪末20世纪初，美国完成了农业经济学向经济学的转变。工业生产净值超过了农业生产净值，所以美国正式进入工业化初期。随着美国工业的发展，大规模的工业生产成为经济发展的重点。大规模社会化生产对生产效率的要求使管理科学应运而生。科学管理理论的奠基人弗雷德里克·W.泰勒将工作分析的思想提升到科学的高度，以期对劳动者的每一个行为进行科学研究，取代传统的基于经验的生产方式[①]。当时，工作分析成为协助工人完成

---

① 程丹丹，吕敬荣.论弗雷德里克·泰勒其人及其科学管理思想的历史逻辑[J].现代商贸工业，2019(5)：178-180.

任务和培训雇员的最有效手段。这一理念随后被应用到了课程开发科学运动中。该运动的早期倡导者富兰克林·博比特在《课程》一书中提出了基于工作分析的"活动分析法"。这种方法通过分析人类已有的经验和工作，确定每个具体活动的目标，然后选择目标来制订计划，组织课程摘要。可以说，美国的工业化进程唤醒了企业提高员工生产力的要求。作为科学管理的方法之一，它可以分解具体的工作层次，针对不同专业、不同岗位的学生和员工，组织有针对性的课程和培训，帮助他们获取相应的工作能力。工作分析理论与教育培训的有机结合促成了 CBE 人才培养模式的雏形。

（二）模式初创阶段

20 世纪 20 年代到 50 年代是 CBE 模式的创始阶段。这是两次世界大战时期，也是美国工业快速发展的时期。20 世纪 20 年代前后，美国的工业人口首次超过农业人口。从工业革命结束到 20 世纪 50 年代，美国的农业状况日益下降，仅占国民收入的 14% 左右，制造业继续保持增长势头，工业成为经济的支柱产业。美国善于利用战争发展经济，第一次世界大战和第二次世界大战都为美国工业的发展和产业结构的现代化带来了机遇。

第一次世界大战是人类第一次机械化战争。第一次世界大战期间，美国的大量民间工业转向了军用工业，技术人员的需求也急剧增加。为了尽快弥补技术人员的不足，美国就需要高效率的培养方法，以便使士兵和转业工人尽快掌握技术。这促使人们深入研究如何结合工作分析，提高教育和训练效率的方法。

第二次世界大战对技术人员的需求大于第一次世界大战。为此，美国开展了史上规模最大的教育培训活动。这类培训从工作分析开始，根据每次分析的结果确定目标，并为学生提供灵活和个性化的学习方法，使他们通过在实际工作环境中的实践达到标准和掌握技能。美国产业结构的先进发展使其参战成为必然。为战争提供所需的技术人才，促进了 20 世纪初诞生的 CBE 培养模式的引入，第二次世界大战结束后，这种培养模式也应用于退休人员的转行训练。美国教育委员会为了避免这一教育经验外流，特成立研究小组进行了研究，制作了研究报告，为该模式的建立奠定了理论基础。

（三）具体实践阶段

20 世纪 50 年代到 80 年代是 CBE 的实践阶段。第二次世界大战后，欧洲主要发达国家遭受不同程度的军事损失，而美国则通过其战争战略收获颇丰。在这个时期，美国产业结构调整的显著特点是，生产总值和就业占总产值的比重开始下降，服务业比重逐步上升。

20 世纪 60 年代以来，第三产业已占国民收入的一半以上，劳动力迅速从一、二产业向第三产业转移。第三产业总值占社会生产总值的比重达到59%，而第三产业员工人数也占员工总数的 62.5%，成为美国经济的主导产业。1946 年至 1964 年，美国经历了从工业化到后工业化的转变，相对富裕的经济环境导致了美国的生育高峰。出生在这一时期的人被称为"婴儿潮一代"。同时，相对长期的经济繁荣引发了社会结构和思想观念的变化。

随着中产阶级的扩大以及消费和道德观念的变化，人们对政治、金钱、两性关系和宗教的态度变得更加自由。当时教育的一大难题就是越来越多的青年受教育者反对传统观念的束缚。一方面，教师的数量已经不能满足教育规模；另一方面，由于观念的转变，师生之间的交流变得越来越困难。日益繁重的教育任务凸显了教师教育教学能力的不足。于是在 20 世纪 60 年代中期，美国决定通过教师教育改革来提高教育质量，并要求在全国范围内发展改革。

根据 100 多年的改革方案，美国联邦政府决定采用"以能力为基础"的学徒制模式，并在大范围内迅速推行。这种模式的优势在于，它破坏了特定资格标准中复杂的学习过程，它以"微格教育"的方式存在，促成了一系列描述和评价能力本位教育的标准，并通过正常的初级培训在各领域广泛传播。20 世纪 70 年代，教育部门听取了产业界更多的意见，他们为了满足各种类型员工的培训和再培训要求，与为了适应专业化工作日益精准的分工之间产生了许多矛盾。这些突出矛盾促使 CBE 模式从产生走向了成熟。

（四）成熟应用阶段

20 世纪 80 年代后是 CBE 模式成熟的应用阶段。这个时期美国的产业结构进行了调整，国民经济的重点转移到非物质生产部门的第三产业。美国产业结构调整不仅表明第三产业发展为技术密集型，还表明第二产业中重要的传统工业也得到了新技术的改造。但是，不可否认，第三产业的发展节奏已经远远超过了第一、第二产业，成为维持美国国民经济持续增长的重要保证。

1980 年，第三产业的就业人数占全体就业人数的 71.7%。1983 年，其比例上升到 74.3%，第三产业成为美国就业人数最多的产业。第三产业规模的扩大和水平的提升，对员工的数量和质量两方面都提出了要求。

产业结构调整产生的人才需求和美国教育的疲乏成为制约美国经济发展的矛盾，引起了产业界的关注。当时的产业界反映了现行的教育状况，其中职业教育和就业需求的偏差非常严重，表现为学生只重视知识和理论的学习，忽视了实践应用。20 世纪末，职业培训的理念和能力已成为职业教育和培训改革的主要要求，它的任务是实现教育管理、成人教育和人才培养等多项目标。CBE 培训模块作为职业教育改革的一种趋势，在北美也很流行，用来提高人力资源培训水平。20 世纪 80 年代中期，英联邦国家也引入了这种教育理念，并建立了自己的职业培训体系。

二、CBE 人才培养模式的特点

CBE 模型的理论支撑可以分为三点：一是系统论和行为科学。研究认为，人类的需求、动机、信念、态度和期望在人类行为中起着至关重要的作用。二是美国教育家布鲁姆提出的"有效的教育始于明确的目标"。三是教育目标的分类。人们认为"只要提供足够的教材和教学，提供足够及时的帮助，90% 的学生就能实现预定的目标"。

CBE 模式的特征仅在于学校将岗位组所需的职业能力作为人才培训的核心。实际上，CBE 模式坚持开放办学，在人才培养过程中注重学生实践能力的培养；在教学师资上，招聘技术高超、经验丰富的工程技术人员，以保证实践教师在教学团队中的比例。这样，学生的实践能力的培养也就得到了保障[①]。

CBE 人才培养模式应用于教学有四个典型特征。

一是教育目标清晰、明确。它以专业分析为基础，制定符合具体专业活动的要求，为教育目标服务；将理论教育与实践有机结合起来，培养学生的职业技能。

二是将课程内容分解成模块化课程结构。在适当的情况下，相关模块可以自由组合，以满足不同学习者的需求。

---

① 　银媛.CBE 教育在营销人才培养中的实践运用 [J].商场现代化，2015(18): 121.

三是个体性和灵活性。学生可以根据自己的水平选择学习内容、学习方法和学习进度。

四是及时反馈和客观评估。CBE 培训过程包括几个阶段，每个阶段完成后根据目标进行考核，以确保及时获得成果。

CBE 是一种教育教学的思想理论体系，其主要内容就是强调能力培养和能力训练。CBE 是一种以能力为基础，以培养出满足企业需求人才为目的并强调培养实践能力的职业教育。也就是说，CBE 模式可以培训出履行职责的专业学生。CBE 模式强调学生应该在学习的过程中积极主动，发挥主导作用。CBE 模式的真正意义是帮助学生在某项工作中拥有专业的技能。

三、美国"CBE"模式对我国的启示

美国"CBE"模式的基本特征是突出学生自主能力和教学的灵活性。CBE 模式的实质是培养学生全面的专业能力。这是一个以工作能力为特征的教学系统，注重方法、过程和反馈。将学生的专业学习与实际工作结合起来是美国教学模式的主要特征，也是生产与教育相结合的重要方式。其基本方法是在完成某些专业学习即将毕业的时候，学生可以进入和自己所学专业有关的企业当中实习，而且实习工作时间占专业学习时间的一半。

学校为学生联系实习的单位，而在学生进入实习单位工作以后，企业需要给学生发放工资。学校需要对学生在实习单位的工作表现进行考核，用人单位需要在学生实习期间对其表现进行指导和评价。学生在实习单位不但可以学到很多与自己专业相关但在学校学不到的东西，还可以积累经验，为以后真正进入社会工作奠定基础。除此之外，学生还可获得报酬，以便缴纳自己的学费。对于用人单位而言，其不仅可以找到优秀的人才，还可以减少在员工培训中所花费的费用。学生属于社会的年轻人才，思想紧跟时代进步发展，所以思想上一定会有所创新。因此，企业可以利用学生的先进思想帮助企业创新发展。高校需要加强与企业和社会之间的联系，多做调查，以了解社会的缺口，不断完善人才培养策略。这样不仅能够将更多优秀学生吸引进来，还可以扩大学校的知名度，丰富学校的资源，增加经济效益。

美国 CBE 人力资源开发模式确保了行业结构的一致性，促进了经济的增长。目前，中国迫切需要把"制造大国"转变为"制造强国"，调整产业结构。在技能型人才特别是高技能人才短缺的背景下，CBE 人才培养模式无疑为我国技能型人才的培养提供了新的视角和诸多启示。

（一）以产业需求作为人才培养模式选择的基点

产业结构的调整特征决定了人才培养模式的选择。美国 CBE 人才培养模式的发展与产业结构调整中的人才需求相融合，不仅是为了促进产业结构调整，还为了培养适合的人才，以随着产业结构的升级而不断改善。可以看出，CBE 培养模式的形成在产业结构调整上根深蒂固。因此，各国的人才培养必须通过调整产业结构，准确反映人才需求的变化趋势。需要指出的是，产业结构一般是由第一产业向第二产业再向第三产业调整。由于不同国家的历史文化、经济政治条件不同，各自适宜的产业结构也会有所不同。因此，人才培养模块的选择也要因地制宜。

我国改革开放以来，产业结构调整的趋势是第一产业在国民经济中的比例日益缩小，第二产业的比例基本持平，第三产业比例稳步增长。目前，我国仍处于工业化阶段，第二产业仍然占很大比例。因此，改革开放后，我国一直在不断学习和借鉴发达国家大力推广的先进培训模式。但是，当引进和运用这些先进经验时，我们有必要分析本国和本地区的发展特点，确定各种培训模式的适应程度，进而选择适合产业结构发展的人才培养模式。

（二）选择适宜的人才培养模式时应注重效率

CBE 是一种反映美国大型工业生产人才需求的培训模式。无论是在"两次世界大战"中针对士兵和技术人员的培训，还是在第二次世界大战后针对退伍军人的培训，无论是提高教师的能力，还是应用职业教育和培训，这种模式都可以满足相关各种需求。每个阶段对人才培训效率的要求都各不相同。以第二次世界大战后退伍军人的过往训练为例，第二次世界大战后，美国在短短一年内将其军队人数从 1 500 万减少到 180 万，这意味着数以千万计的复员士兵必须重返劳动力市场。第二次世界大战后，美国经历了通货膨胀的艰难时期，而遏制通货膨胀的最佳方法是使人们充分就业。正是在这个时候，CBE 模型再次发挥了无与伦比的作用，使大量复员士兵迅速获得了从事工作和顺利就业的能力。我国产业结构升级和调整步伐的加快，对人才水平和数量提出了更高的要求。技能型人才，特别是高技能型人才的供需缺口仍然很大。为了填补人才供需缺口，建立与产业结构调整相适应的人才结构，我们有必要为从业人员提供更高水平的合适的培训方法。在人才培养过程中，我国可以借鉴以工作为中心的 CBE 培训模式的培训方法，在深入细致的工作分析的基础上，确定培训目标、教学内容、教学过程和考核方法，提高人才培训的效率，使受过培训的从业人员有能力胜任相关职位。

（三）汲取 CBE 人才培养模式的精华并注重本土化

尽管美国的 CBE 培训模型具有高效和针对性强的特点，但它并不是完美的。我国在人才培养方面借鉴这种模式的同时，也要注意对其进行修改、补充。美国 CBE 人才培训模型在其构建之初就带有强烈的行为主义色彩，也就是说，它认为能力是可观察、可分解和可测量的，并将能力细分为一系列特定且孤立的行为，以此分解和匹配工作任务。这种能力概念的缺点在于，它忽略了从业者的心理特征和智力因素，只衡量与特定任务相关的从业者的琐碎技能，无法真正衡量从业者的整体和综合专业能力，并且忽略了职业道德。我国在培养技能型人才的过程中，除了要着重进行硬职业技能训练外，还必须提高人才的专业素养等软职业技能。此外，各国的经济发展实践表明，仅依靠非智力投入来换取生产效率的时代已经过去，不考虑环境成本的线性生产方法对人类的生活环境造成了严重威胁，而且未来的经济将不可避免地依赖知识，因此发展集约型和环境友好型绿色经济已经迫在眉睫。在绿色经济的背景下，除了具有生产和实践能力的从业人员之外，大量具有学习、创新和环境意识的研究人员也是必需的，因为他们可以不断开发提高资本和原材料效率的技术和方法。显然，这类人才的培养无法仅依靠 CBE 模型来完成。因此，在未来的人才培养中，如何在提高他们实践能力的同时提高其创造力和综合素质是一个需要进一步探索和改进的问题。

第三节　澳大利亚 TAFE 教学管理

一、澳大利亚 TAFE 职业教育体制

（一）澳大利亚的 TAFE 介绍

经过一百多年的发展和转型，澳大利亚的职业教育已形成了独特的体系，其中 TAFE 学院最为著名。

TAFE 的全称是 Technical And Further Education，是澳大利亚政府直接领导下的技术和继续教育的缩写。这是澳大利亚政府建立的一种教育系统，旨在解决学校人才培训与就业市场之间的接口问题。这是一个基于终身教育理念的特色鲜明的职业教育体系，旨在为各个行业培训有能力的人才。澳大利亚技术与继续教育学院拥有 11 所学院，129 所初级学院，拥有 50 多万名学生和 2 万多名教职员工。

TAFE 是国家认可的可操作的职业培训和教育系统。尽管每个州的 TAFE 都有自己的行政体系和课程，但其性质和特征是相同的。它们主要提供专业技能培训课程，而大多数课程是实用的。TAFE 的许多课程是与工业团体联合组织的，这些课程根据行业团体的需求而设置，以确保提供最实用的培训和最新的专业信息。所有 TAFE 文凭在全国范围内都能够得到认可。拥有 TAFE 文凭的学生在继续攻读大学学位时可以免修一部分学分。TAFE 学院对入学年龄没有限制，澳大利亚政府鼓励人们继续学习，所以学院里有十几岁的青少年高中毕业生和高年级学生，也有七八十岁的老人。总之，只要你想学习，TAFE 就会将一切机会和便利提供给你。

TAFE 是澳大利亚高等职业教育体系中重要的一部分。它是世界上相对成功的职业教育模式，也是最具有特点的职业教育模式之一。TAFE 包括澳大利亚政府、学生、TAFE 学院、企业和行业协会，并且是有效地连接中学和大学的全面的职业教育和培训系统。全民教育和终身教育、规范就业问题和工人机能的提高都受到了 TAFE 的影响。TAFE 的主要作用就是把学术教育和在职培训结合起来，培养学生的职业能力。在年龄方面，TAFE 没有限制要求，它提供给学生的培训课程可以分阶段且可持续，这样可以帮助学生在不同的时期针对不同的需求进行选课。通过考核测试，TAFE 学生可以总结课程学分，然后根据自身的需求去选课，这样其不仅可以掌握更多的技能，还可以获得更多的文凭和证书。TAFE 学院是最大的职业教育和培训机构，有着百年历史，由澳大利亚政府投资和赞助。我们可以在澳大利亚每个州政府区域看到 TAFE 学院。TAFE 能够成为行业内企业职工和技术工人培训基地的原因是其拥有较为完善的教学体系、认证体系和管理体系。在 TAFE 学院中，学生要上各种各样的课程，而在经过考核评估后，他们不仅可以获得技能证书，还能获得学历文凭和证书。TAFE 不仅有灵活的教学制度，还有极具特色的教学方法和广泛的教学对象。澳大利亚 TAFE 的生产与教育整合研究主要集中在课程联系、教学和就业方面。该研究为职业教育研究、工业实践教学和学术发展提供了重要参考。

在澳大利亚的职业教育建设中，TAFE 学院发挥着主体的作用，它针对不同的教育对象采用了多种灵活的教学方法，并为所有愿意接受职业教育的人提供高质量的服务。TAFE 学院不再局限于传统的一次性教育，建立了"学习—工作—再学习—再工作"的多周期终身教育模式。在这种情况下，职业教育不再局限于传统的学历，其关注重点已经从知识转向了技术能力。按照 TAFE 学院的框架对学生进行培训，使他们所学专业与社会岗位紧密相连，这样不仅益于培养他们的专业素养，还益于培养他们的综合能力，消除学习与职业脱节的尴尬。

澳大利亚高职院校的职业教育由企业主导，所以企业不仅参与大学的教学计划，还在一定程度上决定学生培训质量和学校整体教育质量。TAFE 学院不仅在经济上支持其运营，还提供基础培训所需的设备。因此，TAFE 学院在专业设置、教学计划和培训目标方面具有更大的自主权。澳大利亚的TAFE 学院都拥有自己的董事会，董事长和大多数董事会成员都是各行业的高级业务专家，并且在公司中起着主导作用。学院的另一派来自政府，政府对学院的资金支持达到 50％至 80％，这样可以促使学院与企业的合作得以。

（二）TAFE 学院的机构设置

一般来说，可以将 TAFE 的组织分为三个级别：由行业代表为主组成的国家、各州管理 TAFE 的组织机构（国家培训管理局和州教育培训部）以及TAFE 学院院级董事会。国家行政管理部门的成员由教育部长任命，任期 3至 5 年。由行业代表主导的国家和州 TAFE 管理机构的职责是针对 TAFE 发展中的重大问题做出宏观决策并进行宏观布局，同时规定和调整办学方向，如适应就业市场、满足企业需求和争取资金。院级别的董事会对学校的基本情况进行研究，并根据学校的规模、基础设施、人员安排、教育产品开发和资金来做出决定，而资金则由州政府提供。

（三）TAFE 学院的教学模式和评估方式

TAFE 遵循以学生为中心的教学模式，并将实践放到了最重要的位置。每个 TAFE 学院设置的课程都会包括实践和理论两方面内容，并以实践为主。TAFE 学院的大多数职业培训活动的形式都不再是课堂教学，而成为了现场教学。例如，，学生不在教室接受汽车维修培训，而在现场聆听教师讲解同时还可以在教师的指导下进行实际的操作，其中包括拆卸、维修、安装喷漆等；在缝纫培训课程中，因为学生的操作间和教室位于同一地方，所以在老师讲完课后，学生可以运用现场所学到的知识进行实际的操作。学生的学习过程就是实践的过程，实践的过程也是学习的过程。

理论课程和实践课程的教学模式都是以学生为中心。以实践为教学的重点，为的就是提高学生的实践能力，以便他们以后可以在社会上立足。一般情况下，TAFE 学院没有固定的教材，学院会根据当地经济、社会需求、行业需求等设置培训专业和教学内容。教材的选择和教学内容的调整都是根据联邦政府国家培训总局的总体规划、评估内容以及标准进行的，学院有很大的灵活性和自主权。同时，为了给学生提供方便，学校制度和学习时间通常也都灵活多变的。TAFE 职业培训系统的主要特色是能力培训，重点关注是学生在培训后可以做什么，而不是他们在课堂教学过程中掌握了哪些理论知识。因此，在对学生进行评估时，我们不仅要着眼于学生的而在此过程中，评估人员会观察学生操作的有效性、速度和适应性，并对其进行全面的审查和评估。由此可知，实践性在评估过程中占有非常重要的地位。

（四）TAFE 学院注重兼职教师的培养

TAFE 除了对专职教师进行严格选拔以外，对兼职教师也非常严格。TAFE 学院规定，兼职教师必须有在大学接受相关专业教育和培训的经历，并持有教师职业资格证书。此外，他们还需要具有至少 5 年的相关行业工作经验。例如，要想教授会计专业课程，教师最基本要有注册会计师证书，必须加入协会并成为会员，还需要定期参加行业协会组织的技术交流活动。兼职教师的学历没有专职教师高，但他们的实践经验和实践能力相对专职教师来说更为丰富，在某些方面可以较好地帮助专职教师弥补不足。目前，学院中的兼职教师占教师总数的近三分之二。

兼职教师之前可能是在各行业公司的技术岗位任职。他们会拥有丰富的工作经验，对行业技能的要求也非常清楚，但是他们仍然需要接受额外的培训来学习教师技能，因为他们没有接触过教育行业。TAFE 学院里教学人员的主要特点是兼职教师的人数在增多，而专职教师的人数在减少，这样不仅会将教师的积极性和主动性激发出来，还会随时提醒兼职教师积极提高自身素质和知识水平。20世纪90年代，政府投资的减少造成了学院专职教师人数的减少。为了解决这一困难，学校招聘了大批专职教师来弥补师资的缺口。

TAFE学院招聘兼职教师时更注重其实践能力，招聘标准可以概括为经验、资格和能力。具体而言，教师必须具有5年以上的专业工作经验，具有相应的专业和技术资格，同时更要有极强的现场实际操作能力。当然，招聘兼职教师不能仅注重实践能力这一项。为了满足教学岗位的需求，教师必须具有一定的教育和教学能力，所以每个人兼职教师都需要接受一段时间的师范教育。专职和兼职教师的融合对大学教学具有明显的促进作用，但同时专职和兼职教师的比例，所以学院需要着重研究确定合适的比例，并优化专职和兼职教师的配置。

二、澳大利亚TAFE教学管理特点

（一）TAFE多元化的投资体制

TAFE投资体系的多元化具体体现在投资主体的多元化上，同时TAFE为政府、企业和个人建立了多元化的投资体系。TAFE学校的资金来源渠道有很多种。一是政府投资。政府投入约占总资金的50%，其中州政府担负着主要责任。联邦政府的主要职责是制定政策，但也提供一定的资金。联邦政府的资金基本上用于购买基础设施和一些特殊设备，并为优先领域或专业提供关键支持。二是学校自筹资金。其约占25%至30%，而且这部分资金的获得主要通过有偿服务和从事海外培训活动。除了完成当年TAFE学校的入学计划外，政府还鼓励他们挖掘潜力，收取海外学生的全额学费。三是学生支付的学费。其约占20%至25%，且这部分资金是先通过税务部门上交给政府，然后再由政府将资金交给学校。TAFE对资金的管理采用的是公平竞争市场机制。TAFE不仅会受到质量的影响，还会受到成本和效率的影响。州政府利用"招标"的商业运作模式，对职业学校进行投资。哪一家学校可以满足TAFE和社会的需求，而且教育的质量高、成本低，政府就给哪家学校进行投资。这种资金管理模式不仅可以对教学资源进行有效利用，还可以促进社会和经济的发展。

（二）有效的质量监控管理

TAFE 组织根据教育部教育服务办公室制订和提供的教学计划、课程提纲、教材和实习指南，针对行业提供全套培训计划和大纲。TAFE 组织的主要任务就是进行教学。专家委员会先前的工作已确保 TAFE 设置的标准化以及 TAFE 要求的针对性和实用性，为确保 TAFE 的质量奠定了基础。与此同时，联邦政府对 TAFE 的质量进行监督和评估，而州政府则对 TAFE 学员进行年度跟踪调查，从而获得《培训质量报告》，有效控制了 TAFE 的质量管理。这和澳大利亚各州政府使用的招标资金机制有一定的关系，直接影响到 TAFE 组织的办学质量及其能否在来年赢得政府的培训项目。

（三）统一的证书衔接管理

在落实终身教育并实现 TAFE 与其他类型教育时，统一的证书衔接管理系统担当着沟通桥梁的角色。

在资格框架中共有 12 个证书，包括高中教育证书、学分资格证书、1～4 个证书、文凭和高级文凭、学士文凭、研究生文凭、硕士和博士学位证书。证书要求的各个级别在内容上是相互联系的。澳大利亚的专业证书分为从低到高六个级别：①基本证书；②操作技能证书；③技术证书；④高级技术证书；⑤毕业证书；⑥高级文凭证书。较低级别的 1 到 4 级证书表明培训目标为促使学生在专业领域获得较强的动手能力；5 到 6 级高级证书表明培训目标为促使学生拥有操作能力、技术分析设计能力和解决实际问题的能力。通过逐步积累课程模块学分，学生可以获得不同级别的技术技能培训证书，有助于各个级别职业教育之间加强联系。只要接受过高中的教育，并顺利毕业，学生就可以直接进入 TAFE，助力通识教育与 TAFE 的融合。如果持有高级文凭证书，学生就可以免去考试这一项，直接就读大学二年级，从而获得本科学位，益于加深 TAFE 与高等教育的交流与融合。

（四）严格的师资管理

TAFE 学院的主要职责是对学生进行授课，所以教育和培训质量会受到教师素质的影响。因此，学校对教师队伍建设非常看重。能够为社会、行业和企业培养"蓝领"是 TAFE 的终极目标，所以教师不仅要有大学的学历，还要有在企业工作的经验，并且必须是五年以上。每位教师每年都可以享受 72 小时的休息时间，每周可享受 6 小时的休息时间，在这段时间里，教师可以进修，进而提升自己的素质，以跟随社会进步的步伐和满足社会的需求。TAFE 的教学人员由专职和兼职教师组成。普通高职院校专职和兼职教师的比例约为 1：1。兼职教师主要来自各行业或为在各行业工作过的人。TAFE 针对教师的方针是，使用大量的兼职教师来收集科学技术信息并引进科学技术成果，以便受过教育的人能够掌握实际生产中的最新技术方法。申请就业后，很多教师还是相关专业协会的成员，参加专业协会的活动，随时获得新知识、新技能和新信息。在教师管理方面，永久性教师的比例在下降，合同制（1 至 5 年）和临时教师的比例在增加。

（五）市场化的专业设置

TAFE 专业是根据市场的需求、全国行业组织的人才数量和能力要求设置的，除此之外，还要经过当地教育部门的审查和行业组织的确定。澳大利亚教育部认为，行业咨询委员会负责专业的设置。其所进行专业设置必须符合以下条件：首先，所设专业得符合行业和企业的要求，即对专业市场需求的管理。其次，专业设置要以学生为中心，要学生对专业感兴趣，即对本专业学生的管理。再次，学校拥有开设相应专业的条件，如师资、场所、设备要齐全，即对学校运营条件的管理。最后，各专业的设立需经过政府和行业机构的宏观布局，即对宏观布局的管理。澳大利亚建立了全国统一、面向公众、运作良好的职业教育和培训体系。其 TAFE 管理模式已引起了世界各地的广泛关注，它的特点主要是投资体系多元化、质量管理的竞争公平有效、证书链接管理较为统一、教师管理严格、教学组织管理灵活、专业设置具有市场化特点、课程设置较为实用、培训条件较为先进。因此，它在我国的高等职业教育管理中发挥着重要的启示作用。

三、澳大利亚 TAFE 模式对我国的启示

（一）加大政府投资力度

为了能够给职业教育和培训设立专项的资金，政府需要加大投资力度，进而改善职业技术教育培训环境，吸引更多的学生。因此，我们建议为高等

职业教育开放所有的劳动人事部门培训场所，这样不仅可以更多地利用社会教育资源，还可以弥补职业教育资源的缺口。此外，针对职业教育的经费，相关部门需要加强管理，将竞争机制引进来，从而优先为经营良好的大专院校提供经费政策支持，以实现优胜劣汰。

（二）建立统一的国家资格框架

为了有效地将职业教育培训以及其他教育联系起来，我国应尽快完成建立统一的国家资格框架的任务，以促进职业技术教育与培训管理的标准化。为了完成这一任务，政府需贯彻落实就业准入制度，对职业资格证书的法律效力进行加强处理，加强职业技术教育培训管理的有效性。为了统一职业教育文凭证书和职业教育资格证书，我国需要加快职业教育培训的发展进度。职业技术教育培训计划应反映出职业资格的真实要求和内容，同时需要与相应的内部文化建立密切的联系。基于此，高职学生在毕业后可以获得相应的职业资格证书和学历文凭，而且国家还能够将职业教育与职业资格培训统一起来。

（三）充分发挥评估机构的作用

我国应对职业技术教育的质量管理进行强化，并充分激发出职业教育专家评估机构的潜力。我国有必要建立专门的国家级职业教育专家指导与评估机构，赋予其实践权限，并为其配备专职的检验评估专家，定期评估省级职业教育质量评估机构的工作，并给予指导。我国应建立专门的省级职业教育专家评估机构，进行实务授权，并将专职和兼职的测试与评估专业人员分配给它们，便于其定期对省内职业院校的教育质量进行检查。我国应建立职业教育质量跟踪体系，每年对职业院校毕业生质量进行跟踪和调查，并向社会公布各学年职业学院教育质量的评估、检查和排名结果。这是学院以后能够获得政府资助和奖励的唯一依据，也是实现质量监督和管理的有效手段。

（四）完善师资标准

加强针对高职教师的质量管理和技能培训工作非常重要。我国应对高职教师质量管理活动进行强化，加快高职教师培训、现有教师职业技能培训的脚步，提高"双师型"、高级骨干教师的比例，为高校建立一支结构合理的高素质教师队伍。与此同时，高校需要加强与企业的合作，这样可以在提高兼职教师技能的同时提供基本的培训，以帮助专职教师和兼职教师实现定期实践教学。

目前，在我国高等职业教育教师的招聘中，最基本的要求是教师必须有高等学校学历。如果想应聘高等教育机构的教师职位，人们首先必须拥有高等学校教师资格证书，其次应具有学士学位及以上学历。在我国，高等师范院校或普通高等教育机构提供高等教育教师资格培训课程和学术教育课程。高等教育的整体特征是注重课程体系，但缺少以行业经验为主导的专业资格和"双重资格"，缺乏与高等职业教育和教学密切相关的职业能力内容。所以，我国还需要完善师资标准，以提高教师培训和学习成果。

（五）充分利用兼职教师资源

在我国的高等职业教育中，都是由专职教师领导教师队伍，而专职教师基本上都是缺乏实践经验的应届毕业生。尽管兼职教师可能拥有比专职教师还要丰富的实践经验，但是他们通常教学能力不足，而这就导致"双师型"教师在教师团队中占比较低。在澳大利亚 TAFE 学院教学队伍中，兼职教师占有很大的比例。澳大利亚针对兼职教师的培训基本与全日制教师接受的培训一样，这说明澳大利亚对兼职教师的重视度不亚于专职教师。澳大利亚鼓励兼职教师参加各地的教师发展项目，并为他们提供基本的教学方法课程，对兼职教师的教学工作也充分认可。因此，加快建设"双师型"师资队伍是非常有必要的。我们不仅需要对专职教师进行强化培训，促进"双师型"教师的素质和整个教师团队的教学水平迅速提升，还要通过充足培训将兼职教师教学的潜力充分激发出来，努力扩大专职教师的队伍。教育部门要着眼于兼职教师教学设计和实践能力的提升，使他们在"双师型"教师队伍中占有更重要的地位。

第四节　英国 BTEC 教学管理

一、英国教学管理模式介绍

（一）英国 BTEC 职业教育模式简介

BTEC（Business Technology Education Council）是英国商业和技术教育委员会的缩写，该委员会成立于 1986 年 10 月。同时，BTEC 也是该机构发布的专业资格的缩写。1996 年，BTEC 与伦敦考试和评估委员会合并，称为爱德思基金会（Edexcel Foundation，以下简称 Edexcel）。接着，BTEC 资格证书就开始由爱德思国家学历和职业资格考试委员会颁发。Edexcel 是英国教育部授权建立的监督机构，负责学术教育、学术审查和资格验证工作。它是一个国际教育组织，在 100 多个国家 / 地区拥有 57 000 个教育机构，开设和运营 Edexcel 课程。它颁发的 BTEC 证书已在全球多数国家得到了认证。英国的 BTEC 职业教育是一种高效职业教育模式，它不仅可以对中等职业教育人才进行培训，还可以对高等职业教育人才进行培训。它的权威主要体现在扩展关键技能教育方面。

目前，英国有两种 BTEC 课程，包括文凭课程（Diploma）和证书课程（Certificate），同时又分为三个级别：初级（First）、中级（National）和高级（Higher National）。它涵盖 9 个专业类别和数千个专业，涉及设计、商务、护理、计算机、工程、酒店和餐饮、休闲和旅游等许多个领域。BTEC HND（HND：Higher National Diploma）属于高级文凭类的职业资格证书，被称为"英国国家高等教育文凭"[①]。在英国，许多大学不仅会设置大学本科学位相关教育课程，还会单独设置 BTDE（HND）课程。

BTEC（HND）在英国属于国家高等教育文凭，在英国的教育体系中占据较为特殊的地位。全日制学习 BTEC（HND）的大学生获得的支持资金与攻读学位的学生所获得的一样。BTEC（HND）具有学习时间短、学习成本低的优点。因此，英国相当多经济状况不佳家庭中的学生选择学习 BTEC 课程。在英国的公司中，学习过 BTEC（HND）课程的学生更受欢迎，而一般大学生却处于劣势，因为接受过 BTEC（HND）教育的学生拥有实践经验和

---

① 柳璐，张红艳. 关于英国 BTEC HND 课业设计的实践 [J]. 东方青年教师，2011(10): 23.

可以直接工作的能力，公司因此也可以将培训所需花费的时间和金钱节省下来。

（二）英国 BTEC 职业教育模式特点

英国的 BTEC 职业教育模式已经在世界范围内产生了巨大的影响，其主要特点有以下几个方面。

1. 有明确的培养目标，通用能力突出

"通用能力"指的是任何人不论从事任何事都应掌握的一项技能，而不针对某项特定的职业，也就是说可以跨专业、灵活多变、能够促进人们终身学习和发展的技能。BTEC 明确要求培养学生的七种通用能力：自我管理和自我发展能力、与人合作共事能力、交往和联系能力、安排任务和解决问题能力、数字运用能力、科技运用能力、设计和创新能力。BTEC 教育以培养学生通用能力为核心，并将渗透到了所有的教学课程中，对学生进行有计划的培训，而不是设置独立的课程。着重以通用能力和专业能力为基础、培训目标和评估标准是 BTEC 课程的最大特点，与此相对应，传统教学强调的是以学科为中心。

2. 教育理念现代化，倡导以学生为中心

BTEC 建立了与传统教育不同的新的教育理念，BTEC 管理者和教师的共识是以学生为中心的核心理念。评估和发证主管应在这种思想指导下设置课程并设计教学目标，而教师则需以此概念为基础从事教学工作。BTEC 认为，学生在学习的过程中扮演主体的角色，学生应该积极主动地学习，而学校应该在教学过程中以学生为中心，为学生服务，注重学生的个性发展，激发学生的发展潜能。在 BTEC 教学中，以学生为中心的思想不仅体现在教学大纲、教学方法和"任务法"考查评估中，还体现在完整的学习支持系统的建立上。

3. 教学方法的多样性和创新性

BTEC 课程教学重视以学生为中心教学方法的应用。例如，课堂讨论、实习、社会调查、实地考察、课堂作业、角色扮演、演讲、口头报告、书面报告和自我评估、小组活动、数据收集等。BTEC 课程改变了以往传统的教学方法，突出了学生在学习过程中的主导地位。专业能力和一般能力目标在课程大纲中有了明确的规定。教学实践计划一般都是根据学生的学习方式而不是教师的教学方式制定的。BTEC 课程教学采用以学生为中心的"三个三分之一"形式，也就是三分之一课堂教学、三只之一调查数据并收集信息、三分之一社会实践。为了开拓学生的眼界和活动的空间，他们丰富学生实践经验和优化其学习效果，BTEC 可以将课堂和课外的理论教学与实践教学结合起来。

4. 师资素质要求高

教师不再按照以往的"教授"模式进行教学，而开始在教学中扮演"导"的角色。BTEC 课程要求教师在教学当中充分发挥他们的管理、指导、服务和组织能力。因此，教师需要跟随社会需求的脚步，积极在教学方面进行创新。例如，创新编写教材、创新教学过程、创新对功课的评估方式等。在英国教授 BTEC 课程的教师一定都有教学经验和实际工作经验。为了提高自身的素质，在 BTEC 授课的教师需要不断充实自己，持续提升自己的专业水平和教学水平。

5. 考核评估方法独特，以课业为形式，以证据为依据，以成果为标准

BTEC 评估是为了考查学生实际解决问题的能力，主要是通过了解学生完成课程作业的情况来全面评估学生在学习中取得的专业能力，并衡量其一般能力的发展水平。教学评估以此为基础，而不单以最后的考试为依据。一般情况下，BTEC 的评估形式都为普通任务，如案例研究、家庭作业、基于实际工作的项目等，这些任务在评估的过程中都发挥着一定的作用。

6. 教学质量监控体系完备，内部和外部审核相结合

BTEC 教学课程要求学校建立内部与外部相结合的质量监控系统，以便对学校进行全方位的监控和管理。内部审核人员通常是学校的一线专业人员，他们的主要任务是监控和管理学校的内部质量，而外部审计师则由 Edexcel 任命。其中，BTEC 课程教学的内部审核系统非常严格，它会将目标和过程管理都反映出来，它的职责就是对教育行政和教学科研部门进行管理。一般情况下，学校、教师和学生都会定期受到 Edexcel 组织的专家的评估。如果有不完善的地方，专家会指出来并要求其改进，也会取消那些不符合标准的学校的办学资格。内部审核和外部审核的结合不仅使评估更为真实和可靠，还可以对教学质量进行严格的监督。

7. 统一标准课程，具有国际通用性

BTEC 课程的表示单位为单元。通常，每个专业都会分成几个不同的单

元，然后这些单元再分为核心单元和选修单元。所有的单元要求都比较统一，而且可以服务于不同专业的学生，学生可以根据自己的喜好灵活地选择合适的单元。进入 BTEC 学习没有年龄限制，而且学生无论是连续还是间歇性地完成证书中指定的课程都是可以的。BTEC 的学习时间一般是两年，通过考试后，学生可以获得英国 Edexcel 颁发的 HND 或 ND 文凭。

8.注重市场需求分析，课程具有职业性

BTEC 课程的内容与专业需求之间存在着一定的关系：BTEC 课程的设置应以市场的专业需求为依据；制定教学大纲要以雇主协会制定的职业资格标准为基础；设计教学过程时要将预定单元的内容与实际结合起来；课程内容的组织要以专业活动为线索。厘清这些关系，可以使 BTEC 课程与相应行业的实际需求在最大限度上相符，使企业的实际需求得到满足。

二、英国教学管理对我国的启示

（一）建立职教科研服务体系

一般高校可以负责基础职业教育理论研究工作，而主要的应用研究实践可以由当地的专业研究机构进行。教育主管部门可以建立相应的激励机制，鼓励职业教育机构，特别是重点示范校承担更多的教学科研责任，同时建立相关服务体系，为职业教育科研提供社会化、专业化服务。这些服务体系包括职业咨询与就业指导、招生与就业信息服务、课程开发、教材编写与出版、教师培训和设备供应等。具体服务有的是有偿的，有的是免费的，但整个服务体系应该是有益于社会的，而且一般是非营利的。教育部门应对研究、开发、推广和服务进行统筹规划和统一安排，使教育教学工作、教育管理工作和科研工作紧密结合。

（二）确定高职院校发展目标

借鉴英国 BTEC "以学生为中心，以能力为基础"的教育理念，我国应建立满足经济发展需要的知识、能力和素质三合一教学体系，设置与开发和生产管理体系水平相适应的动态预科课程，采用能够激励学生积极学习、有利于激发学生主观能动性和持续学习意识的教学方法和评估方法，以培养一线技术、管理、服务人才，使他们能够胜任高新技术企业和其他企事业单位的工作。

（三）推广校企合作办学模式

1.校企联合办学模式

教育部门可以根据市场需要，鼓励企业与高等学校共同组建职业教育学院，以培训企业所需的人才。在此过程中，企业与学校共同设置专业，制定课程大纲，共同培养学生。此外，教育部门还可以与一些中小企业合作，基于某种职业开办学校。根据 BTEC 项目大纲的要求，适当的高等职业教育应将实际培训时数与理论教授小时数之比设为 1∶1，但是由于资金问题，当前大多职业学院无法提供足够和有效的培训。校企联合办学有利于培养和提高学生的实践能力，也有利于解决学生的收入和待遇问题。

2.基于订单的人才培训模式。

"订单式人才培养模式"促使企业和入职教育相融合，使用人单位可以直接参与人才培养的全过程，培训目标明确。整个教育活动是以协议为主题开展的，从理论上讲可以实现人才培训和使用的"零距离"，而这有利于职业院校的教学安排和毕业生就业。基于订单的培训不仅限于学术培训，院校还可以实施一种更加灵活的办学模式和学习系统，将学历教育与职业培训结合起来，并充分发挥其作用。

（四）优化高职院校的教师资源

随着经济的发展和科学技术的进步，教育部门应要求高等职业教育专业课程教师为"双师型"教师，即"双师型综合"教师。教师必须同时具备理论教学和指导技术操作"双重能力"；具有教师品德与各行业职业道德"双重素质"；既能面向学生处理师生关系，又能在面对商业社会和人际关系时与人合作，拥有非技术性"双重专业素质"。因此，教育部门有必要调整师资结构，从企业或机构聘请一些具有真正专业知识的高级工程师和技术人员作为技能培训教师，或者从具有实际工作经验的大学毕业生中选拔一批有进取心的人加入。在教师队伍建设方面，教育部门可以聘请知名的社会教育家、企业家、艺术家和高级技术人员参与领导决策或从事实习指导教学工作；选择学院的专业骨干教师担任学院附属实习工厂的总监、经理和工程师；组织理论和实习指导员进行技术培训；发挥先进优势，在南昌大学、华东理工大学、财经大学等规模较大的综合性大学中设立职业教育系，并建立职业教育研究机构，为职业教学课程建设和师资管理干部培训建立双重基地。

（五）采取灵活机动的教学方式

首先，在教材的选择上，要打破统一教材的传统观念，确立"活"的教材形式。随着高等职业教育的发展，统一的教科书逐渐难以适应模块化教学模式的实际生产和需求，理论教学与实践教学的脱节也逐渐暴露了出来。因此，高职院校应该要求教师收集更多的新知识，并将与企业当前需求接近的材料汇编成补充讲义，以形成"实时"教学材料。只有这样才能确保教学内容跟上企业发展的步伐，并与其保持一致。制定类似于 BTEC 的课程提纲，同时在教学内容方面引入全面的知识体系，可以帮助学生全面地解决实际问题。

其次，在采取以学生为中心的教学方法。教学目标和教学活动采取"以行为为导向"的风格，旨在培养学生胜任生产岗位的能力，这使基于能力的教育思想在教学工作中得到了充分的体现。鉴于此，教师需在整个教学过程中发挥引导和启发作用，极大地调动学生学习的积极性，挖掘学生的内在潜能，同时在促进学生综合素质培养方面发挥很好的作用。

最后，在评估中打破单一测试的评估方法，不再将考试作为评价学生的唯一标准。BTEC 采用一种基于"课堂"基本任务的评估方法。在完成课程作业的过程中，学生需要相互学习，并将所学的知识消化应用到实际当中。以任务为基础的"课堂作业"融入了理论知识、专业能力素养和技能，可以帮助学生全面提升素质和水平。因此，职业教育不再与素质教育相分隔，而实际把学生综合能力培养和评估纳入了具体教育过程中。

第五节　日本产学官教学管理

一、日本产学官合作发展历史

日本产学官合作创新的历史非常悠久，从明治维新初期开始就出现了产学官合作的萌芽。第二次世界大战后，日本的产学官合作经历了一系列的复杂发展阶段。20 世纪 60 年代，产学官合作的重要性越来越受到重视。然而，到了 20 世纪 80 年代，日本"产学官"合作的重要性再次受到质疑。此后，至 20 世纪 90 年代，"产学官"合作才开始得到认可①。在 20 世纪 80 年代以前的文献中，日本的学术体制被称为"学—官—产"（"学"指大学，"官"指政府及研究机构，"产"指企业）。1981 年，日本产经联开始实施的"下一代产业基础技术研究开发制度"中出现了"官产学"这个词，其中心内容保证了"官、产、学"各方面的力量相互合作，且充分发挥出各自的优势。近几年，"学—官—产"的表述变成了"产—学—官"。

（一）产学官合作的萌芽期

从明治初期开始，日本公司和大学的交流变得活跃起来，并且在钢铁、制药和合成纤维领域的合作逐渐增多，而产学合作的重要表现就是建立起了以实学为导向的工程系统学院。从广义上讲，日本的产学合作在明治时期大学成立之初就有了。

明治维新后，日本开始建立以实学为中心的产学官合作体系，并对发展生产和振兴工业的政策进行了贯彻落实。因此，日本在第二次世界大战后迅速崛起的原因就是其科学技术发展相较于美国更偏向于工程。日本大学和国家研究机构建立在殖产兴业政策基础上。日本的工部省（临时省）成立于1870 年。1871 年，工部省内设立了工学案（下属机构）（这一机构后来演变成了工部大学校，后又成为东京帝国大学的工学部）。当时，阻碍产学官合作发展的因素特别少。因此，在外进行兼职的大学教授特别多，而且他们兼职的工作也没有受到太多的限制。1884 年，工学案的藤冈教授与民间合作进行了白热电球实验，然后于 1890 年与东京电灯（现为东京电力）共同创立了白热公司（现为东芝公司）。著名的丰田公司是由丰田喜一郎（东京大学工程系研究生）创立的。他接受了同学的技术建议，开始研制汽车发动机，后来成为了世界著名的汽车制造商。

（二）产学官合作的低迷期

随着第二次世界大战后经济的快速增长，大学与产业逐渐分离，实际与大学保持联系与合作的慢慢只剩实践领域的应用研究，而且双方联系相当薄

---

① 沈雕，胡幻 . 以"产学官"合作为代表的日本现代学徒制研究 [J]. 职教论坛，2018(9)：171-176.

弱。第二次世界大战后，日本提出了新的国立大学设置法（1949 年），并建立了一种新的大学制度，但是却忽略了工程教育的特殊性。同时，美国学术咨询小组（1947）的报告提出了工程教育对于产学官合作的重要性。由于忽视了工程培训的特殊性（为了更好地为产业发展提供人才），产学官合作的发展开始面临越来越多的障碍。

（三）产学官合作的磨合期

20 世纪 70 年代，日本开始实施国家项目管理制度，该制度有助于以个人参加为主的产学官合作。例如，在第五代计算机开发项目（1982—1995 年）中，1991 年有 250 人参与了相关研究，其中 127 人来自大学；在第二代工业基础技术研发（1981 年）项目中，产官学的比例是 6：3：1。1981 年后，为了促进产学界和政府在自主技术研究与开发方面的合作，日本开始制定研究人员公务员制度和研究交流促进方法。

（四）产学官合作的复兴期

20 世纪 90 年代是日本经济低迷的 10 年。1995 年日本通过了相关的基本法，以满足社会和产业界对产学官合作的要求。随后，日本又出现了一些促进产学官合作的对策，如 1996 年第一期科学技术基本规划和 1998 年大学审议会发布的《21 世纪的日本大学及今后的改革对策》报告等[①]。20 世纪 90 年代后半期，为了适应竞争激烈的国际政治和经济环境，公司必须与大学合作。泡沫经济崩溃后，公司被迫放弃了年功制（由服务年限和年龄决定工资的制度）和终身雇佣制支撑的教育和研究方面的自我负担主义（自己负担费用）。在这样的情况下，大学和各地区就开始了广泛的产学合作。

（五）21 世纪产学官新时期

自 2000 年以来，由于产业结构和企业的变化，产业中"知识"的价值（如知识密集型产业的出现）有所增加，这激发了人们进行校企合作的热情。同时，日本政府和日本企业继续从崩溃的泡沫经济中吸取教训，慢慢地，独

---

① 尹小平，王海旭 .20 世纪 90 年代以来日本经济低迷的社会经济制度因素探究 [J]. 现代日本经济，2005(6): 7–11.

立运营的想法逐渐被企业所抛弃，而创造新的产业和新的工作岗位的计划逐渐出现在政府的设想中。因此，政府以产学官合作为中心，制定了一系列的有效制度和措施。日本对 21 世纪产学官合作新模式的探索力度在经济全球化、信息化发展、大学服务社会等具体背景下进一步增强。

二、日本"产学官合作"的主要模式

日本产学官模式是指在政府指导下大学及其他教育研究机构和企业进行深层次合作的模式。政府和地方公共组织提供体制和预算支持，助力研究和开发新技术目标的实现。"产学官"模式下，政府对研发资源进行规范，制定相关政策，提供良好的合作环境，降低高校和企业的研究风险；高校将研究成果转移给企业，企业快速将成果产业化；企业需要更好地吸收新技术和思想。三者紧密结合，共同促进产学官结合。在经历了战争和泡沫经济两次打击之后，"产学官"模式的使用使大学能够为社会提供大量优秀人才，所以越来越多的日本公司开始发展壮大，走向国际。日本"产学官"合作的主要模式有以下几种。

（一）研究合作

研究合作的形式包括共同研究（公司和其他研究人员与大学教师共同主持的研究）、委托研究（公司等委托的研究）、捐赠研究（基于公司和个人等捐赠的研究活动）等。其中，共同研究和委托研究的比例大致相同。

（二）教育合作

教育合作的内容涵盖了商务实习、教学活动的联合开发和教师交流，其中公司实习是最重要的内容。

（三）社会服务合作

日本使用诸如 TLO（技术转换组织）之类的平台作为载体，从大学和研究机构中发现（进行）科学研究结果，在研究人员申请专利后引导其将实施权转让给企业，然后将部分转让费退还给高校和科研机构（发明人），以此促进高校科研成果的平稳转化。此外，根据日本大学管理委员会的兼职制度，教员可以开展技术咨询和其他咨询活动，益于公司保护流动人才，同时高校可以投资公司以盈利。

"产学官"模式极大地提高了日本工人的整体素质，具体不仅增强了他们的专业能力，还提高了在校学生适应社会需求的能力。同时，员工素质的提高和生产中科学技术的应用也促进了日本产品质量的提高。"产学官"模式和企业内部教育已将学校的研究成果与企业的生产需求很好地结合在一起，有效地促进了日本产业结构的优化，并对日本经济的转型进行了指导。在这两种人才培养模式的影响下，日本经济的成功转型也促进了日本经济和教育水平的进一步提高。

三、日本"产学官"模式对我国的启示

日本"产学官"合作模式对我国的启示无须怀疑。日本高等职业教育改革的成功经验，对我国解决目前高等职业教育发展中存在的许多问题很有启发。

（一）高职教育的功能问题

针对高职教育的功能问题，存在两种看法：一种是认为，学生的就业问题可以通过职业技术教育来解决；另一种认为，高等职业教育也能够为学生提供深造的机会。显然，无论是以"就业职能"还是以"进步职能"为指导，我国的高等职业教育都可以借鉴日本的"多功能"实践。首先，从社会学意义上讲，高等职业教育的主要功能应该是帮助学生找到工作，减轻学生毕业后的就业压力，从而满足社会需求。高等职业教育还可以解决在不同行业间出现的结构性失业问题，为失业者提供开办企业的机会，从而在一定程度上减少失业问题，纠正人们对就业的态度。其次，当前的高等职业教育主要是大专以上，而随着高等教育和终身教育的普及，高职毕业生除就业外，还需要进一步学习。为了实现"大学生的梦想"，我们的高等教育有责任支持这些需要继续教育的学生。此外，作为社会服务组织的一种，高等职业教育不应该局限于"就业"和"进步"的职能。与日本相比，我国的高等职业教育对产业和社会的功能仍有待进一步发展。

（二）高等职业教育的发展目标

一般来说，高等职业教育的发展有三个目标：

1. 经济目标

科学技术的进步和生产中高技术含量的提高，也会对简单劳动者职业素质提出更高的要求。为了促进经济发展，大量高层次专家就成了必需。

2. 社会目标

鉴于失业问题严重，我们可以努力减轻劳动力市场的就业压力，扩大职业培训的范围。

3. 教育目标

在高校人文科学研究日益严峻的形势下，为了满足传统高等教育的需要，我们必须减轻职业高等教育的压力。

在日本高等职业教育发展过程中的不同阶段，这三个目标在重点和协调性方面得到了很好的把握。同样，我们也应努力实现三个目标的统一。

（三）高职教育的体系问题

目前，我国正在努力构建一个完整的职业高等教育培训体系，即纵向的"中高职通""大学通"，横向的"普通职业渗透"和"教育培训一体化"。但是，许多支撑体系和基础工作还需要完善。在纵向方面，我们仍然有很多在现有的基础上要做的工作。日本高等职业教育发展的历史表明，明确和全面的职业分类是一个先决条件和基本工作。各专业建立后，明确和全面的职业分类可根据各职业分类要求进行。只有明确职业目标，我们才能保证毕业生有就业机会，并明确其发展目标。制定一个完整的专业分类计划，然后根据不同的分类进行相应的专业结构建设，这对我国高等教育进一步发展至关重要。从横向来看，实现通识教育的前提是要保证通识教育的平等性。因此，提高职业教育的地位，使其与通识教育处于平等地位，是一项艰巨的任务。只有将职业教育与职业资格证书相结合，我们才可以实现"教育培训一体化"。当然，两者的成功融合与相关部门的合作密不可分，换言之，教育部门与政府之间需建立良好的协调机制。只有创新才能延续教育的生命力，而社会变革的需要可以引导教育创新。近年来，我国逐渐从传统社会向学习型社会转变，从纯学术社会向素质社会转变，这在客观上要求教育不能停留在以往的模式中，而要不断探索和创新。

（四）创新师资力量问题

基于相应政策的鼓励和支撑，高职院校有必要对课程形式与内容进行改革创新，并在国家层面扩大创新创业教育、实践、研究等方面的师资力量。为了优化创新创业课程组织，高职院校需相应地增加周课程，增加上课人数，严格加强班级管理，创新三位一体的方式，针对创业教育中的创新创业课程、教师和学生进行有效探讨。

总之，经过多年的发展，日本的合作型"工业大学"日趋成熟，并取得了良好的效果。尽管我国的创新创业模式才刚刚起步，但它在各方的不懈努力下不断发展，最终一定取得成功。但是，由于经验不足，国情不同，我们还有很多地方需要改进。我们要认清自身的不足，积极借鉴日本"产学官"合作成功经验，同时不断反思自身在发展过程中的经验教训，继续推进和完善创新创业机制，为人才发展营造良好环境。

第四章　高职院校教育体系管理

第一节　高职院校教育体系

一、高职教学管理体系

（一）高职教学管理体系介绍

教学管理既是一个完整的系统，又是一个纵横连接、相互交叉的多维矩阵系统。高职院校的教学管理一般分解为三维系统：按时间顺序的层次安排；按组织隶属关系的纵向安排；按工作性质的水平排列。

1.时间层次系统

时间层次系统一般分为长期、中期、年度计划三种。实际教学工作计划应与国家长远的教育规划和科技规划相衔接。各院校应制定长远规划，对学校的发展蓝图以及重点发展方向等作出规定性的描述，以为今后教学工作提供指南。中期计划是与国民经济五年计划相衔接的教学管理计划。年度教学工作计划是指学年工作计划，是一种可操作性的计划。针对部分重要的工作，我们甚至要求编制学期计划和月计划。

2.纵向系统

学校一般按其组织的从属关系要求各级制订教学工作计划，以便检查与督促全校上下共同完成学校的教学工作目标。一些高校的纵向计划大体按学校（学院）—系—专业—教研室—个人来安排，其优势在于各级间有从属关系，计划内容层层落实，便于督促检查。

3.横向系统

横向系统是一种基于工作性质联系的、跨组织的校内联系系统。目前，教务处内各科室的教务管理、教学质量管理、教材管理、实训基地管理等工作都与各系、各专业、各教研室有联系。此系统旨在加强各系、各专业、各科研室工作的紧密性、系统整体性，最终构建一个完整的横向体系。

（二）高职教学管理体系的内涵

高职教育是我国现行教育模式的重要形式之一。高职教学管理应当符合职业教育教学的基本规律，所以在管理过程中，其应运用科学的方法和手段，促进教学向着规范化和制度化的方向发展，使教学质量和效率得到提升。由于职业教育教学具有特殊性，教学管理任务通常也很特殊。

进行教学管理时，高职院校要结合培训目标要求和教学工作特点，借助有利教学因素，利用周围的教学条件，提高师生和有关社会事业单位参与教学管理的主动性，确保教学工作科学高效地进行，而这就是所谓的教学管理制度。它主要是指有助于全面提高教学质量的工作制度和运行机制。具体来说，其就是以提高教学质量为核心，旨在培养高素质人才，合理组织教学过程中各环节、各部门的活动和职能，明确任务、职责、权限的高职教学管理体系。

（三）高职教学管理体系的构成

高职教学管理主要从管理理念和组织结构两方面入手。教学管理系统中还应建立学研教决策管理制度，使管理人员的作用得到充分发挥高职学校应在师生引导上投入足够的精力，组织师生开展教学科研活动，帮助师生及时从实践中获得经验，促进教学改革。各院校要建立扁平化的教学管理组织结构，以满足教学需要，同时还要建立以教师和学生为基础的决策管理系统，旨在解决高职教学管理问题，积极有效进行教学管理。

1.建立科学教学管理思想

高职院校应建立一套完善的教学管理体系，高职院校的教学需求也与其他高校不同，因此在高职教学管理中不适合采用传统的行政教学管理模式。

以现代教学管理为导向，高职院校的教学管理体系需要确立和发展以"师生"为中心的综合管理理念。根据高职院校的办学目标和特点，我们可以将高职院校的相关人员分为内部客户和外部客户。学校的教职工属于内部客户，而外部客户一般是指教师、教育行政人员、合作企业、家长等。学校必须清楚顾客定位。从经济学的角度来看，学校应该满足客户的需要。高职院校的发展应该以学生和教师的发展为中心，所以学校满足顾客最基本的要求就是让学生和员工满意。在这种思想理念的影响下，高等职业学校必须首先提供符合客户需求的服务，以满足客户的不同需求，协调各部门的教学工作，努力实现课程的价值。从教学目标的重新确立和学校发展的定位出发，学校可以系统地把管理方针和管理流程结合起来，确立科学管理思想理念。

2. 建立扁平化教学管理组织结构

高职院校应建立扁平化的教学管理组织结构，以适应不同需求。传统的由"院系师生"组成的教学管理组织结构属于分级管理结构。通过对信息管理平台的运用，很多高职院校构建了扁平化的教育教学管理组织结构。各级教育服务部门可以教学管理信息平台为依托，整理与传递各类信息，提高教育管理效率，有效降低教育成本。构建扁平的教学管理组织结构，能够促进教学部门效能提升。另外在教育过程中，基于上述组织结构，师生可以明确课程设置，保证教学质量，同时教师可以制定客观的教学目标。

3. 建立以教师和学生为基础的决策管理系统

高职院校决策管理具体可以分为两方面内容，分别是教学管理和行政管理。行政权力主要为决策系统提供指导和保障，由各级行政部门通过层级组织结构来实现。由学校和院系组成的教学指导委员会掌握教学管理的权力。在决策管理系统中，教学管理和行政管理的作用有着明确的区分。整个教学管理过程围绕师生客户推进，而组织决策活动必须从师生客户开始，因为他们处于决策结构的顶端。以教师和学生为客户的决策管理系统的结构类似倒金字塔。综合管理倒金字塔的结构是指根据学生情况和学生的需要来实现目标和培养计划。教师和学生是学校最基本的客户，因此教学活动应以教师和学生为重点。教师和学生应被置于决策系统的首要地位。倒金字塔教学管理结构有其合理性和优越性，充分体现了以客户为导向的师生管理理念，益于打造统筹领导、不同部门参与、以教育质量为基础和互惠互利的现代教育管理体系。

二、高职院校教学质量体系

（一）体系与质量体系

体系是系统科学中的一个概念，它类似于系统的内涵，但比系统的内涵更为广泛。与系统相比，体系更具有整体性，它是由相关系统构成的有机整体。《辞海》对"体系"的解释是："若干有关事物相互联系、相互制约而构成的统一整体。"体系由若干要素组成，这些要素具有一定的结构；不同的要素有不同的功能，要素之间相互联系；所有要素构成一个统一的有机整体。

根据 ISO 9000（全面质量管理）的概念，我们可以将质量体系定义为全面实施质量管理所需的组织结构、程序、过程和资源。高职院校为培养高技能人才通常会对教学活动、教学过程、教学管理和教学效果进行整体协调。在这个过程中，所需的组织结构、程序、过程和资源构成了教育质量体系。它不仅仅是软件的组合，还包括物质基础。因此，高职院校内部教学质量体系可以从这四个方面着手构建。为保证过程和人才的质量，高职院校应提供适当的资源。学校应该保证教学质量，以培养高素质人才为目标。学校应为教学创设良好环境，配备先进的教学设施，提供科学且与时俱进的参考教材，注重教师整体素质的提升，始终怀有服务意识，建立良好的教学管理和后勤服务队伍，另外还要注重生源质量，关注其他先进资源。根据建构理论，组织结构、程序、过程和资源四个方面又包含五个层级，即学校/处室、院（系）、专业教研室、教学班和教师/学生。

这五个层级反映的是学校不同层次的组织或实施主体，在程序、过程和资源中分别承担不同的功能（任务、职能和作用）。由这四个方面、五个层级所构建的教学质量体系，是高职院校建构教学质量标准体系、教学质量保证体系和教学质量评估体系的基础。除此之外，高职院校还应考虑质量策划、质量改进、质量控制和质量保证等问题，因为它们也是过程的重要组成部分。

（二）教学质量策划

质量策划是指确定质量以及采用质量体系要素的目标和要求的活动。市场研究、专业设置和专业定位、专业教学计划编制等，都是高职院校教学质量规划的内容。高职院校需要培养合格的人才，提升人才竞争力，以适应经济建设和社会发展。为此，高职院校必须加强教学质量规划，在进行充分社会专业调查的基础上了解当前社会发展的影响，并基于人才供求的现状和趋势确定人才培养的方向。同时，其还有必要结合学校的软硬件条件，重点关注师资情况、综合专业设置、专业培训方向等，对专业人才必备知识、能力和素质加以明确，并制定出基于这些内容的教学计划，设计和重组专业课程。

（三）教学质量改进

质量改进是指整个组织为提高活动和过程的效益和效率，为组织及其顾客提供更多的利益而进行的各种优化实践。质量改进是为了追求更高的过程效益和效率而进行的一种持续的活动。教学改革、管理改革和改进教学设备设施是提升高等职业技术教育教学质量的主要途径。高职院校应采取多方面的措施，鼓励教师完善自我，给予教学内容、教学媒体、教学方法、考试内容和方法、实践应用等方面的改革和创新更多的关注。同时，其还必须鼓励教学和服务人员积极探索新的管理理念，并对有突出贡献的人进行奖励。另外，高职院校还需在管理方法和手段上下功夫，尽可能使硬件教学结构更加完善合理，确保教学质量的提高。

（四）教学质量控制

质量控制就是为满足质量要求而采用的操作技术和活动。过程是质量控制的对象。教学过程可以看作一个工程系统，教学质量控制要注重教学这个系统中的每个过程，包括确定培养目标、制订教学计划、教学准备、课堂教学、实践教学、评估、文凭监控等，使教学过程适应社会经济发展，适应市场变化，益于学生专业素质的提升和专业能力的培养。高职院校需将市场需求和人才能力需求作为导向，充分调整现有课程设置，设计符合社会经济发展需要的职业培训计划；要制定体现职业教育特点的规范、实用的教学大纲和技能培训大纲；对于教材的选择和购买，要规范程序，科学选择。另外，在教学过程中，高职院校应坚持能力本位，建设良好学风，不断提高课堂教学质量，创新应用开放式教学组织和多媒体教学方法，加强考核管理，使考试制度进一步完善，在教学管理中实施全面质量管理活动。

(五)教学质量保证

质量保证是在质量体系中实施的一项有计划、有系统的活动,其目的是提供足够的信任,以证明实体能够满足质量要求。质量保证可以分为两部分内容:内部质量保证和外部质量保证。

内部质量保证的关键是在实施全面教学质量管理的基础上,使教学质量监控体系进一步完善。各高职院校可以由教务处处长、质量管理员、学院(系)主任组成质量评估委员会,以质量评估委员会监督教学质量,对教学质量进行宏观监控,建立一套完整的教学质量评价体系,包括本系教学工作评价体系和教师教学工作评价体系。此外,高职院校还可以采取以下措施来保证教学质量:将教学质量检查与日常检查、阶段检查结合起来;重视收集和反馈教学信息,动态管理教学质量;组织学生进行评价;完善和创新教师评价体系,对教学过程进行有效的监督和控制。

学校可以提供一些有价值的信息,包括教育质量体系的建设和运营状况、毕业生情况、用人单位反馈等信息,或者让用人单位对质量体系的运行进行监督与评估,认证质量体系,建立外部品质保证系统。

结合教学质量的内涵、高职院校教学质量的特征等,我们认为高职院校教学质量体系应包括学校/处室、院(系)、专业教研室、教学班、教师/学生五级组织。这五级组织从整体到个体,分别承担不同的程序性、过程性任务,管理并提供不同的教学资源,而所有这些构成了高职院校的教学质量体系(如表4-1)。

表4-1　高等职业院校内部教学质量体系一览

组织	程序	过程	资源
学校/处室	教育思想、教学观念、办学理念、人才培养目标、制度建设	制定人才培养目标、管理流程、教学监控与督导、教学反馈、招生及生源分析、就业指导、毕业生质量调查、社会人才需求调研	组织师资队伍建设,提供教学场地与设备、实验实训设施等
院(系)	教学观、质量观、人才观、职业意识、教学规范	专业建设与改革、产学研结合	管理和使用教学设施、实验实训室(场地),教学管理的具体实施

组织	程序	过程	资源
专业教研室	教学计划、专业建设、课程建设	制订和修改教学计划、课程建设与改革、教研与教改、教材建设、青年教师培养	教材及其他教辅资料、教学管理的手段和方法
教学班	教案、课时计划	课程教学	教室、仪器设备、教学手段和方法
教师/学生	教学活动设计	课堂教学、实践教学、实习实训、毕业设计（论文）	教的手段和方法、学的策略和方法

三、建立并实施质量体系

（一）质量体系文件的编制

学校需要制作科学的质量体系相关文件，便于判断实际是否实现了既定品质目标，确定如何评价品质体系，帮助质量体系顺利运转。质量体系包括品质方针、品质体系程序、品质手册、品质计划和品质记录等多方面的内容。学校制定质量政策、实施各种程序，并使它们文件化，对质量体系运行时采用的法律、要求和要素标准规范进行保障，进而通过完成质量体系的程序来保证质量活动顺利完成。质量体系程序文件一般包括以下内容：文件标题和编号、目的、术语、范围、记录格式和工作程序。

制作质量手册便于介绍学校的质量方针和质量体系，制定质量方针、质量体系程序和规则，便于对质量体系要素和组织结构进行介绍。学校需要采用更加合理有效的质量手册管理模式，积极管理和严格审查影响质量活动的人员职责、权限和相互关系。学校还有必要制订质量计划约束特定的具体质量活动，确定相应的质量措施、资源和活动顺序。例如，制定质量目标；决定专业命令和文件的选择；具体规定各操作过程如何按步骤进行；合理分配不同阶段的权力、责任和资源；针对各阶段制订相应的审查和评价大纲；根据项目的进展情况变更品质计划文件的制作顺序。学校要提供质量记录，为质量要求水平或质量体系要素的有效运行提供依据，而质量体系审查记录、招生计划、教育计划、培训记录、教育大纲、教育评价记录、考试记录、学籍记录、学生档案等文件、学生综合评价记录等都可以作为质量记录的内容。

（二）学校教育质量体系要素

质量体系有两个要素：结构要素和选拔要素（表4-2），结构要素是整个质量系统的基本组成部分。如果没有结构要素，那么品质系统就不存在。结构要素包括职责权限、工作程序、技术基准、管理基准、组织资源和人员，而选拔要素是学校根据自身特点进行选择确定的，所以整个过程都受到学校教育质量因素的影响。

表4-2　学校教育质量体系要素

学校教育质量体系要素及主要程序文件	
学校教育质量体系要素	主要程序文件
组织机构及管理职责	规章制度的制定和审批；机构设置和定岗定编定责
质量体系	质量手册、程序文件、业务指导书、岗位工作指导书、各种记录表格和报告
人才培养方案的设计	招生计划的制订、教学大纲的制定与修订、专业教学计划的制订与修订
招生计划的评审	招生计划的制订
招生与录取、购买教材和设备、招聘教师	招生计划、招生程序、购买教材和设备的程序、教师聘用程序
学生档案	学生档案管理
教育过程控制	课堂教学、实践教学、教学检查和评估、学生素质培养等
考试、考核与发证	考试与考查、证书发放与管理
考核标准控制	教学评价、试卷的组织与管理、教学实验设备的维修和保管、综合测评
不合格学生的控制	学籍管理、不合格学生的处理

学校教育质量体系要素及主要程序文件	
学校教育质量体系要素	主要程序文件
纠正与预防措施	纠正与预防措施控制（教学质量信息、体系运行信息、产品质量信息的收集，对各种质量数据和信息的调查与分析，提出预防措施意见，监督纠正预防措施的实施，审核实施计划）
学习与生活环境控制	物业管理（宿舍与教室管理、医疗与保健、校园安全与保卫等）
毕业生就业与离校	学籍管理、学生毕业与就业、证书发放程序、学生推荐表、就业报告、学生档案移交用人单位的程序文件等
教职工培训与考核	教职工培训与考核
质量记录控制	质量记录控制
内部质量审核	内部质量审核
毕业生离校后的服务	毕业生质量跟踪调查、有关继续教育的管理规定
统计技术	教育质量统计技术

（三）建立健全组织机构

在建立健全组织机构时，高职院校应该坐到以下几点：第一，了解学校的发展情况，如现有的组织及其运作、工作习惯、各部门及其内部人员的关系，以确保学校质量体系的正常运作；注重协调工作，做好各部门之间工作的衔接，尽量简化部门人员和层次。第二，合理配置质量体系资源。在活动开发和职责分解过程中，要逐一考虑完成活动所需的人力、物力；在资源配置过程中，要注意满足活动的需要并且不能造成浪费。同时，要综合考虑学校的长远利益，当局部利益与整体利益不统一时，将整体利益放在首要位置。第三，将所规定的质量责任和权限进行分散，遵循责、权、利统一原则，同时考虑学校未来发展的需要，以发展的眼光进行学校规划，有利于提升学校管理水平。对于多部门共同完成的活动，实际承办人参与分解确定，明确主要责任部门和责任部门的职责，杜绝后续产生纠纷的可能性。

（四）实施质量体系

1.不断开展质量体系文件相关的学习和培训活动

开展质量体系文件相关的学习和培训要坚持两点认识：一是怀着自觉性和责任感执行质量体系文件，建立程序管理标准，同时明确各项质量活动的个人责任和权限。在原有管理体制改革的实施过程中，质量体系的发展会不可避免地遇到一些阻力，我们要通过引导、培训、协调来解决和克服。二是质量体系运行时必然出现各种问题，这时我们需要通过实践来寻求解决问题的方法，完善质量体系，使学校管理更加有序。

2.加强组织协调

学校要将质量体系文件规定的内容化为行动并进行实践，统筹各部分质量活动，使运行中的问题得以解决，保障质量体系的正常运行。质量体系的运行会受到学校内任意部门活动的影响。为了使系统秩序井然，学校必须着眼目标、时间、联系、分工等方面，对各种活动的内容、方式和顺序进行积极的协调，及时发现偏差并进行纠正，积极发现漏洞并采取措施。为完善质量体系并消除运行过程中出现的问题，学校需要按以下基本步骤来行动：一是发表质量活动相关工作计划；二是对计划的实施情况进行监督，获得质量信息；三是以相关活动的程序或基准为依据找出偏差之处；四是深挖导致问题的真正原因；五是采取有效的纠正和改善措施；六是将建议转化为行动。这一流程中，发现问题、找出原因以及解决实际行动问题是最重要的。学校领导牵头开展组织协调工作，有关职能部门负责实施，质量管理部门综合协调。组织协调的方式有：在定期召开的工作会议上协调一般问题；在专题会议上协调重大问题；通过经理的口头或书面指示，协调紧急问题；制定书面程序来协调重复性和可预见性问题。

3.质量控制

在质量体系运行过程中，学校应对可能偏离标准的活动和结果进行质量控制。质量控制涉及办学条件、师生状况等学校工作的方方面面，也就是所说的综合控制。以师生情况为例，在教师情况方面，学校要控制承担课程、教学效果、教学成果、学业提高、科研方向、科研成果等一系列内容；在学生情况方面，学校要控制学习成绩、奖惩记录、思想表现、爱好、活动参与、毕业去向等内容，因为学生进出学校的全过程都与质量控制有关。对教育计划、学校运营设施、教育过程和教学辅助的实施质量进行管理，也就是全过程的控制。首先是教育计划的品质管理。教育计划是学校教育活动的开端，在控制教育质量方面意义重大。教育计划应建立在广泛研究、谨慎预测的基础上，经专家学者讨论，以民主的方式吸引全校教职员工的广泛评价。其次是学校设施的品质管理。学校确定教育计划后，必须严格执行。学校各部门应当统一认识，认清职责，全面准备经济适用的相关资料。最后是教育过程的品质管理。作为质量管理的中心环节，教育过程的质量管理对于实现全面的质量管理有着重要的作用。学校应当对教育过程各个阶段的质量进行有效的评价与控制，这样有助于提升其教育品质。

为了实现教育过程的质量管理，学校要做好以下工作。

（1）在设计阶段

严格控制教学相关文件，包括教学计划、教学大纲等能体现教学效果的文件。

（2）过程控制

纵向上，质量管理要贯穿新生入学到毕业各个年级阶段的全过程；横向上，注重教学过程的每个环节，使教学过程中各个环节能够顺畅衔接，同时以教学目标为中心，确保教学活动有序分步进行。

（3）试卷控制

从试卷的命题开始，到中间过程的管理，再到试卷测试结果的分析、评价等方面都要进行严格控制。

（4）文档控制

文档控制方面有如下要求：必要时，可在第一时间获得相关文件的有效版本；无效文件应按规定进行明确标识；应及时清除已发放或使用的所有无效或作废文件，防止误用。此外，有序控制外来文件和电子数据的备份，并制定相应的措施。

（5）助教的质量控制

教学辅助工作涉及党务、人事、总务、外事、公安、医疗、支教等直接服务于教学科研的部门。辅助教学工作质量由聘任制、合同制、岗位责任制等一系列规范和程序控制，以教学服务要求为考核指标。

4.组织质量体系审核和评审

定期进行质量体系审核是完善质量体系的途径。根据审核目的和审核员岗位的不同，质量体系审核可分为两个方面，分别是外部质量体系审核和内部质量体系审核。建立起质量体系后，学校通常会审核内部质量体系并分析结果，诊断存在的问题并进行改进，保障质量体系建设符合标准，同时质量体系文件能够有效实施。

内部质量体系审核一般按照如下步骤进行：制订审核计划；制作审查文件；实施审查活动；发行审查报告书；及时采取措施纠正错误。在内部质量体系的审查中，学校要注意以下八点内容：①审查是否合理、正确、有效地制订了质量方针和质量目标；②审查质量体系的文件的完整性、有效性③归纳质量体系的效果；④总结质量系统全部或部分基础的有效性；⑤审查质量信息系统是否良好运行并发挥了作用；⑥审查质量与教师、设备、仪器、书籍、数据和控制手段的相关程度；⑦审查学校指导是否到位，全体员工是否良好地履行了职责；⑧审查学校各部门质量职能的发挥以及相互协调的程度。

质量体系评审也就是对质量体系审查结果进行评审，根据事先确定的质量方针和实际情况正式评价质量体系的地位和适用性。一般而言，学校领导主持评价活动，或者委托给有能力的独立人员进行。审查和品质评价的依据是品质体系。不仅是关于品质体系要素的审查结果，学校还要检查品质体系是否有改进，是否发挥了作用，并评价预定的品质目标的完成状况和学校内部的变化是否与外部条件相符。学校不需要每次都审查质量体系，但审查时必须注意以下问题：当市场形势和社会需求威胁到学校的生存和发展时，当学校加大对学校制度、组织、教育状况和校园文化的调整力度时，当教育质量方面出现重大问题时，基于学校环境和条件变化对专业、课程以及校园文化的重大调整与学校教育及教育目标的调整相关时，首先应当考虑是否审查质量体系；质量体系审查应当从几方面进行综合评价；质量体系各要素的审计结果和结论；改善措施的实施效果；结合市场需求和环境的变化，对质量体系进行修正并提出改进方案；质量体系达到质量要求的水平。

第二节　高职院校管理队伍体系

一、高职院校管理队伍体系介绍

（一）高职院校管理队伍体系分类

高职院校的管理是一项系统而全面的工作，具有覆盖面广、综合性强、事务多的特点，它对实现大学目标，促进大学的发展与生存具有重要作用。高职管理团队由高职管理人员组成，为高职学校各方面提供多种管理服务。

当前，高职院校管理团队体系大致分为两类：第一类是由专职人员组成的管理团队，他们在高职学校专门从事各项管理工作，专职于高职学校的各种管理任务；第二类是由管理各项事务的兼职人员组成的管理团队，也就是由兼职人员组成的兼职管理系统。两种类型的团队在整体质量或管理能力方面并不统一，这将极大地影响高职院校管理的整体水平。因此，上级管理团队必须是高效、复杂和专业的。在高职学校的管理中，专职人员对大学的情况更加熟悉，也可以更及时、更有效地阐明管理思想。这类人员在发现管理漏洞方面更加专业，因此学校应专注于建立由专职人员组成的高等职业管理团队，给予他们专门从事各种管理任务的机会。在高职管理队伍体系建设中，高职管理队伍的专业化显然极其值得关注。在下文，我们将详细阐述高职管理团队的专业化。

（二）高职管理队伍专业化

在这里，我们提出了高职管理团队专业化的概念。高职管理团队的专业化以其职业化为基础。只有能够遵守专业准则的稳定员工才能胜任相关工作，而只有基于这样的员工，学校才能在长期的发展实践中创建出规范的管理体系、科学的专业发展体系，形成一支稳定的专业管理团队。

高职学校管理团队的专业化是指其中每一个成员依靠职业管理实践的平台，积极参与职业教育、培训或专业培训，遵循专业领域发展想法，把高职院校的整体发展目标定为发展方向，全面整合校内外各种资源，不断提高自身的专业管理知识和技能，实现专业的个人角色定位。管理团队成员可以通过长期积累专业综合技能和素质，从一名普通经理成长为具有一定专业素质的经理和管理专家，也就是从职业人士发展为准专业职业人士，再发展为职业专业人士。

二、建立高职管理队伍专业化标准

（一）建立专业特点的知识技能标准

高职管理人员应具有丰富专业知识和多种能力。同时他们还应具有广泛的行政管理基础知识，熟练掌握教学法和深刻的学术管理知识。具体而言，首先是管理技能，包括人际沟通、心理知识、沟通技巧和团队合作精神。其次是专业技术知识，如教育事务、科学研究、学生管理、人事、财务、审计、基础设施等专业知识。再次是实践知识，如个人生活经验、价值观和管理者的情感态度。最后是一般的科学和文化知识，包括人文、科学技术、法律、社会学以及文学和艺术知识等应用知识。学校应根据不同职位的不同特点建立不同的知识和技能体系标准。

（二）建立高职管理人员职业道德标准

高职管理人员应具有以下道德素养：

（1）必须具有政治上的决心，能够集中于全局，并以公平公正的方式行事。

（2）要保持高尚的情操，对教育事业始终保持热爱和无私奉献。

（3）能够主动开展工作，有力地执行任务，不忽视工作中的细节。

（4）有强烈的责任感，可以成为他人的榜样。

（5）始终尊重他人，能够平等真诚地进行沟通。

（6）言行一致，办事有原则，大方得体。

（三）建立高职管理人员资格标准

学校应该成立帮助高职管理人员专业化发展的权威机构，促进高职管理人员专业化迅速实现。另外，其还应当建立职业准入标准和退出标准以及职业资格标准，使人们认识到从事高职管理工作是有门槛限制的，并非人人都能胜任。学校有必要制定相应的管理人员职业资格标准，对不同岗位的管理人员进行约束。就专业标准而言，一套用于专业资格和综合业务能力量化的指标通常基于不同类型管理人员所需的专业知识和工作水平而制定。就工作职责而言，它规定了在日常管理、专业培训和评估以及各个专业领域的学术研究中，管理人员需要达到哪些评估标准和具体要求。同时，根据人员类别和工作水平，建立相应的专业准入标准以及管理者可自由流动的机制，能够使高职管理人员的层级结构更加合理。

（四）建立高职管理人员岗位分类标准

根据按需设置职位、按职位指定的原则，学校要结合各个高级管理人员的特点对他们进行分类和安置。学校有必要对每个管理职位进行准确分析，并阐明每个职位的条件、职责和评估指标。管理者可以进一步分为管理和服务两个类别，分别承担管理任务和服务任务。服务类别中包括以服务任务为主体并辅以管理功能的工作。学校评估管理职位时需重点评估管理能力和管理效率，在服务态度、过程、效果和客户满意度等方面对服务职位进行重点评估。

三、完善高职管理队伍建设途径

（一）改善教学管理队伍的结构

1.改革用人机制

高职院校应对传统的用人机制进行改革和创新，创设新的符合时代潮流的竞争机制，实行竞争上岗，择优录用，吸纳专业知识扎实、业务能力强、责任心强的人才，组建优秀的教学管理队伍，保障年龄结构、知识结构、学历结构和职称结构的合理性，使教学管理团队更加专业化。

2.加强制度建设，完善奖惩机制

结合高职院校教学管理人员的岗位性质和具体任务来看，针对教学管理人员实行岗位责任制，可以定期或者不定期地对其进行层次复杂、形式多样的考核和监督，益于形成教学管理人员之间相互促进的良好工作氛围。除此之外，高职院校还可以依靠奖励机制，用物质或者精神奖励激励那些表现突出的管理人员，甚至可以将晋升职称和奖金分配列入奖励范围；实

行末位淘汰制度，对不具备担任教学管理职务资格的人员采取相应的措施，予以某些处罚、实施校内调动或让其参与在职培训。

（二）提升高职管理队伍专业化水平

学校应加强教学管理人才的培养，全面提升教学管理人才的专业素质和水平。高职院校应将教学管理者管理理论水平的提高纳入学校师资培养计划。目前，一些教学管理者的知识结构相对单一。针对这样的问题，高职院校应根据不同的划分标准，将教学管理人员划分为不同的梯队，对每个梯队人员进行有针对性的在职继续教育和培训，以达到提高教学质量、丰富教学管理人员理论知识和管理知识的目的。教育培训有以下几种方法：一是校内培训，即培训地点在学校。有关部门统一安排学习时间，集中组织教学管理人员对相关资料展开学习，或通过电视教学、专家讲座等方式进行沟通教学，开展培训活动。具体而言，各部门需帮助管理者熟悉教学管理的规章制度，鼓励他们针对教学管理过程提出建设性意见，通过分析典型管理案例获得经验，最终使教学管理者的政策水平和理论水平得到提升；鼓励教学管理者积极参与教学研究和教学改革，同时设立多种教育管理研究项目和课题，提高培训人员的学术水平和科研能力。二是聘请校外专家进行培训。学校应邀请相关专业领域的专家或学者到校内授课，传授实践经验，使管理人员从他人的经验中有所收获。三是常与兄弟院校进行经验交流。学校应组织教学管理人员观摩学习兄弟院校的先进管理理念，了解现代教学管理流程，以提高工作效率。四是实行轮岗制，即教学管理人员可以在不同的岗位之间轮换，体会各个岗位的工作内容，积累经验，并在部门内部交流和传播技术知识和管理经验。

（三）深化管理队伍考核评估机制

对于现有的管理干部，学校必须根据管理需求进行严格的要求，并对他们进行严格的管理和考核。高职院校应建立一套科学系统的管理团队考核评估机制，对管理人员进行全方位的考核评估，内容涉及道德、能力、绩效和诚信等多方面，督促他们完善自我，提升工作效率，为管理人员的选拔和使用提供科学依据。高职院校应当根据不同岗位职责的要求对管理团队进行考核，并为起到激励鞭策作用，将考核结果与干部的晋升和薪酬挂钩。程序性文件可以从体制的层面确保评估的严肃性和有效性，而借此，高职院校则可以更加顺利地创建一支高素质、结构精良、作风优良、具有强大生命力的管理团队。

（四）提升高职管理队伍科学创新能力

现在的市场竞争异常激烈，高职院校想要提升竞争力，就要坚持以科学发展观为基础，培养创新型管理团队。创新是一个民族进步的灵魂，是一个国家兴旺发达的不竭动力，也是高等教育发展的动力之源。在高校与高校的激烈竞争中，任何一个高职院校想要脱颖而出，不仅要以教书育人的能力作为筹码，还必须创造一流的管理团队，并从管理中取得优势地位。高职院校要不断用高素质、高水平、具有开拓性和积极性的人才来丰富管理团队，清理人才流动的渠道，并根据需要设置职位，根据职位选拔人才。同时，高职院校还要积极鼓励和培养管理者的创新精神。只有加强对管理团队的教育和培训，提高管理团队的素质，高职院校才能实现新时代的跨越式发展。

第三节 高职院校产学研管理体系

《中国教育改革和发展纲要》指出：高等教育要"加强实践环节的教学和训练，发展同社会实际工作部门的合作，促进教学、科研、生产三结合。"有了这种指导思想，我国目前高等职业教育发展思路即可以进一步明确，概括来说就是以服务为宗旨，以就业为导向，走产学研结合之路。产学研结合之路，即社会、工业、企业和学校联合起来，共同培养所需的人才，逐步建立新的教育机制和模式，使高等职业教育和社会生产相结合，这也是高等职业院校培养全面发展的人才的重要途径。产学研结合培养综合应用型人才是我国高等职业教育发展的客观要求和必然趋势。

一、产学研一体化管理体系

近年来，产学研一体化吸引着专家学者的视线，成为了产学研发展的主要趋势。当今世界，高等教育发展的新模式是建立以学校为中心的教育、科研和生产一体化的体系。产学研一体化具有先进性，而且在当今现代科学和生产一体化的趋势下，它首先在发达国家出现，然后慢慢普及。我国产学研一体化体系的建设仍处于起步阶段，但经过十多年的努力，也在实践中获得了一些成功的经验。生产、教育和研究的整合主要有两种基本形式：一种是生产、教育和研究的内部整合模型，也称为学校内部产学研的结合；二是产学研一体化的外部整合模型，又称校外产学研一体化，简称产学研一体化。本书中提到的整合一般是指校外所进行的产学研整合。就成效而言，我国产学研一体化的主要表现有：首先，产学研结合发展程度由高到低，同时合作范围由小到大，持续集成。其次，产学研结合是高职院校专业与科研生产部门的"点"结合，是高校（部门）科研与生产部门的"线"结合，并逐步转变为了高职院校的"面"与"体"相结合，其中生产部门的全面沟通与合作是重点。以高职院校为中心的产学研结合必须着眼于整合点的选择，着重确定连接线，进而重点在工作划分中进行，同时加强对组织建设的重视。在具体选拔中，不同职业学院与不同行业和科研部门的合作，必须反映出寻求最佳、确保连续性、创造特色、形成效益的基本要求，同时他们要大力寻求最佳条件和连接点，构成快速便捷的连接线和紧密高效的工作面，最终促成标准化的科学和可持续发展组织。再次，产学研一体化的载体，开始是松散的联合体，接着发展为相对集中、稳定的合作基地，再发展为了法人实体，即从信用型结合、契约型结合向法人型结合发展。最后，生产、教育和科研相结合的主要操作系统表现为以产权为纽带的现代企业制度。

二、产学研评价和监控体系

（一）开放式的产学研结合评价体系

为了使企业和社会在人才培养质量评价中占据更重要的地位，企业必须积极创新，开发校企合作发展的新模式，对现代学徒制进行完善与创新，另外还需要建立一个评价机制用于反馈，以使系统能够逐步完善。因此，我们需要依托教学反馈信息，对专业培训质量监控评价体系和工作运行机制做出调整，通过反馈结果判断校企结合的优劣之处。反馈系统的运作离不开教师、学生、用人单位和毕业生的努力。在这个系统中，学生作为主体参与活动，用人单位提供实习机会，教师提供知识上的讲解与指导，而效果如何则通过毕业生来反映。四个方面相互结合实现了对信息的反馈，从而能够及时发现并解决系统中存在的问题，促进产学研相结合人才培养模型的进步与发展。

在建立面向国内学术研究的开放式管理与评价体系时，我们必须牢牢把握"标准"与"评价"两个杠杆，并积极与国际标准接轨。同时，我们需根据项目的特点，逐步引进国外专家参与该标准的制定和评估过程，使产学研一体化项目的建立过程和评估过程成为一个标准。我们需为参与者提供学习机会，促使他们提高自己的实力，并尽快将我国产学研一体化水平和国际产学研一体化水平之间的差距缩小。政府委托专业机构向全社会公开招标，实行专业管理（中标资格评估，产出评估），运用市场机制，努力吸引社会支持资金，具体措施包括：以发展项目的投入与产出作为评价的重要指标；对基础研究、知识创新研究与开发的投资，实行中央项目公开招标、分散管理，即部门专业机构对全社会进行招标，保证公平公正；实施开放的项目程序，并鼓励跨系统和跨部门的联合研究。

（二）产学研教学质量监控体系

学生也要积极参加学校和企业合作体系的运营。学校应加强与企业的积极合作，并通过合作获得企业提供的更多实习机会，并建设行业标准和企业标准。要保证质量目标、学校的发展目标、人才培养目标三者之间的一致性，我们就要建立更加完善的品质保证监视系统。例如，对相关信息进行监测，对教学过程进行详细分析，以及对学生学习效果进行评估。通过在岗实习和学生满意度监测与分析，对人才培养过程各个环节的质量进行诊断，可以使人才培养质量逐渐达到社会、用人单位、学生、家庭、学校满意的水平。

1.学生评教

学生评估教学的方式和方法有多种，如在线评估、问卷评估和专题讨论会评估。高职院校可以定期举办学生教学工作研讨会，关注学生对专业教育工作的真实感受，让教师了解学生的感想，并对存在的问题进行改正，根据人才培养目标和企业职场要求，完善系统性和操作性评价指标。

2.专业知识考核

专业知识考核主要审查胜任职位工作所要具备的专业知识。我们要让学生在实践中感受工作需要，在亲身体会中获得提升，深刻掌握理论知识，并能用知识指导实践。职业能力评价能够锻炼学生，帮助学生更好地运用职业技能。职业成绩评价有助于学生服从公司各项制度，提高工作能力和职业素质。过程评价能够很好地约束学生工作的过程。科学合理的评价指标和内容评价标准有具体明确、操作方便的特点。据此，我们能够对学生进行全面、客观、合理的评价，使学生得到全面均衡发展，不断进步。

三、高职产学研体系协同创新发展

（一）打破传统教学模式，激发学生学习热情

产学研各要素之间具有统一性和平等性，而且彼此相互依存。产学研三个方面在自身发展的基础上，往往相互促进，相互补充，最终实现共同发展。从教学角度出发，科学研究融合发展不仅能使教育科学技术的发展更加迅速，还有助于提升学生实践能力。教师和学生可以利用研究项目为研究机构提供适当的主题。教师可以创造性地将科研成果融入具体实践，而这就打破了人们对传统学习方法的固有观念。高职教育可以脱离固定的共享教学模式的限制，在学习内容上进行创新。此外，产学研一体化还有助于开阔学生的眼界，使师生具有更加深厚的素养，积累更多的知识。当学生在科研项目探索中不断向老师提问时，他们的思想会得到一定程度的拓展，而学生的问题也可以作为教师选择课题的参考。借助参与教师的科学研究，我们可以最大限度地激发学生的热情和创新精神，并可以使学生进一步提升自己的自主探索精神和能力。

（二）增加实践教学机会，提高学生动手操作能力

产学研教育必然为学生提供生产实践的机会。公司从自己的角度出发为学生提供初始实习岗位，并根据公司的实际需要逐步培养学生，相当于以一种特别的方式为本公司培养人才。特别是在与高职院校、科研院所的日常合作中，公司引导越来越多的高职学生通过上述方式提升自身能力，而其通过培训过程中的日常考核往往能筛选出真正符合需求的人才。高职院校与企业直接合作，在为学生寻找就业和实习机会上节省了人力、物力和财力。企业创造一个途径使学生能够与社会直接接触，并在接触中积累经验。在培训过程中，教学与生产融为一体，车间成了教学的场所，学生深入工程与生产一线积累经验，这样学生可以得到更加真实的实践教学体验。将车间和工厂的

具体操作方法与课堂教学相结合，还能更有效地促进生产。两者之间的有效衔接不仅可以提高学生的动手能力，还可以增强学生学习体验的有效性。

（三）以科研成果，验证教学质量

产学研教育中的"研究"与"产业"是相辅相成的。工厂生产可以直接应用研究成果，同时可以借助生产过程和销售成果反向验证教学质量，从而促进教学改革。在我国，相对于高校的理论教学，高职教育的实践要求更高。但在市场经济体制下，由于物质消耗、安全生产和岗位责任的要求，一些用人单位考虑到自身利益，在为高职院校提供就业培训机会上积极性不高。特别是那些对专业知识和工作能力有严格要求的岗位，企业的要求更加严格。企业的顾虑一旦被消除，将会为学生创造大量的在实践中提升的机会，使学生的创造能力、实践能力得到大大提升。

（四）构筑产学研结合的长效运行机制

在现阶段，产学研结合探索高等职业教育发展新路径的关键在于建立产学研结合的长效机制。政府应考虑到国内教育与科研相结合的当前特点，制定一套具有一定特点的政策法规，有利于指导、支持和促进产业、教育与科研的融合。一方面，建立"产学研结合基金"和实行"双资"教师，益于调动学校和教师的积极性，使他们积极参与产学研合作；另一方面，生产条件先进的企业在制定公司法规时，应当明确规定企业有为教育服务的责任和义务，企业应当将产学研一体化的发展纳入公司法人经营范围和发展计划。同时，政府可以对参加产学研一体化的企业实施减免税优惠政策，以吸引企业参加产学研合作。政府还应采取有效措施，协调产学研一体化的全过程，协调校企在产学研一体化中各自的地位、作用、权利、义务和相互关系。校企双方应通过签订协议等形式明确各自的职责，规范双方的行为，形成合同机制，以确保产学研一体化长期稳定发展，防止短期发展。此外，政府还应建立产学研一体化评价体系，在高职院校评价中加大产学研一体化评价的权重。高职院校还应制定各专业产学研一体化的具体考核指标，并将其纳入学校的教学质量保证体系，以不断检验和提高产学研一体化。

在产学研合作的过程中，考虑到各方面的利益可知，产学研机构之间合作的基础是不稳定的。因此，政府可以在市场经济的指导下，大力提倡建立健全产学研合作机制。从具体实施的角度出发，我们要最大限度发挥非政府组织的动力，引导中介组织和机构为产学研合作提供风险保障，组织专家认真研究现有的合作创新结构，提取合适的产学研合作新方法，同时引导舆论优化产学研研究现状，最终促进三方合作社会力量聚集。在资本方面，我们需建立融资体系以确保风险资本的稳定性和平稳性，引入金融资本驱动力（如保险和银行），并建立一种协作驱动系统，以解决大学、企业和研究机构的利益等问题。基于相应的政策规定以及技术驱动，我们可以提供满足市场竞争需求的外部驱动，从根本上解决教学实践中缺乏市场评估、科研成果投放不足的问题。

（五）增强政府的宏观调控，推动协作环境的优化

因为产学研合作的环境无法得到保证，所以政府需要充分发挥自身作用，提供相关政策和资金支持。高校与科研院所协同创新合作的实施细则、政策法规，以及科技创新体系的建设，也应发挥一定作用，改善、解决制约产学研协同创新的各种政策瓶颈，促进政策和协作环境的优化。此外，从就业的角度出发，我们应强调和深化教育中的产学研作用。基于高职院校的内外部环境，我们有必要促使产学研在教育中的作用加深，彻底改变当前学生和学校对产业的认识。创新系统的作用和影响需被整合到产学研三方的认知中，并促使他们从各自的角度改善协作环境。

第四节　高职院校创业教育体系

一、高职院校创业教育体系发展现状

中国共产党第十九次全国代表大会上，习近平作了《决胜全面建成小康社会夺取新时代中国特色社会主义伟大胜利》的报告。报告中指出，中国特色社会主义进入新时代，中国开始走上加快社会主义现代化强国建设的新道路。在教育工程中，职业教育需要得到重点关注，职业教育是培养专业人才的重要渠道，必须紧密结合党的十九大思想内涵，与时俱进，创新发展。

"互联网＋"是新时代的特征之一，是当今知识社会的伟大进步与创新，也为互联网与传统产业融合新发展指明了方向。"互联网＋"时代涌现了云

计算、大数据、移动互联网等新形式和新的商业形式，同时新兴产业得到了迅速发展。另外，传统产业受到互联网的影响，也进行了"互联网＋"的变革，具体与先进的信息技术相融合，加速实现了升级与转型，使人们一贯的生产方式和生活方式发生了翻天覆地的变化。经济社会发展和转型表现为新常态，"互联网＋"快速发展创造了机遇，也带来了不少挑战，所以高职教育想要获得发展，就必须更新发展思路，坚持发展为第一要义，寻求新的发展道路，建立高校创新体系和创业教育系统。高职院校在提升学生的创新能力方面可以采取积极措施，为社会和企业发展培养创新型人才。

在"互联网＋"的背景下，知识经济充分发展。作为知识经济的灵魂，创新创业这个话题在全球范围内引发了热烈讨论。各国政府都开始重视创新创业教育。在国际环境下，我国出台了一系列促进高校创新发展的政策措施，体现出对创新创业教育的重视。

在国家创新创业发展的大背景下，高职院校需吸收国内外职业教育人才培养的先进之处，不断探索更多更有效的途径来提高大学生创新创业能力。自实施创新创业教育十余年来，高职院校掀起了大学生创业潮流，使他们迸发出了无穷的内在动力。现代大学生必须具备创新精神。高等职业创新和创业教育经过不断探索已经在很多方面取得了成功，但"互联网＋"和知识经济的发展速度太快，所以高职创新创业教育仍然需要不断努力，以切实达到创新驱动发展战略的实施要求。

（一）高职院校创新创业教育呈现自主式发展

当今社会的"互联网＋"发展迅速，而为了加快推进创新教育并使其扩大规模，也为了进一步培养企业家精神，中国政府需要更加重视宣传创新和企业家观念，用政策提倡的方式推进创新驱动的发展战略。在这样的大背景下，大学应进一步加大创新创业的改革力度。当前，我国大学的创新创业教育主要应用自主发展模式，而每个高职院校显然都有自己的特点。高职学院需结合当地经济文化建设发展的需求，创新和调整教育模式，培养社会需要的人才，进而推动社会发展。但是，在实际工作中，高校创新创业教育比较分散，没有专门的政策引导、资金支持，高职院校之间缺少友好交流，管理制度也不够专业。在这种形势下，政府、企业和社会就应当扮演好自己的角色，加强与高职院校的合作，丰富创新创业教育活动，共同构建创新创业教育体系。

（二）高职院校创新创业教育与外部的协同形式分散

当前，我国创新创业教育还有很大的进步空间，很多大学的革新性创新创业教育部门还没有体系化。在国家创新驱动战略的引导下，众多高职大学广泛设立了校企合作办公室、创业学院、创新发展中心等部门。同时，很多院校还设立了教务处和科研处，进行创新创业教育指导工作。尽管学院里有很多创新和创业教育部门，但是它们没有与外界形成紧密的联系。另外，尽管这些部门在资源共享、协调发展、相互合作、共同发展方面与社会和企业建立了一定的联系，但整个学院还没有形成统一的体系，许多部门对其他部门与外界建立的联系知之甚少。例如，校外创新创业发展总体情况缺乏统计，对外横向合作资金签约总量的各项相关数据不够明确，导致学校在需要根据这些数据汇总创新创业发展情况时无从下手，影响对创新创业教育活动的总结。由于创新创业缺乏统筹规划和统一管理体制，创新创业教育各部门之间的联系和支持不够紧密，所以联合工作不可避免就会出现很多问题。虽然在同一所大学进行创新创业工作，但各方发展只由各自管辖范围内的部门负责。高职院校缺乏对创新创业教育的整体规划，阻碍了学生创新创业活动的持续推进。

二、高职院校创业教育体系构建

（一）"五位一体"创新创业教育体系

1."五位一体"全面分析

"五位一体"中的"五位"分别指的是政府、各行业企业、高职院校、科研单位、市场及社会这五个方面，而这五个方面结合为一个整体，相互融合相互促进，相互联系，所以才有了"五位一体"这一概念。

（1）构建"五位一体"联动机制，形成合作的长效机制

我们需从宏观层面构建权力合理分配、利益共赢、责任共担的高职院校办学合力机制，同时构建"学园城"（即学校、园区、城市）一体化平台，以借契约化管理确保校企一体化的深度融合，破解校企合作体制层面的问题。在"五位"中，政府作用体现在办学、项目和资金指导上；企业价值体现在充分参与学校教育过程指导上；学校为教育和社会服务的主体；科学研

究是五位一体品质和五位一体动机的保证；市场和社会是评估和测试校企融合培训人才素质工作的起点和终点。"整合"是目标，是一个"教育服务利益联盟"，是各种要素的有机整合。产学结合促进了校企结合中的教学规律研究。通过对专业建设和课程建设改革的研究，我们可以促进"校企一体化教育过程"取得教学成果，建立"教学生产过程"和"生产性教学过程"的"链式体系"，促进学校建设。在人才培养过程中，学校与企业共同担当着育人的使命。

（2）全面推进产学结合，促进质量监控与评估相结合的教育改革

五位一体化办学模式实际上是生产与教育结合的综合教学模式、理论与实践结合的综合学习模式，突出了专业核心能力、工作转移能力和可持续发展能力的培养。"链式系统"的建设解决了五位一体化中教与学有机融合的问题。针对教育学科的教学过程和生产学科的工作流程，我们可以通过节点关联和保护双方利益来促进五位一体化。五位一体化的有效性和质量评估研究至关重要。通过构建五位一体化评价体系，我们可以将自我评价与第三方评价结合起来，可以提升人才培养质量，深化产学结合战略，促进产学结合建设与发展。

（3）高职院校的整合机制，为社会培养人才战略提供了保障

构建五位一体化的办学机制还可以从完善管理政策和建立健全科研服务良好机制入手。

①完善科研奖励制度

我们可以从科研管理政策的角度进行"短期指导"，调整学校的整体绩效经费分配计划，减少与工作量相对应的个人津贴，甚至废除与工作量相对应的部分津贴收入制度，进而将这些著作更高层次的科学研究项目、论文和其他成就的倾斜奖励来源，以鼓励和支持科学研究的发展。这涉及对科研奖励制度文件和绩效经费分配计划的调整和完善，需要科研人员、会计和财务部门的合作，需要学校从上到下重新调整设计。这使一些擅长科学研究的教师能够在短期内高效学习。

②完善考核聘任制度

从考核与任用政策的角度出发，我们应采用"中期指导"来调整和完善学校的考核与任用制度。根据学校实际教学、科研和社会服务实际布局的需要，我们有必要推出"重教学""重科研""重社会服务""重教学研究""重

管理与科研"等系列政策，对教师进行"分类培训"，同时分别安排和设置与各类职务相对应的评价指标和任用指标。指标的数量和特征应与职位类型的特征相对应，并针对教师的职业发展，为其未来发展提供更多可能性。这使一些擅长科学研究的教师可以在中期安心从事研究。

③完善职称评价体系

我们应从职称评估政策的角度提供"长期指导"，对学校的职称评估体系进行调整和完善。在职称评估中，我们可以在原有教学、科研和社会服务评估指标体系的基础上，适当增加新的评估指标，删除不适应新时代学校发展需要的过时的评估指标；在原有评价取向的基础上，适当调整人才职称评价的取向，将教学科研价值取向转变为内涵建设和社会服务价值取向的延伸，体现了学校出口科研服务以促进社会和经济发展的愿景。这使一些擅长科学研究的教师长期有心力进行研究学习。

2. "五位一体"基本内容

"五位一体"创新创业教育系统以"一对一"作为指导实践的核心，重点在于促使学生基本的创新创业能力迅速提升。"五位一体"的主要内容有以下几点：创业实践、模拟体验、团队支持、协会互助和课程指导。这些过程相辅相成，构成了高职大学的革新创业教育系统。其中，协会互助的主体是高职学院各种创新创业社团，这些社团在学校的统一管理和指导下成为了学生创新创业活动的基础平台，而创新创业教育与学生社会团体结合显然更益于有效管理，可以让学生在实践中提升创新创业能力。相关课程要围绕创新创业教育这个主题，促使学生丰富相关知识备储，进而对创新创业知识结构形成更加清晰的认知，最终实现既定发展目标。模拟体验主要为学生提供机会，让他们进行创业项目的试运营，丰富其个人在创新创业方面的体验，引导他们发现并完善自身不足，从而为未来的创业发展打下良好的基础。团队支持主要是指企业家团队的内部支持。教师可以选择有竞争力的创业团队，帮助进行创新创业教育，提升教育质量。创新创业实践帮助学生将课上习得的理论知识用于实践。高职院校要做的是提供实践平台，让学生掌握足够的创新和创业技能，在未来能够促进社会的发展。

在"五位一体"创新创业教育体系中，"一体"和"五位"联系紧密，"五位一体"以核心目标为中心逐步发展，促进教育效果螺旋上升。"五位一体"创新创业教育体系离不开课程引导。高职教育体制改革的一个重要部分就是积极开展课程改革，创设精品课程，培养高素质人才。在高职学校，学生社团很常见，是一种深入学生的学习组织。因此，高职院校应该在建设社团上下功夫，充分利用团体互助模式，帮助学生自主建立社团。创新创业一体化平台让创新创业教育的形式更加丰富。革新创业教育与队伍内部的支持息息相关。各类学生创业团队决定着高职学院创新创业的发展水平，而队伍的发展则和创新创业教育的质量直接相关。因此，高职院校应注重创造良好条件帮助团队发展，为团体提供更多创业模拟体验机会，让学生的实践机会更多，进而提升能力。

构建"五位一体"创新创业教育体系时，教师教学的核心应当放在培养学生的创新创业基本能力上，同时教师应将为了学生发展的思想贯穿于整个教学过程，指导教学实践。"五位"是互联互通的创新创业教育体系的主要内容。在教学过程中，教师要从课程出发，对组织团体进行进一步管理，创设模拟体验活动，致力培养具备创业能力和创业意识的学生组织。另外，教师还要为学生创造丰富的机会进行创业实践，及时检验创新创业教学质量，发现问题并及时调整。教师需在教育方面不断创新发展，努力提升学生的核心竞争力。

3."五位一体"创新创业教育体系建立的策略

（1）以内部组织为主要保障

为适应社会发展，高职院校加大了创新创业教学的投入，给予了校内外创新创业资源更多重视，并对其进行了有效利用，接着建立创新创业学院，有效实施创新创业教育，最终实现了全局管理。同时，许多高职院校还涌现了一批专门的创新创业组织。一些老牌组织与其他组织之间往往存在隶属关系，会在一定程度上阻碍创新创业领域的培训活动。因此，高职院校必须结合实际建立和完善组织结构，创建以学校为主导的创新创业领导小组，使内部人员分工明确，完善创新创业教育，规范创新创业教育。

（2）加强教师队伍建设

教师的地位极其重要，因为其保障着高职院校创新和创业教育的质量。教师的综合能力与创新和创业教育实践有着直接联系。因此，高职院校应建立一支高素质高水平的教师队伍，使教师在创新创业教育中担当大任，同时还要持续帮助教师提升综合素质。在新时代，除了扎实的专业基础知识外，教师还需要跨领域了解多方面的知识，以帮助学生通过系统学习来适应社会的需求。高职院校在建立创新创业教育体系的过程中，要对教师专业技能提出更加严格的要求，扩展教师资源，引导教师不断完善自己，丰富知识结构，同时让教师多到企业实习，积累经验，在实践中了解企业。在教学过程中，教师要积极结合自己的实践经验，帮助学生在未来创业或就业方面做出正确的选择，使学生对创新创业有更深的认识。同时，高职院校要加强与企业的合作，聘请知名企业家分享经验，让学生及时了解有关产业和社会经济发展的最新信息，并组织学生进行定期实习，让学生接收最新的发展消息，提升创新能力。

（3）建立完善的课程体系和实践平台

相关课程仍是创新创业教学的中心。教师应合理组织课堂内容，改善每个教学环节，使学生了解各种隐性、显性知识，进而将理论知识很好地用于实践。教师应注意解决传统教学系统中的问题，改进教学内容，保证教学质量。同时，高职院校要提高对校内外资源的利用率，为学生创业活动搭建平台，积极建设学生进行创业实践的场地，进而定期或不定期地举办创业竞赛，为学生增加创业机会。

（二）高职院校"三全育人"创新创业教育体系建构

2017 年 12 月，中共中央教育部党组织印发《高校思想政治工作质量提升工程实施纲要》（以下简称《纲要》），《纲要》强调了应当实施"三全教育"，即全员教育、全程教育、素质教育。"三全教育"是高校思想政治教育有效模式。国家倡导要积极实施"三全教育"，提高思想政治教育质量。高职院校创新创业教育在课程中渗透思想政治内容，与"三全"教育模式内在契合，所以其可以通过全员教育、全程教育、素质教育建设，完善创新创业教育体系，有效变革创新创业教育活动。

1. 全员教育

"全员教育"要求高职院校全体教师明确创新创业教育中教师的主体责任，解答了创新创业教育中"谁来做"的问题。

（1）内涵澄清与责任明确

因为创新创业教育的本质具有特殊性，所以可由高职院校的教务研究部门牵头进行创新创业教育改革。第一步要明确两个核心概念：一是创业与创业精神有区别。创业精神是指人们源于内心的行动动力，强调有能力做而不是实际去做；创业强调把思想付诸实践，真正去做，实际参与。二是创新教育与创业教育有差别。创新教育是知识教育、能力培养和素质培养的有机结合。创业教育以创新教育为基础，规定了创新教育应当达到的更高要求。它是一种教育模式，旨在鼓励学生以自己的创新能力和专业能力为基础，实现高层次、高技术的创业实践。也就是说，创业以创新为基础。创新创业教育既可以用于培养企业家，又能用于培养全体大学生创新创业的意识和能力，它是一种素质教育。因此，高职院校应立足于学校的发展，以教务处为领导部门进行创新创业教育改革，修订人才培养质量标准，切实保障创新与创业的有机结合。另外，创业教育与职业教育、生产教育相结合显然是很有必要的，同时教师团队还要积极与团委、后勤管理办公室、招生就业办公室等部门配合，积极开展创新创业教育实践活动。

（2）建设"三导师制"的创新创业教育师资体系

"三导师"由三个部分组成：一是由招生就业办公室人员和学术事务办公室人员组成的"生活导师"；二是由专业教师组成的"学术导师"；三是以校外创新创业者为主的"创新创业导师"。"三导师"充分发挥各自优势，互相补充，共同促进学生的进步和发展。其中，在渗透创新创业知识和政策、培育创新创业理念和精神、规划职业发展等方面，招生就业办公室、教务处等相关职能部门发挥主要作用；专业课程教师在专业课程内容上更加注重创新与创业，注重创新与创业知识的传授和项目实践，注重寻找可能的创新点，帮助学生建立起对就业创新的清晰认识，鼓励学生依靠自己的专业知识，在工作和创业中实现创新；校外的创业创新者注重实践指导以及项目的孵化，可以帮助学生按照项目计划从事创业活动。

2. 全程教育

"全程教育"反映了创新创业教育的对象维度和时间维度，解决了"为谁"和"何时"的创新创业教育问题。

（1）创新创业教育是一种全普及的教育

创新和创业教育对于企业家和员工同样重要。从服务职业教育现代化和国家创新驱动发展战略的角度出发，高职院校应根据教育部要求对《高等职业学校专业教学标准》进行修订。技能培训要围绕创新创业教育规划要求、人才培养质量标准和创新创业质量能力的具体要求。高职院校要做到教育覆盖面广、重点突出，为全体学生提供吸收基础知识、创新创业所需的时间和学分。有潜力、有想法和有需要的学生将获得个性化的创新创业培训和实践支持。

（2）创新创业教育是一种连贯性教育

高职院校注意在三年制大学教育教学的全过程中逐渐渗透创新创业教育，为学生的职业发展奠定基础。第一阶段是普及教育，相关教学主要是为了激发学生的创造力；第二阶段主要是引导和鼓励学生参与竞赛、活动和商业实践项目，培养他们将想法化为实际的行动力；第三阶段主要通过实践训练引导学生在实践中应用知识，并将其转化为能力和素质，鼓励学生在实践中积极探索，培养创新精神。

3.素质教育

为确定创新创业教育的内容维度和范围，"素质教育"要特别注意创新创业教育在空间上的完整性与全面性，而且它给出了"怎么做"的答案。创新创业教育改革应注重课程教育、实践教育和文化教育的相互补充。

（1）课程育人

高职院校要促进创新创业课程体系的多元化发展。学校还要为学生提供创业训练、创新思维训练等热门理论课程，让学生的创新意识和创业精神得到激发；探索和丰富各类创新创业职业培训课程，围绕学生展开教育，创新教学模式，使学生在参与项目教学过程中提升创造力；保证与企业的合作有效发展，同时充分发挥学校的培训功能，开发创新创业实践高级课程。

（2）实践育人

高职院校要增加和扩大创新实践平台，创设实践环境。相关部门应该对高新技术开发区、大众创造空间、大学生孵化基地等创业平台进行充分整合，开拓创新活动和创业培训新形式，团结一致深入开展实践育人活动。高职院校可以借助互联网开展大学生思想政治教育，构建红色梦想旅游活动，引导大学生将创新实践与扶贫结合起来，通过创新创业帮助老区实现脱贫。另外，高职院校还可以建立一系列校外培训平台，充分发挥职教集团和校企合作企业的作用，多进行创业技能培训活动。

（3）文化育人

高职院校可以通过文化育人塑造文化基因，开拓创新，创造卓越人才培养成就。校园文化的发展为教育活动创设了一种特别的精神环境和文化氛围，而这能够在不知不觉中感染和培育学生。高职院校应将创新创业教育的内容作为校园文化建设的一个方面，使创新创业精神作为一种校园文化潜移默化地影响学生。高职院校依托大学生的创新创业竞争、职业技能竞赛、主题沙龙等活动，促进校园文化建设，培养学生积极创新意识。高职院校要充分发挥大学生协会等团体的作用，采取"一批人带动一批人"模式发扬创新创业精神。在日常教学活动中，教师要创造机会宣传典型的创新创业人物，将不断进取、积极创新、英勇奋斗的文化精神渗透于校园文化之中。

4. 基于三全育人理念的课程思政教学改革

（1）将三全育人理念融入课程思政教学中

随着思想政治教育和专业学科教育改革的不断深入，高校教师增加了对思想政治课程的重视程度，进而全面认识思想政治课程，把思想政治工作有效地渗透到了整个教育过程中，只为最终顺利实现全程育人、全方位育人、全员育人。

2014 年以后教育界出现了"课程思政"的概念。"课程思政"起源于上海相关大学的探索。当时，一些高校存在思想政治理论课程与其他课程割裂的现象，针对这一问题，有人提出了开发利用相关思想政治教育资源，将思想政治教育课程融入所有课程中的解决办法。随后，"课程思想政治"的概念频频出现于教育部有关文件和领导讲话中，并逐渐在高校道德建设工作中受到重视。

从高校思想政治工作出发，高校教育的根本问题是应该培养什么样的人，如何培养和服务于谁。这也是一项重要的政治任务，是一项与中国特色社会主义事业紧密联系的战略部署。所以，思想政治工作要贯穿于高校教育教学的全过程，要渗透于高校教育教学的方方面面。在高校思想政治工作中，我们要充分重视思想政治教育，坚持社会主义教育方向，用科学理论指导教育实践。在实际工作中，教师应积极引导，重视学生作为自我教育指导员的主体作用。从教育原则的角度看，教与学在本质上是统一的。东汉许慎在《说文解字》中阐述道："教，上所施，下所效也""育，养子使作善也。"当"教"和"育"结合为一个词语，就说明教育过程包括知识的传授和人格道德的培养。我国教育家竺可桢也提到："教者传授知识也，育者培养思想品德也，教中有育，育中有教。"

高校思想政治教育以青年学生为对象，着眼于学生成长。因此，教师必须将学生放在教育教学的中心，贴近学生进行思想政治教育，关注实际问题的解决。针对不同阶段、不同群体学生开展教育工作，以及解决实际问题的同时，教师不能忘了解决他们的思想问题。高职院校必须推行灵活、丰富的教学形式，以避免教师教学中出现重复和机械灌输现象，同时要注重培养师生积极的思维方式，以学生的成长为中心，以学生希望看到的方式和感兴趣的方式进行思想政治教育。高职院校的教育教学应关注学生的人生观和价值观，使学生坚定社会主义基本价值观信仰，最终帮助他们树立正确的人生观和价值观，促进学生全面发展。

因此，思想政治课程教学就要把教育思想渗透到教学过程始终，把教与学结合起来，采取全过程、全方位、全员参与教育模式，益于达到既定目标。针对高校思想政治理论课教育效果不明显的问题，高职院校要重点思考思想政治理论的概念，让"课程思想政治"遵循思想政治教育和学生成长的规律，积极探索专业课程的思想政治教育功能和高校思想政治理论课程有效实施渠道。因此，学科专业课程的"课程思政"往往是学科教师关注的重点。

（2）课程育人实施策略

首先，教师在"课程思政"中发挥的作用非常重要。在实际工作中，教师应当引导学生自我净化、自我完善与自我革新等。教师教学不能是形式主义，也不能是单纯的知识教学，而要真正体现教师这一职业的意义，即教书的同时育人。思想政治课程实施的实际效果与教师道德素质的高低有着很大关系。如果一个教师总是及时地反馈和总结学生的作业，认真对待每份作业和每个问题，不敷衍也不忽略，那么学生自然会给予其相应的尊重。

在育人方面，教师的行为比言语更重要，因为自律严格、以身作则的教师本身就可以积极引导学生品德优化。扎实的专业知识、较高的学术素质和对学科专业发展的关心，是高校教师实现"教学"的基础；严格自律、以身作则、良好的政治理论和专业精神，是教师实现"教育"的前提。高校的教师必须坚持接受教育，并努力成为先进思想文化的传播者和党的政策的坚定支持者，而且其只有依靠美德学习和教学，才能更好地帮助学生完成健康成长的使命。

其次，在课程中实施思想政治教育，必须着眼于问题。大学阶段学生往往被各类思想问题围绕，所以教师就要顺着思想政治课的方向，汇聚育人力量，帮助他们及时有效地解决问题。所有其他课程必须保持一个良好的结构，并确认责任领域，以便和思想政治理论课程朝着同一个方向发展，形成协同效应。只有立足实际问题，我们才能促进人才教育与德育深度结合，加强学生人格塑造、道德修养和思想引导。即便面对的是微不足道的小问题，教师也应该对学生进行教育。比如，对于下课后清理黑板、打扫教室的问题，老师不问，学生就不会形成相关方面的习惯。如果老师问，那么就会有学生来处理这个问题。许多问题都很小，但我们应该看到问题的深层含义。从具体问题入手，学科教师可以在传播专业知识的过程中使学生的道德素质得到提升，并在整个过程中全方位地指导全体学生综合发展。

再次，课程教学应以专业为基础，这样不但能够促进知识教学与人格培养深度融合，而且能够促进两者同向发展。这就对教师提出了要求，即要求教师同时明确知识目标和育人目标。从专业知识教学入手解决具体的问题，可以使学生接受正向的思想道德和价值观教育，增加专业知识储备。这与专业课的"思政化"或"标签化"是有区别的。

例如，在《方志学》教学过程中，教师不能仅从识别、使用地方志和史料的角度出发，进行课堂教学，而应通过一定时期内发生的事件为学生梳理真实的历史关系等。这就促使学生自觉置身于现代历史语境对传统历史进行反思，形成唯物史观，从而培养自身在学术方面的探索能力。同时，高职院校要设定德育目标，指导学生学会节约时间，学会思考，培养良好的学习习惯，从而形成良好的学风。

最后，课程教学要回归到教学的特殊内容。人才培养必须是教学和育人相统一的过程，为实现"以人为本，以道德为基础"的目标，我们应提高大学教育中"以道德建设为基础"工作的有效性，使各学科专业课与思想政治教育深度融合，充分发挥专业课程的思想政治教育功能，而这显然是探索高校思想政治课程，形成育人力量的有益途径。

专业课教师在实施思想政治教育时，应正确认识专业课程和思想政治的关系，找准专业立足点，结合实际问题，在教学工作的全过程整合思想政治教育，承担起专业使命，全心全意培养全面发展的社会主义建设者和后继者。

三、"互联网+"背景下高职院校创新创业教育体系构建方法

"互联网+"的发展深深影响了职业学校创新创业教育体制的改革。在高职院校创新创业教育改革进程中，特别是在构建高职院校创新创业教育体

系方面，明显存在一些需要解决的问题。高职院校创新创业教育体系的建设可以分为内部和外部两种。外部制度建设可以促进高职院校创新创业教育与政府、企业和社会力量全面融合；内部体系的建设可以提高高职院校创新教育与创业教育的整体融合。促进高职院校创新创业教育管理体系和教学体系的融合与共同发展，有助于实现预期大学生创新创业能力培养目标。

（一）高职院校外部体系的构建方法

1. 高职院校创新创业管理体系的构建

政府组织建设高等职业学校创新创业管理体系，需收集有关高等职业学校创新创业发展的信息和资源，通过"互联网+"实现信息的交流与共享。发展高等职业教育创新创业，可以使同类高校对合作创新创业教育产生更深刻的认识，进而通过相互学习拓宽创新创业教育的思路。同时，创新创业管理系统还可以提供政府引导和资金支持，提供社会和创业人才信息，引导高校根据政府需要组织开展创新创业培训活动。

2. 高校创新创业资源共享平台系统的构建

"互联网+"时代的到来推动了高职教育的变革，也为高职教育的发展带来了挑战。"211"和"985"多所高等院校集中了高质量的师资和教育资源，相比之下，高职院校的教育资源还需要进一步丰富，来满足创新创业教育的需要。因此，高职院校应当不断加强校企合作，开拓更多的资源，创造发展条件。建设创新创业资源共享平台系统，可以使高素质教育资源开放共享，效益最大化，有效缓解高职院校教育资源匮乏的问题。创新创业资源共享平台系统可以增进院校之间的交流合作，使他们实现资源共享。共享平台系统还可以促使高校与社会实现资源数据共享。高职院校可以利用该平台对企业的用人需求做出分析，以及时对人才培养计划做出符合时代发展的调整，提高人才培养质量，使人才更符合企业需求，进而推进社会发展和企业建设。

（二）高职院校内部体系的构建方法

1. 内部管理体系的构建

当今社会"互联网+"迅速发展，在此背景下，许多高职院校都针对创新创业教育建立了一套内部管理体系，使各个部门的创新创业管理实践都得以统一优化。例如，高职院校需建立创新创业教育管理部门，负责管理学院学术事务处、科研处、创业学院等各个部门的创新创业工作，同时各院校还需建立大学创业办公室、校企合作办公室以及所有与创新和创业相关的部门。在"互联网＋"背景下，高职院校可以开发和管理网站，以展示与公司合作开发的课程相关的主题研究、培训、实践、创业竞赛等。这样，大学负责人可以利用网络对整个学院的创新创业情况进行调查，并与国外单位合作，为学生创新创业学习、实践培训提供更多资源和渠道，及时纠正其创新创业工作中的误区；学生可以随时在网站上查看创新和创业课程相关信息、创新创业培训的条件或者创新创业相关的技能竞赛等，并可以独立选择参加感兴趣的活动。由于互联网具有强大的信息功能，所以高职院校的创新创业教育通常能够取得更好的成果，使创新创业教育内部管理体系的建设得到完善。

2. 内部教育体系的构建

高职院校毕业生数量众多，但仍不能满足社会和企业对创新人才的需求。这一矛盾表明，高职院校创新创业教育体系亟待完善。为了使就业市场的结构性矛盾得到缓解，每个高职院校都需要建立创新创业教育体系。在当今"互联网＋"背景下，很多高职院校建立了内部教育体系，全面把握市场对创新人才的需求。另外，高职院校还需建立科学人才培养体系、教学体系、师资培养体系以及实践体系，促进各制度相结合，从而顺利完善创新创业教育制度。在目标人才培养体系中，创新和创业能力是衡量培训质量的重要指标。高职院校要结合本院校的实际情况，以人才培养目标为导向，努力培养适应区域发展的创新型人才，保持人才供给与发展平衡。高职院校要在信息化与创新创业教育有机结合的背景下推动创新创业教育精品课程建设，使职业教育和"互联网＋"有效结合，建立创新创业网上开放课程和学分制；建立健全教师培训体系，完善师资力量，在具有理论知识的教师和实践经验丰富的企业家的共同帮助下，提高"互联网＋"时代学生的创新意识、创新思维和创新能力；利用"互联网＋"技术开展一系列创新创业实践培训活动，在实践中指导学生学习。完善在线和离线创业实践平台，可以使大学生借助互联网体验在线投资、营销和其他实践培训，改变传统的实践方法。通过构建教育资源共享体系，建立专属创新创业数据开放共享平台，学院内部也可以对创新创业资源进行交流共享，加速"互联网＋"背景下智能校园的建设进程，提升学生的创新创业能力。

第五章　高职院校专业课程质量管理

第一节　高职教育专业课程介绍

一、高职课程的概念

学校教育实际上就是课程的实施，课程规定了教学的内容。教育的特点和作用被集中体现在课程上，所以课程也是教育活动的核心。每个学者对职业教育课程概念的理解都不一样。职教课程在美国职业教育课程专家，如 Finch 和 Clen Kilton 看来，就是学校安排和指导特定学生进行学习活动，获得学习经验。在澳大利亚职业教育课程专家 Mike Jameson 等人看来，职业教育课程就是学习者通过接受其他人传授的一系列学习经验来达到获取一定的学习成果的目的，但是学习者所接受的这一系列学习经验是取决于一定教育和社会经济背景的。在我国的职业教育专家姜大源看来，职业教育课程是教学内容的载体，主要包括两种类型的应用知识：一是"陈述性知识"，它与事实、概念以及理解、原理等相关；二是"过程性知识"，它和经验策略相关。

现代高等职业课程的中心是能力，由三种不同性质的课程组成：告知性课程、识记性课程以及操作性课程。其内容为教学目标、教学内容、教学方法、教学手段与教学媒体等，表现形式为教学计划和教学大纲。高职院校通过引导学生参与学校学习、企业实习、使用现代教学技术中的网络知识信息平台进行交流以及使用虚拟教学中的仿真技术进行训练来实现课程教育目标，即在各类教学活动中培养高技能人才。

高等职业教育一般情况下根据岗位设置专业，比较重视培养能胜任某一个职业岗位的技能和操作，相对来说，它更像职业资格教育。高等职业教育所要培养的人才是高技能的、专业的，且具备某一方面的技能。高等职业课程按照高等职业教育的内涵和特点设置。它基于专业培训目标、高等职业教育的内部、外部规律和国家职业资格标准，需要在规定的学制培养出能够不断学习的高技能专门人才，这些人才的知识、能力、情感和身心与人格均健康发展。高职教育的教学内容及其安排也是建立在此基础上的。

二、高职课程的基本理念

现代高等职业教育课程"以能力为中心"，而培养人才必须要经过课程教学。高职院校课程内容和教学环节设置都不能脱离培养社会所需专业人才这一目标，因此其就必须参考学生将来要从事的职业的能力要求。高等职业教育的主要目的是培养高水平应用技术人才，也就是高技能人才。高技能人才不仅要具备专业的基本知识和技能，还要能够对它们进行实际应用。换句话说，高技能人才的鲜明特点是实用性和实践性；高等技术应用型人才是他们的规格特征，可以说他们具备明确的高层次性；他们的职业特征是"高级蓝领"（也就是操作群体里的管理者）、"应用型白领"（也就是管理群体里的运行者），又被叫作"灰领人才""银领人才"；他们的行为特征是应用知识和技能，是建立在"应知"基础上"应会"的智能性行为，而不是机械地模仿和简单地劳动。所以，如果想要培养高技能型人才，高职院校需要重视三个方面，一是引导学生学习够用的理论知识，二是培养学生必要的实践技能，三是要使学生具备综合的专业能力和素质。上述这一点基本和联合国教科文组织"国际教育标准分类（ISCED1997）"中的 ISCED5B 教育目标一样，而在层次、类型、目标和课程方面，ISCED5B 和我国的高等职业教育也具有一致性。综上可知，高等职业教育的毕业生在生产经营中主要从事的是技术应用和管理工作，我国培养高技能型人才主要通过高等职业教育来实现。

三、高职课程的基本构成

现代高等职业课程由三种不同性质的课程组成，包括告知性课程、识记性课程和操作性课程。许多类型的课程在长期的课程理论和实践研究中已经形成。其中，最具影响力的是"学科课程与经验课程""分科课程与综合课程""核心课程与边缘课程""必修课程与选修课程""直线课程与螺旋课程""显性课程与隐性课程"等。告知性课程的学习内容涉及专业基础和外围学科知识。通过学习告知性课程，学生可以拓宽视野，扩大思维空间，增加知识储备。通过这种方式，我们还可以培养学生的素质，为学生以后发展奠定基础。告知性课程里的很多知识，包括选修课程和素质教育隐性课程，都可以在大众媒体中学习，关键是教师要提供相应信息。学习识记性课程就是让学生学习必要的文化和专业知识。高等职业教育培养的专业人才首先要具备的就是相对广泛的专业理论知识。当然，只有这些还不够，其还要在这个基础上培养学生专业必需的技能和相关能力。识记性课程涉及的大多是相关专业的基础知识，如必须熟练掌握的法规、规范、条文、定律、公式和工作程序。学生如果无法熟练掌握上述知识，那么就无法熟悉专业常识，更不用说拥有专业能力和实践应用能力了。识记性课程，如生产工艺课程，在高等职业教育中是必修的，居于课程的核心地位。操作性课程把高职和普通院校教学区分开来，是高职教学特有的，而且必须要落实在实际操作上。如果想要通过高等职业教育培养应用型人才，也就是说，如果想要学生拥有进入职业岗位（群）的能力和技能，操作性课程和实践培训则必不可少。学生不仅可以在学校和企业参与实践培训，还可以通过公共技能训练中心提供的现代仿真技术训练进行实践培训。

四、高职课程基本特点

高等职业教育无论是要发挥特殊功能，还是要发挥基本功能，都取决于高等职业课程。高等职业课程的特点有以下几个方面。

（一）课程目标的职业定向性

高等职业课程和其他课程所不同的就是它的职业定向性。别的高等教育的职业性质只是基础性的，且它们的毕业生就业范围比较广，而高职院校学生所学知识局限于特定的职业领域，但不是特定的岗位，所以被叫作"专业"教育。基于这种课程目标，开发高职课程就有了特殊要求：课程目标的来源是职业调查和职业活动分析，而不是学科和书籍，它的目标是满足该职业目前和近期的需求。

（二）课程内容的技术应用性

虽然高等职业课程具有职业定向性，但这并不是要让学生学习低层次的知识或更简单的技能。虽然高等职业教育的产生与发展是因为高科技的发展和广泛运用，但是高等职业课程涉及的技术并不是基础科学知识，而是应用技术。只有有机结合高等职业课程的开发、应用技术的开发和运用，让课程的开发、实践完全摆脱学科本位，我们才能达到这一课程的内容要求。

（三）课程组织的实践综合性

实践综合性并不意味着我们要训练学生简单的操作技能，而是应该着眼于运用与开发更能满足实际需求的技术，并全面安排各种课程内容。在组织课程时要注意，高等职业课程必须具备情境设置、学生活动安排以及技术信息呈现等环节，课程单元应该有清晰的学习目标、结构合理的学习内容、有利于目标实现的简单有效的评估方案。

（四）课程实施的产教结合性

把生产和教育结合起来是实施高职课程最有效的方法，但是这并不意味着理论课和实践课被进行简单的"双元"并列，而是围绕着技术开发与新技术的运用，把技术知识和一线实践结合起来，即把生产、学习、技术开发与应用这三方面有机地融合在一起，建立集生产经营、教育培训、技术开发于一体的体系和机制。这样，无论是企业的发展，还是教育的繁荣，都取决于技术开发，那么他们就可以实现共同发展了。

五、高职课程的组织方式

在中职与基础教育之后，高等职业教育才开始进行。高等职业教育能够进一步巩固和完善学生的人格。在这个前提条件下，高等职业教育要着重培养学生的能力，尤其是专业能力。通过素质分析的结果我们可以看出，必须要内化整合知识、态度和技能，才能形成素质和能力。因此，组织现代高等职业课程时，各院校要以能力选择多元化的综合性课程为基础。只有整合告知性课程、识记性课程和操作性课程这三种不同性质的课程，我们才能使课程结构综合化、模块化。这样一来，各类课程的优势就可以被充分发挥出来，原来单一学科分段学习的缺点也被克服了。这样更能够适应课程的个性化，有利于为人才建立合理的知识和智能结构，以使培养出的人才更具有应用和创新能力。组织高职课程要压缩必修课程，增加选修课程，精简专业课程，并提供结合实际的、和高等职业培训目标有关的课程，如经济和管理等。这些告知性课程可以培养学生的计算机能力和英语方面的能力，使他们知识更加丰富、适应性更强。高等职业课程一般分为两种结构，分别是模块结构和一体两翼的课程结构。模块结构就是该专业制订一项通用的教学计划，学生可以按照一定专业方向上课以确定专业方向。传统的三段式课程体系由文化课、基础课和专业课组成，而一体两翼的课程结构则是由核心课程、工具课程和非核心课程组成。核心课程一般每个专业少于十门，主要包括重要的告知性课程、识记性课程和操作性课程；工具课程就是指英语和计算机等；非核心课程就是其他的相关课程。各院校要尽量缩小、丰富课程，而且每个课程的总学时不应过多。课程不仅要设计较广泛的专业领域，还要能够展现科学技术的最新发展。在设置课程时，基于满足行业职位对知识和能力需求的目的，我们一定要牢牢把握专业培养目标。学生在学习课程之后应具备两方面的能力：多岗位转换甚至职业内涵变化、发展所需的知识和能力以及知识内化、迁移和终身学习的能力。要提高社会实践能力，学生可以通过"学习—工作—学习"的方法，掌握操作性课程。高职院校应以产学研相结合的方式实施操作性课程，使其教学时长约占总教学时长的40%，同时所开设的综合性课程必须符合素质教育的要求，能够提高学生人文素养，培养他们的自学、创造和创新能力。在这个过程中，我们需要结合现代的教学方法和手段，通过网络知识信息平台进行交流，并通过虚拟教学中的仿真技术进行训练，着重培养学生的职业能力，从根源上脱离传统教育，即围绕课堂、教材和教师展开的模式，突出现代高等职业课程的特点。

第二节　高职院校专业课程设计与规划

一、高职教育课程体系设计

（一）高职课程体系的定义

高等职业课程体系具有开放性、周期性的特点。它基于高职教育内部和外部规律，基于社会需求发展起来。它的依据是职业资格标准，并由学生知识、能力、情感以及全面可持续发展作为引导。高等职业课程体系的元素包括课程观、规划、开发、管理、评估和更新。它是一个相互联系、功能明确、结构合理的有机整体，有助于高等职业专业培养目标实现。

（二）高职课程体系的组成元素

只有结合高等职业的特点，系统地分析它的"衍生概念"，使高等职业课程体系的元素和内涵更具有准确性、科学性，弄清楚各个元素的结构、功能和它们的关联，我们才能科学地确定高等职业课程体系的要素。要确定高职课程体系，我们就必须进行系统分析，全面考虑职业教育课程的特点和制约因素等。高等职业教育课程观、高等职业课程规划、高等职业课程开发、高等职业课程实施、高等职业课程管理、高等职业课程评估和高等职业课程更新这七部分组成了一个有机的高等职业课程体系。课程观就是对整个课程问题整体上的看法，课程规划等的世界观和方法论就建立在课程观上；课程规划是基础，课程的开发方向和质量就取决于课程规划；课程开发是核心内容，是课程实施的前提条件；课程实施，简单来说就是教育教学活动，学校要根据课程开发形成的文件、进度和教材安排等进行教育教学活动；课程管理、课程评估与反馈穿插在整个课程中。

（三）高职课程体系的建设

建设课程体系应以高等职业教育的内涵、人才培养的目标和规格为前提。也就是说，课程体系的建设应以各课程相互联系为基础，同时结合生产实践；应注重实践技能，同时注重理论、知识和能力的培养；应时刻敦促更新教学内容，加强学校与社会之间的联系，整合并优化课程体系。

1. 实现课程结构综合化、多样化和模块化

我国在建设高等职业院校的课程体系时，观念和实践两方面都需要转变。传统教育相对来说更专业和统一。但因为课程过于专业化，学生的知识也比较狭窄，很难有新突破；又因为课程的统一化，培养人才的方式也很单一，不能因材施教，进而导致学生的个性和创造力难以发展。实施全面、多样、模块化的课程能够使专业对口教育变为增强型适应性教育。通过合理整合相关学科，发挥学科课程的特长，学校教育可以克服以前单一学科分段的弊端，而学生也可以学习到完整的知识结构，并适应突然增多的知识。可以说，课程的模块化使课程结构更灵活。课程结构的综合化和模块化能够使应用型人才具备合理的知识和智能结构，还可以使课程更加个性化。

2. 注重实践能力培养

高等职业教育的目标是培养应用型技术人才，而这些人才要在生产、服务、管理的第一线发光发热，所以对他们来说，学习技术很重要。如果高等职业院校想使培养出的高素质人才更适应现代社会，只教授专业知识和技术是不够的，其还需帮助学生树立正确的技术价值观以及合理使用技术。高等职业课程的建设要和技术发展、社会进步相适应，以培养学生的技术伦理观、陶冶品德、培养学生实践能力为目标。课程目标不再只是训练技术技能，而更在于培养实践智慧，把训练技能和培养道德结合起来，让学生能够树立正确的技术价值观，规范地遵守社会技术原则，用手中的技术造福全人类。

二、高职院校混合式课程教学设计

课程设计一定要适应社会经济的发展。根据某些条件，课程设计实际就是要系统安排课程的结构、内容、比例和总课时，而具体要更新、改造现有课程的内涵，使课程体系更开放、更适应社会、更体现先进思想。课程设计必须完全满足时代要求，与时俱进，适应社会发展，满足人们需要，创新且有预判性。课程设计分为全新的和改造现有的课程两种。全新的课程设计就是创造和现有专业不同的专业，而且要根据社会经济发展，使这些新的专业能适应社会发展。改造现有的课程就是转变无法跟上社会经济发展脚步的专业。改造课程时，高职院校必须要经过充分论证，然后对课程结构进行改良，

重新整合内容并给课程定位，或者在原有课程基础上增添新方向，并制订出合理的教学计划与课程大纲，而它们必须适应社会经济发展。

混合式教学是传统教学和网络信息化教学的综合。混合式教学由于同时具有这两者的优点而得到许多高职院校的好评。实施混合式课程教学有三个关键元素：教学设计、教学资源建设、教学活动的组织与开展。其中，最影响改革的就是混合式教学设计，它也决定了混合式课程教学改革成效的大小和质量的高低。

（一）混合式课程教学设计的内涵与要素

1. 混合式课程教学设计的内涵

根据专家、学者的相关研究，混合式教学模式是一种线上和线下教学相结合的、学生可随时随地进行学习的新型教学模式。这种教学模式综合了传统和现代网络化信息教学的优点，由线上课程平台所搭载，教学资源多维、立体、可视和有结构性，旨在培养学生自主学习的能力、习惯，提高教师的教学效率和效果。

用简单的语言解释，混合式课程教学设计就是一种方案性和指导性的文书，其依据混合式教学模式的特点和原则要求等，优化设计课程教学的内容、资源、方法、手段和步骤等环节和要素。如果想要混合式教学能够科学地、有效地进行开展，各院校首先就要进行混合式课程教学设计。它是整个教学模式的基础和指导，它还能体现教师理解和把握混合式教学模式的情况。

2. 混合式课程教学设计的要素

混合式课程教学设计主要元素有以下六个。

（1）课程教改思路设计

课程教改思路设计，通俗地讲就是系统地设计各个元素之间的逻辑关系。这些元素包括理论依据、教学目标和背景、学情特点、课程平台、教学内容和资源以及方式、考核方案等。

（2）教学目标设计

教学目标设计就是设计整门课程教学的知识目标、能力目标和素质目标，确定通过组织有关教学活动来达到预期的结果和目的，以满足专业人才培养方案对课程功能定位的要求。混合式课程教学活动从头到尾都要紧贴混合式课程的教学目标设计，因为这是基于其教学目标而设计的。

（3）教学内容设计

教学内容设计旨在让学生提高自己的专业能力，以满足岗位要求。设计教学内容时，高职院校首先要对学生的认知规律有所了解，然后再在此基础上选择、整合和改良教学内容，使其与实际工作相衔接，并变成一个个项目、任务或问题。

（4）教学资源设计

教学资源设计是对课程平台教学资源的可视化、直观化、形象化、结构化的设计，其目的是让学生便于学习、理解和掌握相关知识和技能。

（5）教学方法设计

教学方法设计就是要根据教学目标的要求、课程知识的特点、学生的学习情况和认知规律等，设计教学计划、方式以及手段等，以使教学效率和效果最好。

（6）考核方法设计

考核方法设计就是要设计评估方案来对学生的学习过程和效果进行评估。依据混合式课程教学设计，学校可以把考核方法设计分成整体和单元两种。整体设计即根据课程知识、技术和学情特点，设计整个课程的教学目标、内容、资源、方法、组织和考核方案等，系统、有结构地综合线上和线下；单元设计的对象就是一个时间和空间单元，设计内容为教学目标、任务或项目、重难点、方法、步骤等。

（二）明确教学目的

我们要有明确的教学目的，即教学资源最优，教学方法适当，教学效率、效果最佳。

1. 要使教学资源最优

很大程度上，混合式课程教学首先是让学生自主学习平台资源，以完成并实现某些教学任务和目标。因此，学生学习的兴趣、效果和质量都直接取决于课程平台资源的质量。所以，在设计混合式教学课程时，我们首先应该优化教学资源，同时要强调"八性"，即实用性、针对性、任务性、趣味性、可视性、形象性、探究性以及精练性。

2. 要使教学方法适当

教学方法不仅是技术，还是艺术。设计教学方法是为了使学习者愿意学且能够学会，可以理解所学知识，并在学得快的同时可以牢记不忘。因此，教学方法的选择很重要。教学目标是否能够达到一定程度上就取决于教学方法的选择。在选择或设计教学方法时，学校必须参考课程知识和技术特征，同时还要参考学生的学习习惯、态度、兴趣、方法、认知规律以及教学特点。一般情况下，我们应该尽量采用行动导向教学法，引入项目、任务或问题等，参考实际的工作过程，让学生边学边做、边做边学，以共同进步。我们还可以通过案例、类比、分解、实验、推理和制作视频动画等使学生理解重点难点，以便他们顺利通过实践学习必要的知识并提高所需要的能力。

3. 要使教学效率、效果最佳

学校必须要全面考虑的设计问题是，哪些内容应该通过线上进行教学、哪些内容必须通过真实的课堂才能够被学生理解、线上和线下如何结合、课内和课外怎样统一、学生自学和教师指导如何融会贯通等。一般情况下，学生容易理解的简单知识应该安排在线上和课外。课堂则主要用于检测学生对于知识的应用能力以及解决他们在知识应用中的主要问题。完成这些后，学校可以让学生进行更难的训练，让他们学习、应用知识，并提高他们的能力与素质，使其学习知识和技能的效率达到最高。

（三）理清教学思路

高职院校进行教学改革的第一步是科学设计混合式课程。设计混合式课程教学，重点与关键在于教学改革思路设计。混合式课程教学改革思路和技术路线是系统、有逻辑地思考、设计与组织安排整个课程的背景、依据、目的、内容、方法、手段和步骤等。因此，设计混合式教学课程时，我们必须系统地理清改革的整体思路，这是基础性的第一步，具有指导意义。我们要在行动导向学习理论、构建主义学习理论这些体现职业教育教学特色的理论指导下，系统推进混合式课程教学改革。我们还要根据课程特点和学生的实际情况提高学生自学能力、专业能力，提高教师的教学效率、教学质量。我们要优化课程平台资源建设，增强教学中线上和线下的互动，并实行注重过程、动态、立体、多方位的考核制度。

（四）坚持五项原则

1. 先进性

近年来，随着互联网和信息技术的发展，一种新型的教学模式——混合式教学模式形成。因此，我们在设计改革方案时必须要考虑到每个教学环节和要素的特点，并在一些能反映职业教育教学特点的理论（如行动导向学习理论、建构主义学习理论等）的指导下，使混合式教学改革更加科学、规范。

2. 系统性

混合式课程教学改革具有系统性，所以我们在进行设计时要基于系统思维，理清各教学环节和要素以及它们的关系。具体而言，我们要设计好优化资源；要设计好应知应会的知识点及检验知识点学习效果的项目任务；要认真监督完成线上学习、检查和反馈设计，还要完成课堂教学内容、步骤和方法的设计，以免使混合式教学改革呈现孤立性和片面性。

3. 混合性

教学各个环节、各个要素相互混合是混合式教学的最大特点，也就是说，要想提高学生自主学习能力和老师的教学效率，我们应该把教学资源、学习时间和地点、教学方法和过程、考核方法呈现在设计中。

4. 实践性

职业教育教学的特点应在混合式课程教学中有所体现。设计教学时，我们应着重培养学生的专业能力，其中最有效的就是强化实践应用。因此，在设计混合式教学课程时，我们应基于培养学生能力目标，优化设计教学各环节的实践应用。

5. 探究性

当代高职学生的普遍心理特征是好奇心强、喜欢探索与挑战、对成功充满渴望。为了使学生更加积极主动地去学习，进行混合式课程设计时，我们必须先掌握学生心理特征，据此进行教学内容优化，用问题引导学生，并利用实际工作中的典型任务和问题，让学生自行探索和解决，让他们拥有获得感和成就感，进而以此鼓励他们继续努力，以争取更大的成功。

（五）抓好五个环节

1.教学目标设计应突出"二性"

混合式课程的教学目标与它的功能定位有关，所以相关设计时要围绕"二性"进行。首先是明确性。也就是说，在设计教学目标时，我们必须明确学生需要理解和掌握的知识，以及他们将利用所学知识完成的工作或任务。这些知识必须是可以被检测的。其次是完整性。也就是说，每个教学单元应包含的知识和技能必须全面，知识、能力、素质目标也必不可少。此外，目标的设计应有层次和逻辑，并且要在课程教学大纲和标准下进行。

2.教学任务设计要突出"三化"

（1）实用化

要设计教学任务，我们就必须要清楚职业教育教学的特征。在进行设计时，我们需尝试设计和实际职业相似的典型任务，使学生在学习时就可以对这些工作任务进行思考，以此促进他们学习。通过这种方式，学生可以认识到所学的知识和技能能够实际应用，进而会更有针对性地、带着目标积极主动地去学习。

（2）探究化

在设计时，我们不能简单而浅显地介绍一般知识和技能，而是要尽最大努力结合实际工作中的关键问题、不足或缺陷等，让学生自主分析和解决问题，激发他们的学习兴趣。

（3）趣味化

混合式课程教学很多内容需要学生在网上独立学习，如果课程内容具有趣味性，那么学生自然更有兴趣学习。因此，我们所设计教学任务应尽可能富有趣味性。比如，在学生正式学习之前，教师可以先介绍一些现实中与课程有关的趣味发明或现象，那么学生就会产生好奇心，想要去了解它，进而积极开始学习。

3.教学方法设计要突出"二度"

（1）恰当度

教学方法的设计要基于课程知识与技能特点以及学生的认知规律和学情等因素来确定。一般情况下，高等职业教育要参考实际教学情况，尽量采用问题讨论、项目任务、案例分析以及试验等教学法。

（2）有效度

设计和应用教学方法目的是让学生愿意学、可以学会并且学得快，同时还要记得牢，力求学生在有限的时间里有更多收获。

4.教学步骤设计要突出"三性"

教学步骤就是让学生理解并掌握知识、提高自己能力的过程。设计教学步骤时主要注重"三性"。

（1）针对性

设计教学步骤时，我们要重点关注单元教学目的要求、课程知识特点、学生认知规律和实际情况、线上学习情况等，尽力使所设计步骤更具有针对性。

（2）螺旋性

设计教学步骤的过程是"做—学—评—再做—再学—再评—再提高—循环上升"。基于此，学生对知识的学习、理解和掌握就会呈螺旋式上升趋势，学生的能力和素质也将呈螺旋式上升趋势。

（3）完整性

教学步骤设计过程和环节应该包含"导入任务—方案设计—完成任务—成果展示—点评归纳—修改完善—再展示点评—布置新的任务"等。

5.考核方法设计要突出"四化"

"四化"即考核手段智能化、内容多样化、主体多元化、过程动态化。我们需把握好考核的手段、内容、主体、过程这四个元素，实现考核方法设计过程中的智能化、多元化和动态化，以顺利解决考核方法设计过程中突出的问题。

三、高职院校专业课程规划

（一）高职课程规划的主要概念

1.高职课程目标

高等职业课程目标是具体目标，这个具体目标以总的专业培养目标为基，并且属于某个教学单元或模块，即学生在特定教育阶段（包括课堂和课外）期望达到的程度。教学活动由课程目标决定，它与学生的认知、情感、心理活动有关。课程设计或课程发展始于课程目标的制定，课程实施的最终落点也是课程目标的制定。同时，我们制定了课程目标才能进行课程评价。课程目标分层次和种类，并且具有操作性。课程目标的三个层次是专业总课程、模块课程以及科目课程目标。我们要先确定不同层次、类别的目标组成的课程目标体系，才能确定课程内容与课程结构，才能组织实施课程。根据Bloom 等人的研究结果，课程目标一般分三种：

（1）认知领域目标

认知领域目标有六层，即知道、领会、运用、分析、综合以及评价。

（2）情感领域目标

情感领域目标包括五个方面，即接受、反应、价值判断、价值的组织和价值的个性化。

（3）动作技能领域目标

动作技能领域目标涉及多方面内容，如知觉、准备状态、引导的反应、机械练习、复杂的反应以及创作等。

课程目标之间关系密切，有层次性的要求，同时还要求积累性发展。它们是职业教育课程目标的理论、实践依据。

2. 高职课程模式

课程模式是形式系统，它建立在某种思想和理论基础之上。课程发展时，它会对教学内容、方法和管理手段进行选择，并制定教学评价体系。高职课程模式就是建立在高职教育课程观基础上，选择恰当高等职业教育教学内容、方法、管理手段并制定教学评价体系的形式系统。

3. 高职课程维度与结构

高职课程维度就是课程体系的所有要素，也是高职课程体系提供给学生的所有内容。知识、能力与情感三个主要方面构成了高职课程的知识、能力和情感维度。高职课程结构元素包括依据维度标准选择的课程内容、各类课程的占比、内容的逻辑关系。它主要由课程的相互联系、配合和渗透，课程内容的顺序等组成，是课程的拓展。高职课程结构以职业为导向，根据专业培养、课程的目标，确定人才规格和学习年限，并安排整体教学内容。它在重视内容质量的同时，要求逻辑结构和学生认知规律一致。

（二）高职院校专业课程规划

要进行课程开发、课程实施等一系列活动，各院校首先要做好高职课程规划工作。做好课程规划工作益于保障高职课程质量和高职教育专业质量。有了高职课程规划理论，我们才能深入研究高职课程。高职课程规划是一个确定课程目标、课程模式与课程结构的过程。这个过程以高职课程为起点，要以一定的高职课程观为指导。课程规划是课程体系很重要的一部分。高职课程规划通常要依据专业培养目标和职业资格标准系统分析。首先，通过分析培养目标、市场和职业，确定学生需要具备的知识与技能，即确定专业课程；其次，通过分析教学确定专业课程应包括的模块，即确定模块课程；最后，确定每个模块的科目，即确定科目课程。因此，高职课程分为专业层课程、模块层课程和科目层课程三部分。为更好地规划课程我们需要做如下努力：

（1）分析专业培养目标。明确学生应具备的知识与技能，由此促进学生就业和进一步深造。

（2）分析市场。了解专业适合的经济状况，掌握特定行业技术型人才劳动力市场情况。

（3）分析职业。基于国家职业分类、劳动力市场提供的职业岗位和变化动向、行业专家针对各职业制定的职业岗位能力分析表，了解专业适合的职业。

（4）分析教学。分类梳理、合并归类职业岗位能力分析表里给出的职业知识、技能、情感，确定模块或科目和它们之间的逻辑结构、时间和空间的先后顺序。

第三节　高职院校专业课程的开发与建设

一、高职专业课程的开发

（一）专业课程开发的理念

专业课程开发要依据科学发展观和就业、能力、岗位需要与职业标准，致力于使学生顺利就业并持续发展，满足社会经济发展的需要。我们必须树立职业教育课程理念，根据实际的工作任务、过程和情境展开课程，这样也便于建立高等职业教育课程体系。当前，各学院专业课程最大的问题是课程体系和就业岗位联系不大，传统课程过多，和就业有关的课程很少，教学内容陈旧，学用不一致，学校专业教学和企业的实际需求不一致，专业和职业资格证书联系不大等。为解决这些问题，专业课程开发必须确立以下理念。

1. 以职业生涯为目标——确定改革方向

学生职业生涯目标的确立要结合学生自身的发展和行业企业发展。学生应该能够通过专业课程获得企业需要的专业能力，扩大自身就业发展前景，并利于自己终身职业生涯发展。

2. 以职业标准为依据——确定鉴定项目

国家（行业）职业标准是对职业人员工作能力水平的规范性要求。它的依据是职业分类和活动内容。根据职业标准，高职院校可以进行职业教育和职业技能鉴定，还可以制定专业教学标准。专业教学标准的内容里要有职业标准和企业岗位要求，学生如果获得学历证书，就应该可以顺利获得相应职业资格证书。

3. 以工作过程为主线——确定课程结构

要使所制定的教学课程更加专业，充分理解分析工作过程就成为了必需。高职院校当前设计、组织和实施课程时要有所改变，即改变传统的"三段式"课程模式。具体而言，学校要先了解工作实际需求，然后在构建课程时侧重工作过程，并基于工作需要划分专业方向。学生要及早尝试工作实践，抓住机会体验完整的工作过程，逐步转换角色，从学习者转变为制造者。

4. 以工作任务为引领——确定课程设置

课程设置和工作任务密切相关，每门课程至少应有一个工作任务。工作任务可以使理论和实践结合得更紧密。专业（实训）课程如果能够根据岗位的实际需求来设计任务，就可以培养学生适应公司实际环境和完成工作的能力。

5. 以职业能力为基础——确定课程内容

传统模式一般是建立在知识体系的基础上的。与此不同，当前专业课程内容是基于能力体系的。它旨在提高学生职业能力，并着重突出实践活动。在设计课程内容时，高职院校不能把职业能力和纯粹的操作技能画上等号，要注重专业领域新的知识、技术、工艺和方法，培养学生实践的智慧。只有这样，学生才能在复杂的工作关系中做出正确判断并采取行动。

（二）课程开发的基本原则

1. 规范性原则

专业课程要有规范的书面表达，其技术要求和术语要符合国家标准和技术规范，格式和内容符合规定的要求。

2. 实用性原则

专业课程要结合实际情况，满足高职教育教学改革的发展需要，能够适应行业企业的发展变化，并与行业企业职业标准相结合。课程资源须来自实践领域，并结合学生未来的职业实践，只有这样，课程才具有驱动性，学生探究和解决问题的兴趣和动机才更大。

3. 可操作性原则

专业课程的内容和要求应清晰明确，尽量具体、可度量、可检验。另外，技能在职业技术教育课程内容的三要素（知识、技能与态度）中占有较大比重，同时它还能左右知识和态度的选择与安排。

4. 发展性原则

高职教育课程设置的总量是有限的，但模式的设计是无限的。近年来，终身教育观念逐步建立，在从"学科本位"过渡到"社会本位"教育质量观的引导下，高职教育开始引入"人才本位"教育质量观。因社会需求而设置课程与因人的自我完善而设置课程之间的矛盾开始显现出来，因此专业课程标准应具备超前意识，要反映社会经济和职业教育的发展趋势。

（三）以就业为导向进行开发

设置高职课程必须参考就业。一是因为职业技术教育的目的和属性，二是因为高职院校自身的生存和发展，三是基于受教育者的职业生涯。

1. 从职业技术教育的目的、属性来看

从职业技术教育的目的、属性来看，高职院校必须以就业为导向开发高职课程体系[①]。我国的高等职业技术教育属于职业教育类别和高等教育层次，要培养应用技术型人才，而这些人才将来会就职于生产、建设、管理、服务的第一线。

高职教育作为职业技术教育，必须能够促进学生就业。所以，在开发课

---

① 向丽. 以职业为导向的高职课程观探析 [J]. 职教论坛，2007(12): 11-13.

程、设计课程体系时，我们必须分析确定实际工作需要哪些知识、技术、能力和态度。换个角度说，高职学校要达成职业教育的目的，开发课程也必须参考就业。

2. 从高职院校自身生存与发展来看

高职院校规划高职课程体系是想使自身能更好地生存发展，那就必须参考就业情况。能影响高职院校生存发展的因素很多，但某种程度上最关键的因素是劳动力市场的需求。高职院校的生存发展取决于劳动力市场，所以它的办学行为就要适应综合劳动力市场的需要，尤其要重视学生的就业。只有学生能够就业，高职院校才能赢得更多的学生和资源，也才能存活于市场经济中。

毕业生的就业状况可以检验高职学校办学的成败。如果毕业生无法充分就业，首先是对教育资源的浪费，其次会影响高校自身生存和发展。因此，高职院校必须全面研究、分析、预测劳动力市场人才需求的数量和种类，据此开发课程，编制教学计划和教学大纲，选择和编写教材。只有这样，课程内容和结构才贴合实际，而学习这些课程的学生毕业后也才能很好地适应岗位。

3. 从满足受教育者需求来看

从满足受教育者需求的角度出发，我们也有必要以就业为导向规划高职课程体系。高职课程是服务产品，这是因为家长和学生缴纳学费购买高职院校的教育培训服务，而且他们都希望能够由此得到生活和就业能力。如果这个服务不能满足他们的需要，导致毕业生实际就业情况和预想的差别太大，就会阻碍他们投资。因此，高职院校必须具备服务、质量和品牌意识，积极进行就业改革，优化课程设置，提高服务质量。

（四）以素质为核心进行开发

1. 从贯彻以人为本的素质教育理念来看

以素质为核心规划高职课程体现的素质教育理念是以人为本。这能够促使学生终身学习和发展，并培养学生的长期就业能力。因此，规划高职课程必须以素质为核心。高职教育的课程规划目标就是要培养学生的职业素养，使他们能够参与生产、建设、管理和服务活动，以适应社会经济发展的需要。需要强调的是，职业技术教育课程强调社会和岗位适应性，但并不是不全面考虑学生的自身发展，事实上更需要在各层次、各类型的教育中贯彻落实以人为本的教育理念。作为现代教育的组织部分，高等职业技术教育必须始终贯彻落实素质教育的理念。高职院校在规划、设计课程的时候，必须考虑学生的个性化发展（要考虑他们的兴趣、爱好和愿望），还要注意培养学生的职业道德和人文素质。也就是说，高职院校设计和规划课程的时候要把学生当作人来看，而不是把他们当作促进经济和社会发展的工具。只有这样，学生的德、智、体、美、劳才能全面发展，学生才能长远发展，也才会主动积极地学习发展。

2. 从促进学生终身发展角度来看

高职教育课程规划的中心元素是素质。时代发展要求终身教育和终身学习。基于这个理念，高职院校在设计高职课程的时候要让其能够迁移和发展。只有这样，学生才能在高职课程的帮助下，在时刻变化着的职场中稳定持续发展，为他们日后的学习、工作和生活打下基础，帮助他们实现人生的终极目标。因此，通过学习高职课程，学生不仅能够掌握应用性技术和特定职位的技能，还能提高自己在知识、能力、情感以及态度等方面的综合素质。因此，高职院校在规划课程的时候，必须以提高学生的素质为中心，只有这样学生才能获得持续发展。

3. 从提高学生岗位适应性来看

在 21 世纪，知识经济渐渐发展成为主导型经济，人们判断一个人是否是人才，逐渐从原来了解其学历和资历变成了观察其综合素质和关键能力。在一个人的职业生涯中，职业能力和职业技术虽然十分重要，但是职业道德、责任感、创业能力和合作品质等综合素质同样重要，而且越来越受到企业的重视。

为了提高学生的岗位适应性，增加其就业机会，规划高职课程就必须以素质为中心。高等职业院校在规划课程时参照的就是就业和素质这两个基本因素。高职院校在规划课程时，不仅要考虑社会的发展需要，还要考虑学生发展的需要。换句话说，其不仅要充分考虑学生当下的需要、就业的需要，还要考虑学生以后的需要、终身发展的需要。根据这些需要，在规划课程的时候，高职院校要将综合应用性课程和理论性课程、专业的和基础的课程等结合起来，构建具有职业特色的课程体系。

二、高职专业课程建设中的问题

课程建设问题是能够影响到高等职业教育发展的核心问题。课程问题能影响到高等职业教育的特色，还和它的发展及命运密切相关。此外，课程建设问题还直接影响着毕业生的职业素养和就业前景。

课程是核心，因此我们一定要构建具备高等职业教育特色的课程体系。这对于高校来说十分紧迫。在课程建设的过程中，高职院校必须多方面考虑，紧紧抓住学校的培养目标、专业设置、学生的知识储备和学校的课程资源。只有这样，高职院校才能真正形成带有自身特点的课程体系。但总的来说，规划高职院校的课程还是要充分考虑社会需求和学生发展需求这两个基本维度。在具体操作上，规划高职课程必须抓牢学生就业导向和学生素质这两个核心。

高职院校的专业学习是建立在课程之上的，专业的教学活动也要通过课程才能展开。因此，要提高高职院校的人才培养质量，其就必须紧紧抓牢专业课程改革。因此，专业课程改革也得到了国家教育行政管理部门的高度重视。在几次改革中，高职院校专业课程建设的内涵持续提升。但是基于长久的行为习惯，高职院校在建设专业课程时，常常不重视专业文化课程。这不仅限制了高职院校专业建设的发展脚步，还对高职院校人才培养质量的提升有着十分严重的负面影响。

在高等职业教育的发展过程中，高职院校应围绕专业课程主要进行以下几个方面的建设。

（1）课程设置的模式应该以岗位职业能力为核心。这不同于以往课程设置的模式，即以"学科"为逻辑的模式。具体实施起来，高职院校要先了解清楚和各专业对口的职业岗位或岗位群需要的专业能力，以及形成这些专业能力需要的知识和技能，然后再建立课程，形成课程体系。

（2）课程结构一般为三大课程模块组合。高职院校应改革以"基础理论课、专业基础理论课、专业课"为主的学科型结构，建设以"公共课、专业理论课、专业技能课"为主的能力型结构。需要注意的是，学校提供的理论知识"必须够用"，要着重培养学生的专业能力和实践能力。

（3）在课程建设形式上，高职院校要提高课程建设的内涵，具体可以通过利用国家精品课程、国家资源共享课程来实现。

（4）网络和多媒体技术的发展给高职教育带来了很多变化。近年来，无论是高等职业教育的教学方式，还是学生的学习方式，都发生了很大的变化。因此，高职院校所运用课程建设方法和手段要适应科技的发展，合理广泛地运用现代信息技术，着力建设精品视频公开课、微课以及 MOOC，使课程建设信息化。这些建设可以推动我国高等职业教育不同发展阶段的人才培养，促进高职院校专业建设，提高高职院校专业人才培养质量。但是，上述建设过程中仍然存在不少的问题和缺点。

（一）专业课程体系缺乏灵魂，核心课程之间缺乏有机联系

当前许多高职院校课程建设由于忽视专业文化建设与专业课程的开发而出现了许多问题：首先，专业课程没有核心与灵魂，只关注了培养专业人才需要的知识和能力，却不重视培养他们的精神和文化内涵，从而无法建立起完整的核心知识体系；其次，设置专业课程时"就要素说要素"，课程只是专业知识和技能内容的简单相加，分类烦琐，内容重叠。这样的课程没有宏观统筹性，也没有从整体上进行优化；最后，专业被分成几门课程，但是没有主线，课程与课程之间没有进行有机衔接和联系，专业知识无法联系起来，课程设置的结构也被破坏了。

（二）课程建设滞后于产业转型升级与学生成长的需求

随着时代的发展，众多产业都进行了转型升级。这就要求一线技术应用型人才的能力必须更高，综合素质也必须更高，所以高职大学生不能再因为掌握一项职业技能而心满意足，要努力提高自身的专业素养，使自己以后可以持续发展，并为以后的发展做好准备。因为这个需求，高职院校即有必要开设文化素质教育课程。学生通过学习这些课程，可以培养自身文化素质和职业素质。但是，人才培养主要依靠专业教育。要想真正落实文化素质教育和职业素养教育，各学校就必须使它们贯穿于专业课程体系中。这就要求教师必须深入研究专业文化，并将其带入专业课程中。但是高职院校在这个方面还没有取得突破性进展，这导致学生不十分了解所学专业的文化内涵和各行业企业的要求。

（三）课程建设过于强调和依赖技术手段

国家精品课程、国家资源共享课、精品视频公开课、微课、MOOC 等课程的形式很好，结构也很新颖。它们不仅能够满足岗位需求，还能突出工作任务与项目，加快高等职业专业课程建设的脚步。然而，这些课程非常依赖现代信息技术手段，非常重视对现代信息手段的运用，却忽略了课程的文化内涵和精神实质，导致它们偏离了课程建设的目标。因此，这些课程对实现课程建设的目标没有起到很大的推动作用。很多院校认为，网络和课件可以决定课程建设质量的好坏，但是一些网络课程只是改变了课程结构和表现形式，新壶装旧酒，没有挖掘课程的内在品质，因此学生学习这些课程知识并不能获得实质性的改变。

三、高职院校专业课程建设的解决路径

（一）转变课程建设理念，构建新型课程体系

转变课程建设理念是开展专业课程建设的前提和基础。高职院校专业课程在其发展的过程中，汲取了各产业和行业文化中的精华，呈现出了多姿多彩的专业文化。专业文化是高职专业的灵魂，是高职院校专业软实力和核心竞争力的集中体现。因此，加强专业文化建设，对于促进产教融合和保障高职院校人才培养质量有着重要作用。要想把专业文化建设落实到专业人才培养工作中，学校就必须转变课程建设理念，构建以专业课程为核心的专业课程体系。高职院校要想培养高素质技术技能人才，就要在划分课程结构的理念上区别于以前，即根据专业基本理论构成划分，而这种课程设置的弊端是没有宏观统筹性、整体上没有进行优化以及课程结构没有灵魂。要想培养学生的能力和素质等，高职院校必须以专业课程为核心，建立一个专业课程体系。这个课程体系要能够使各门课程有机地衔接在一起，并使专业知识融合起来，使职业技能培养和职业素质提升能够统一。

高等职业院校的管理人员应有效转变观念，全面认识专业文化、专业课程的地位及其重要性，积极推进学校一级专业课程建设。专业教师要主动参与专业课程建设，弄清专业的发展过程和专业文化的发展历程，积极探索具有时代发展和行业特色的专业文化，积极汲取专业文化的精髓，全面提高课

程建设水平。

（二）编写专业文化教材，固化课程建设成果

教材开发依托专业课程建设。要想优质完成专业文化教材编写工作，我们就要站在文化的角度，理清专业的发展过程和专业文化的发展历程，探索和提炼出专业文化的精髓。开发专业文化教材必须立足于专业文化的基本要素，而开发专业文化教材的目的则是更好地传播专业文化知识。编写教材的关键路径有以下几个方面。

1. 坚持开放性，吸收多元文化元素

高职院校必须摆脱单一的思维，准确地找到能进入专业和行业文化的点，使行业、企业与职业先进文化持续不断地融入进来，另外还要融入行业文化的本质要求。高职院校要促使大量各行业人员参与专业课程建设，并参与文化教学，建立有效机制，让专业和企业、行业、产业文化之间互相渗透和融合。

2. 突出多样性，处理好共性文化与个性文化的关系

共性文化也就是不同行业文化之间相似的地方。比如，不管是什么行业，都需要从业者有责任感、敬业和奉献精神，能够进行团队合作。但是专业文化在不同的行业中又是不同的，具体表现为发展背景不同、社会影响不同，同时社会接受程度也不同。因此，专业文化极具特色和个性。基于这些原因，高职院需要求专业避免同质化，强调各专业文化要多姿多彩，即每个专业或专业群都要研究总结出独特的专业文化，发展其特色，促使其丰富灿烂。

3. 注重体验性，强调自主、合作、探究的学习方式

很多高职院校根据学生的特点，要求教学单元的内容必须涉及案例分析、拓展阅读和体验性活动等。在这个过程中，高职院校还要鼓励师生进行研究讨论，在某些部分，如果有必要，还要邀请企业专家来教室给学生上课，或组织学生直接去公司学习，这样可以增强学生的职业体验感。

4. 强调可读性，提高学生的学习效果

高职院校的文化教材与具有研究性质的专著不一样，根据高职院校学生的实际情况，专业文化教材的学术性和专业性不能太强，应该内容新颖、形式活泼、图文并茂、语言灵动、趣味性强，便于学生学习。

（三）根据工作任务分析，提炼课程核心

只有先设置好来源于企业一线生产的项目任务，我们才能开发能力核心课程。因此，在对企业要求的岗位能力进行分析时，高职院校可以邀请行业技术人员、课程专家、专业带头人和骨干教师来协助分析。高职院校可以通过工作任务分析表分析工作任务，探索工作模块的难易，统计出各模块出现的频率。在此基础上，学生就可以用"头脑风暴法"产生立足于职业岗位（群）的核心能力。

（四）根据行业与职业规范，制定核心课程标准

有了课程标准，我们才能建设课程和编写教材，才能进行教学设计和学生学业评价工作。从一定意义上讲，课程标准其实是国家对学生学习结果的期望。高等职业教育是定向的，这就表明其标准必须反映行业规范、职业资格标准和职业岗位能力要求。不仅如此，它还要适应课程和职业标准，在行业的作用下促使课程标准和工作过程相衔接。学校和企业基于工作任务共同制定课程标准，同时致力于讲解专业知识、完善职业素质，培养有能力和素质的人才。上述课程标准体现了理论和实践、工作和学习的结合。

（五）根据课程结构与内容分析，设计核心课程模块

高职教育的目的不同于其他类型教育的目的，这就表明高职教育和其他类型教育的课程体系具有不小的差别。高等职业教育的课程体系要能和工作结构衔接上。要达到这个目的，高职院校需要了解实际的工作项目，基于同级性、相关性，参照工作体系结构设置课程内容体系结构，设计课程模块，即对工作任务的分析结果进行转化"重构"。只有这样，高等职业教育才能建立一个有机融合实践和理论知识、职业态度和情感等的相对完整的知识能力培养体系。因此，高职院校必须彻底摒弃原有课程框架，围绕着工作任务对课程的内容进行组织。在设置教学模块的时候，学校一定要紧贴职业能力，在每个教学模块都至少设置一个项目，同时将每个项目分成几个任务。这样，所需要学习的知识点就被分散于每个任务，同时也就形成了适应工作结构的总体核心课程体系。

（六）根据"项目"载体，开发核心课程资源库

课程与教学信息来源于课程资源（教学资源）。如果高职院校想开发核心课程资源库，其就要全面建设典型、真实、整体的核心课程资源库。这个资源库要能和职业岗位"接轨"，同时院校在对其进行组织和开发时，要紧贴"项目"学习的任务。此外，整个核心课程资源库需要是不断变化的，所以高职院校要持续引进"四新"，即新知识、新技术、新工艺、新方法。课程资源库包括课程标准与要求、教学指导材料（授课计划、电子课件等）、素材（企业案例、参考书目等）、课程网站、留言板、在线答疑和网上测试系统等网络教学平台。课程资源库可以使学生自主学习更加方便。

第四节　高职院校专业课程创新实践

一、高职电子信息类专业课程创新实践

科技发展和经济增长都促进了社会变化，部门、行业的技术也随之融合和交互，用人单位需要的人才必须知识丰富、有创新能力。在这种情况下，学生如果只学习单一的专业知识、培养单一的职业技能，就很难找到工作。经济时代需要的高级专业人才必须知识广博、基本功扎实、具备创新意识。例如，高职院校培养的电子信息类的专业人才需要具备的素质有良好的科学文化素养以及开拓创新精神，对电子科学方面的基本知识有一个系统的掌握，知识涉猎广，思维敏锐，动手能力强，能在电子科学、通信等方面进行系统研究、设计、开发、制造和应用工作。

（一）更新教学内容，重构课程体系

目前，虽然电子信息技术的新技术层出不穷，但基础还是电子技术课，所以不能忽视基础内容的教学，如模拟和数字逻辑电路中的放大、振荡、反馈、频率特性、组合逻辑电路的设计等。不仅如此，高职院校还要改良教学内容，重点分析由功能单元构成的通用集成电路（如集成运放、集成功放等）和计算机应用集成电路（如 RAM、EPROM 等），同时加强 ASIC 教学内容（如 PLD、FPGA 等）。电子技术基础需要进行工程设计，只有经过系

统思考和筹划，才能构思和建立课程体系。因此，建议学校在"模拟电子技术"和"数字逻辑电路"后再开一门"现代电子系统设计"课程。

（二）构建高效的实践教学体系

随着电子信息技术的快速发展，社会对电子信息类专业人才的需求数量越来越大，同时对人才培养质量也提出了更高的标准和要求[①]。市场的需求推动了高职院校电子信息类专业的发展和学生人数的提高。但快速发展必然会导致人才培养在某些方面有欠缺。教育资源严重短缺、实验和培训条件严重缺乏等问题随之暴露出来，阻碍了对高质量人才的培养。如果要使高职院校毕业生更适应这种发展，应对其给"灰领"带来的挑战，就必须改变高等职业教育电子信息类专业所面对的实践教学的现状。因此，高职院校要改良和创新实践教学体系和内容。首先要实践。高职院校必须从根源上使实践教学的从属地位发生改变，突破传统教育的模式。要使所编制的培养方案更加科学、合理，就必须使建立起来的实践能力培养体系科学合理，还要系统地设计各教学环节，使其与理论教学相统一，互为补充。学生要求的实践条件是综合的、有设计和创新的，高职院校必须满足学生的这种需要，重新设置目标和内涵，改革实验内容、方法和评估系统，侧重数字化、可编程、设计性、综合性、系统化的实验，应用 EDA、CAD、CAT 结合课程平台，软硬统一，使硬件软件化，用新的评估方法评价实践效果。这也使新教学手段、多媒体技术、讲课和实验有机统一起来。

（三）开发实训项目，创新实践教学内容

为促进改革和提高改革质量，在了解技能培养目标和已实施实验的情况之后，高职院校要继续对实践教学体系进行完善，并对实践教学大纲进行完善，深入研究并掌握各实践环节的内容、目的，理顺关系，再改造旧项目并开发新项目。开发新项目时，学校要尽量使项目有趣、实用、全面并且先进。例如，电子工艺实习允许学生实际制作收音机等；电子产品检测实习允许学生在彩电电路板上定位故障、检测等。

---

① 张玲娜.关于电子信息类专业人才培养方案的研究[J].经济研究导刊，2017(13):167-168.

（四）改革实践教学环节的考核

高职院校必须采取灵活措施来使实践教学的效果和我们想要的相符合，最重要的措施就是考核。以前一些高职院校认为实践教学考核不重要，尤其是课程实验普遍仅作为评估的参考，这对实践教学的负面影响很大。独立设置实践课后，按照其特点，可以采用以下方式进行考核。

1. 全公开方式

学校向学生公开考核项目、方法和评分标准，至于学生要进行哪个考核项目，则学生自行抽签决定，学生可分批或分组进行考核。如果有必要，还可以通过答辩对学生进行考核，学生边做，老师边问，学生边回答。通过这种方式，可以减少"滥竽充数"、抄袭作弊现象，评估结果也更真实。实验报告是学生对实验过程、原理与结果的文字描述。通过实验报告，老师可以知道学生是否真正掌握了实验技巧。因此，实验报告的成绩是总成绩的一部分，学生必须给出所有做过的实验的详细报告。

2. 成果检验方式

根据给定的要求，学生独立做完一个项目，如安装一台收音机、一块万用表等。此时，评估学生表现的标准就是最终的成果。

3. 设计作品评判方式

这种方式类似电子设计竞赛。老师先给学生一个主题，学生必须在规定时间里按要求独立设计、安装、调试作品，最后将作品提交给老师。在这个过程中，学生可以查阅相关资料。老师的评分视学生作品而定。这种方式主要是评估学生的设计和创新能力。

4. 免试和加分方式

这种方式适合参加竞赛的学生。参加院级（包含院级）以上水平的各种竞赛的学生，一旦获得名次，就可以免除考核。参加了竞赛但未获奖的人也按成绩的高低适当加分。

二、高职机械类专业课程创新实践

（一）高职院校机械专业课程设计的基本状况

高职院校机械专业课程设计的基本状况以 Y 职业学院机械专业的机械设

计基础课程为例进行讲述。通常，机械设计基础课程的设计主题是机械传动装置或者简单机械（以齿轮减速器为主的机械传动装置），教师需要学生绘制装配图、零件图，并编制说明书。对于机械制造工艺学这门课程，教师一般情况下是要求学生设计零件及其工具，绘制全部图纸并编制说明书和加工工艺卡片。上述的全部内容需要学生在14天的时间里全部完成。这些课程设计涉及的理论知识很广泛，可以有效检测出学生是否掌握了专业课和前期的专业基础课的理论知识。

分析高等职业院校机械专业多年的教学实践经验，设计的完成情况可以总结为以下几点：

（1）可以完成课程设计任务书中要求的所有项目，如零件图、装配图、加工工艺卡和设计说明书，并把它们装在档案袋里。

（2）在完成过程中，零件和装配图纸是课程设计指导书里的案例图纸，说明书是课程设计指导书设计指导部分的参考。

（3）对于零件图和装配图，手工绘图的顺序不同，如先轻后重、先中间后周围等技巧的应用能力不同，图面的质量和清晰度也会有所差别。通过图面还可以判断学生对标注尺寸的顺序、基本公差和形位公差的认识，以及标题栏和明细表的表达这些知识掌握是否牢固。

（4）说明书可以检测学生对应用工程力学的基本知识的掌握情况。学生的计算条理是否清晰，设计和校核是否在说明书中有所体现也都可以检测出来。

（5）通过加工工艺卡片可以看出学生对机械制造工艺学基本知识的应用能力，由此可以看出其对加工工艺、工序的安排是否严整和富有逻辑。

（6）答辩过程检测出学生是否掌握了涉及的高等数学、工程力学、机械制图、机械设计基础和机械制造工艺学等专业知识。

（二）整合后的课程设计的优点

1.实践环节有的放矢

要通过工作实践提高学生的设计能力。例如，想要培养学生的实践能力，可以让学生经常接触零件设计，并让他们在生产实践中独立加工零件。学生可以融合在工作实践里经常用到的机械设计和机制工艺理论知识和实践，最终完成理论作品与实物作品。同时，通过实践环节，学生还可以学会转化动手实践成果为技术资料，适应技术发展、生产方式变化和社会公共服务的需求。

2. 接轨企业生产实践

设计企业产品需要进行反复实践。在这个反复实践的过程中理论和实践相互印证。课程设计的步骤是设计→通过生产加工对理论设计进行检验→形成作品。这个过程再现了企业的生产过程，培养并提高了学生的专业技能和综合能力，切实实现了"专业与产业对接、教学过程与生产过程对接、人才培养标准与企业用人标准对接、专业课程内容与职业要求对接"的要求。

3. 教学资源的节省

教师是教学资源中最有价值的资产。整合后的课程设计不仅可以节约教师资源，还可以减少资源产生的浪费，使单位时间的工作效率有了极大的提高，主要表现在以下几个方面：节省教学资源，教师能够把更多时间投入实践和教研里；结合后课程多了为期一个星期的生产加工环节，可以把这些时间加到 CNC 培训里，也就是说，使用培训的设备一个星期完成了两个星期的工作；课程设计的后期是整理资料和修改作品阶段，教师可以把它当作是一次毕业设计任务的提前演练，可以使学生对毕业设计作品的设计过程有一个正确的认识，从而减少教师指导毕业设计的难度，学生也能够真正学习到毕业设计的设计方法。

4. 学生能力的提升

实际加工作品是对设计作品的检测，通过完善设计作品也可以完善实际加工过程，两者相辅相成，理论和实践互为完善。在教师的指导下，学生可以独立完成对单个零件的设计和加工，学生也能够对工程力学、机械设计基础、机械制造工艺学和数控编程等基础知识进行应用。这些实践环节是对企业实际生产的仿真，通过这些实践环节，学生可以对企业的生产设计过程有所了解，其专业能力与基本素质也可以在实践中得到提高，为"大众创业、万众创新"做好准备。

5. 因材施教

有机融合课程设计降低了理论设计的难度，增加了实际的加工环节，这样可以充分发挥学生的长处，给学生一个展现自我的机会。设计作品充满个性，加工作品也就不可能千篇一律。传统的课程设计任务容易超出学生的能力范围的问题也得到解决，从而真正培养出高职院校所需要的高技能应用型人才。

三、课程思政视角下高职会计专业课程开发实践

（一）基于人才培养的双目标，拟定课程的技能目标与德育目标

高职院校会计专业要培养出具有能力且品德高尚的高技能型会计人才。课程就像跑道，每段跑道都能达到各自的任务目标。从"课程思政"角度再次开发专业课程，要在达到原有专业技能目标的基础上，再增加德育目标。首先高职院校要制订出专业育人的品德目标，然后把这个目标分解，分散到各个课程中。

1. 提炼专业人才培养的品德目标

会计人才必须具备一定的思想品德，才能达到行业对人才的要求。思想品德目标有三个层次。第一个层次是社会价值观层次。在这个层次里，人才需要践行社会主义核心价值观，爱岗敬业，诚信友善，对国家和民族充满信心。也就是说，新时代的大学生应该努力践行和传播社会主义核心价值观。第二个层次是职业道德层次。会计人才要有职业道德和自律思想，诚实守信，要能够正确处理各方利益关系。第三个层次是个人能力层次。在这个层次中，学生要提高会计职业技能和综合素养，学会沟通、合作，能够正确使用办公软件。

2. 将专业育人的整体品德目标分解为具体课程德育目标

在全国高校思想政治工作会议上，习近平特别强调："其他各门课都要守好一段渠、种好责任田，使各类课程与思想政治理论课同向同行，形成协同效应。"课程的思政教育应该找到知识和价值观的共性。每门课程都会培养一个专业技能，教师要在传授课程的专业知识和技能时巧妙融合价值观，使思政教育达到"随风潜入夜，润物细无声"的效果。学校无法通过一门课程传授全部的专业技能，当然也不能通过一门课程进行全面的、全方位的德育。每门课程适合融入的价值观都不同，在课程开发中，应找出不同学科的特点和规律，分别探索出适合融入其中的价值观。

"财务会计实训"课程通过大量的核算业务训练，能够使学生培养谨慎、细心、遵守规则、爱岗敬业等品质；"财务管理""审计"等课程通过结合实际企业案例，可以教会学生诚信经营；"出纳实务"课程可以使学生树立规则意识；"税法"课程通过对中国税法改革进程的讲解，使学生树立制度自

信；"纳税实务"课程主要通过传授合法筹划税收与违法避税的区别使学生学会正确处理个人利益、集体利益、国家利益之间的关系。

（二）梳理课程教学内容，寻找专业技能培养与思政育人的契合点

只有先明确了专业课程的德育目标，才能够拓宽专业课程内涵建设的范围。想要使内涵建设得以落实，就必须全面探索出专业教学内容中可以有效融入的思想政治教育因素。这些要建立在思想政治教育的原则上，还要对课程教学的内容有一个充分全面的了解。老师需要先对专业课程的内容和课程的德育目标有一个全面的了解，再从中找到融入价值观的教学切入点。选择教学内容是课程最重要的基础。

在选择教学内容的时候，主要内容仍然是专业技能教育，然后再融入适当的思政元素。也就是说，在课程中融入价值观，不是让教师把专业课上成思政课，专业课程的主要内容还是培养专业技能。但在培养专业技能的过程中，不能偏颇，不仅要传授专业知识，还要融合思政元素，两者并不矛盾。思政育人，以思政课程为主，讲好道理；专业课程中的思政教育，则应做好巩固、支持[①]。表 5-1 以"财务会计实训"课程为例，具体描绘了课程思政设计怎样实现德育目标，在教授专业技能时如何恰当融入思政元素。

表5-1　"财务会计实训"课程思政内容设计

专业技能授课要点	思政要素融入点	要实现的德育目标
布置实训活动，学生组建团队	①培养学生团队协作能力；②学习《周礼》大府、司会的不相容职责分离制度，明确岗位职责	①团队精神；②传统文化教育，增加文化自信
各类业务原始凭证填制与审核	①要求学生开展原始凭证审核、进行发票验证，引导学生思考取得真实、合法原始凭证的重要性；②以会计月末事项处理为切入点，引导学生审视"会计"工作对企业财、物管理的意义	①社会主义核心价值观传递：爱岗、敬业、法治、诚信的教育；②高仿真实训环境，提高学生对会计工作的感性认识，树立未来从业信心和决心

① 赵继伟."课程思政"：涵义、理念、问题与对策 [J]. 湖北经济学院学报，2019(2)：114-119.

续　表

专业技能授课要点	思政要素融入点	要实现的德育目标
各类业务记账凭证填制与审核	①财务会计核算遵循企业会计准则规范，提供符合会计信息质量要求的会计信息；②结合我国企业会计准则从无到有，到逐步与国际会计准则趋同的发展过程，讲述我国财税政策变更、经济建设变化历程	①培养学生规则意识，提高专业素养；②增加学生对道路自信、制度自信的认识，培养爱国情怀
账簿登记实训	①登账工作虽然内容较简单，但是实务操作中工作量繁重。以账簿登记实训为切入点，训练学生吃苦耐劳、一丝不苟的职业精神；②讲授中国会计文化："账"与"帐"的演变传奇	①培养学生的工匠精神；②培养良好职业操守、踏实工作作风
财务报表编制实训	①报表编制实训中，讲授蓝田股份等报表数据造假被依法退市案例；②请学生讨论总结会计信息的生成机制，更好地理解"会计商业语言"的产生机制	①增强学生对社会主义核心价值观法治、诚信的理解；②培养学生总结归纳、沟通表达能力
期末考核	以团队为单位，以一个月会计业务为内容，进行会计手工技能竞赛，作为期末考核成绩。技能竞赛中杜绝抄袭、作弊等行为	以严格的考核细节引导学生培养诚信为本、操守为重的会计人员职业操守

（三）校企合作、多种教学方法结合，提升思政教学效果

教学主要依靠课堂来完成，教师要结合学习情况和特点对教学实施过程进行设计，可以应用不同的教学方法对形式进行创新，提高专业技能与德育的教学效果。

1.校企合作教育

学校可以邀请管理人员为学生讲述企业文化。学生可以通过这些讲座更清楚具体地明白行业要求人才具有怎样的思想品质。学校还可以邀请行业专家来校展示优秀的工匠精神。校企合作开发课程，参考会计实际岗位的具体工作来设计教学内容和过程，使学生全面了解"审核与编制原始凭证—审核与编制记账凭证—登记账簿—编制报表"的过程，通过了解会计信息的形成过程，感受公司会计在实际工作中所需的专业水平。

2.创设高度仿真的工作情境

培训课程必须仿照现实，这样可以使学生真情实感地沉浸在情境里。比如，可以让学生接触各类原始单据。这些单据都是从实际业务中改编而来

的。通过这样的方式，学生学会了识别原始单据、判断经济业务并进行相应的会计核算。这样，我们的课程就非常类似于核算岗位的工作内容了。培训课程教材中的财税政策要实时更新，可以当作学校教材的校本。这样，学生可以学习到和企业核算工作要求相同的最新的财税政策的核算要求。实训室必须仿照公司的实际工作环境来布置，配备税务和银行工作台。培训课程的内容必须和公司实际工作岗位本质相同，涉及的财税政策和公司实际工作岗位同步更新，环境也要力求真实，只有这样，学生才能通过学习体会会计的实际工作，才能产生热爱工作的情感。

3. 开展信息化教学课程

教学可以使用信息化工具，在课程中使用实训平台，训练登记和录入手工帐就可以在这个平台里完成。学生可以使用它进行学习，如凭证录入和账簿登记等，实训平台可以自动判断划线、人民币符号填写等细节的得分。

实训教学时使用信息技术的主要优势有：首先，它可以帮助学生养成注重细节和谨慎的习惯和专业精神。实训平台的内部控制流程能够养成学生的规则意识。设置情境、培训内容和评估细节，就能够达到这个目的。其次，它能够营造一种公平的课堂文化氛围，有效避免不够公平的主观判断。平均每个培训业务包含采分点 20 个，一整个课程训练大概包含 300 个业务，也就是约 6 000 个采分点。如果全凭教师主观判断，工作量非常大，而且不能给学生及时的反馈，也很容易出错。利用实训平台自动进行评分，评分更准确，还有数据自动生成。最后，学生还能够通过实训平台提高学习动力，增强学习效果。平台能够在短时间内对学生做完的业务题评分，并把评分返回给学生，这种及时获得不仅使学生更有成就感，还增加了学习兴趣。

（四）加强专业课教师队伍建设，让教师成为跑道上德才兼备的"领跑人"

在进行思政课程教学时，学校要组织一批专业课教师任教，从而解决胜任和善任的问题。这批教师不仅要对课程思政教学具有积极性，还要具备课程思政教学的能力。通过制度，学校可以增加对思政课程的考核，从而使教师提高对思政课程的关注度，增强他们的思政意识；通过组织培训，学校可以帮助教师提高思想政治教育的能力。

专业课程的教师团队要和思政课程的教师团队互相交流和讨论，共同做好通过思政课程教书育人的本职工作。在课程实践中，教师可以通过三种方式在课程实践时建设课堂文化。首先，教师要给学生们树立热爱工作岗位、敬业、不迟到早退的榜样。"师者，人之模范也[①]"。其次，公正公平。在进行教学、评分时，教师应该严格遵守评估准则，践行正确的价值观。最后，不管什么事，"多管一些"。教师要管理课堂纪律，教学生怎么去做，在学校这个育人的场所营造出学习氛围，并增强思想政治教育的效果。

（五）构建课程思政考核体系，促进课程开发的闭环管理

教学管理不能没有课程考核体系，要想使课程的发展方向正确，也不能没有课程考核体系。课程开发中，应当构建包含思政元素的课程考核办法，促进课程思政建设，鼓励学生全面发展[②]。改革前的"财务会计实训"主要是用来检测学生的专业技能水平的。考核内容有原始凭证填制审核、记账凭证填制审核、账簿登记等；评估方法是教师对手工账判分。

要想在课程考核中增加课程思政部分，就要对其进行改革，也就是除了评估专业技能，还要评估职业品德。课程成绩就是专业技能（80%）和职业品德（20%）的总和。职业品德要求对学生的职业态度、情感和进取心等进行评估，具体标准是：学生的职业习惯必须良好，不管是做作业还是考试，都必须写得清楚标准，如果有错误，修改时要按照规定；学生要诚实，在教学中一旦发现学生有抄袭、作弊等诚信问题，就一票否决，即职业品德记为0分；对于自己的工作职责，学生必须了解清楚，在实际过程中要树立合作精神，评估时要求能够进行团队协作；学生通过写培训报告向教师呈现自己的思想认识水平。

改革后的考核方式重点关注过程，信息化手段使评估结果更加精确、科学，还达到了对学生进行思想政治教育的目标。

---

① 李帅，钟琳，谢万丽.致谢师恩 匠心育人——杨兴全：师者，人之模范也[J].印制电路资讯，2017(5)：29-32.

② 胡苗忠.基于"一个引领、一条主线、三个平台"的课程思政框架体系研究与实践：以浙江农业商贸职业学院高职会计专业为例[J].商业会计，2018(7)：127-129.

第六章 高职院校师资质量管理

第一节 高职院校师资队伍介绍

一、高职院校师资队伍中的"双师型"教师

（一）高职院校教师

"师"最早出现在夏、商、周时期。"师者，教人以道者之称也"。《礼记·文王世子》里讲到："师也者，教之以事，而喻诸德者也①。"董仲舒的"师"和司马迁的"师表"也都是强调教师的表率作用。《中华人民共和国教师法》规定：教师是履行教育教学职责的专业人员。高职院校的教师就是在高职院校履行教育教学职责的专业人员。

（二）"双师型"教师

和高等教育的教育性和社会性的"双重"性质相对应，"双师型"教师具有基本的和特殊的两种知识和能力结构，教育和教学在"双"地点、讲"双"内容、跨"双"领域，拆开来讲，就是符合"就业为导向、服务为宗旨"教育原则和实行"校企合作、工学结合"教育方法的教师。因此，除具

---

① 王卜冉. 新一代教师的自我解读 [J]. 新一代，2020(4): 158.

备普通教师的专业知识、基本能力和素质外，"双师型"教师还需要具备其他六种素养和职业能力：行业职业道德；敬业、职业素养；经济素养；社会交往和组织协调能力；管理能力；创新能力和适应能力。

《高等职业院校人才培养工作评估方案》把"双师"定义为双师素质教师，是指具有教师资格并满足下列条件之一的校内专任教师和校内兼课人员：①具有本专业中级（或以上）技术职称及职业资格（含持有行业特许的资格证书及具有专业资格或专业技能考评员资格者），并在近五年主持（或主要参与）过校内实践教学设施建设或提升技术水平的设计安装工作，使用效果好，在省内同类院校中居先进水平；②近五年中有两年以上（可累计计算）在企业第一线本专业实际工作经历，能全面指导学生专业实践实训活动；③近五年主持（或主要参与）过应用技术研究，成果已被企业使用，效益良好。这个评估规则主要适用于高职院校聘请企业专家在学校任教。这些教师已经有了多年在企业第一线工作的经验，只要他们获得了教师资格证，就可以被认定具有"双师"素质。

（三）高职院校"双师型"教师专业特征

高等职业教育的特点之一是学校有实践的培训条件和场所。高职教师是专业化的，这是和普通高校教师尤为不同的一点。教育工作对两者在很多方面（如专业道德、知识结构等）的要求和关注点不同。不同于普通高校和中等职业学校的教师要求，高职院校的"双师型"教师专业素质是它的独有特点。

1. 高等性

这是"双师型"教师的根本特征。"高"是高职教育的主要组成部分和最重要特点，这是由培养出的人才水平所决定的。和中等职业教育不同，高等职业教育的教学内容至少应有一定含量的现代科学技术、文化和管理知识。高职教育注重进行"高智力含量"的高等职业技术教育，培养"高级应用型人才"。这种人才的"理论应用技术"和"职业能力"兼具，还能良好适应未来职业的技术变革。他们是终端型高级人才，既有一定的理论基础，又有一定的技术和技能。这从各高等职业院校的培训计划里就能够看出来。

高职院校首先要配备和建设必需的教学设施和实训基地才能实现目标并提高教育质量。这是实现目标的重要方式，但是最关键的还是高素质的"双师型"教师队伍的建立。

2. 职业性

这是职业教育的基本属性，也是"双师型"教师专业素质的基本特点，还是和普通高等教育的一个突出不同点。高等职业教育在培养人才时，注重就业和市场。这个社会实践过程的特点是"依赖性强"和"变化周期短"。因此，"双师型"教师的职业色彩更浓。

3. 教学性

这是"双师型"教师专业素质的本质。近几年，越来越多的理论开始研究"教师专业素质"，实践也越来越多，培训基地也越来越多。教师职业自觉的专业规范、成熟的技巧、教师自身的知识储备和理想抱负决定了它的不可替代性。追求专业化是其认知和奋斗的过程。专业化不仅追求职业资格，还追求终身学习和自我更新。高职院校的教学过程不仅决定了"双师型"教师的存在，这决定了它的职业独立性。

4. 实践性

这是高职院校"双师型"教师专业素质的内涵。高职教育有两方面的内容：教育和公司实践。单纯的学校教育不是高职教育，机械的公司培训也不是高职教育，高职教育是跨界的教育。因此，它要有跨界的思考与跳跃。从定界到跨界，高质量人才必须经过"校企合作、工学结合"才能培养出来。因此，高职院校的"双师型"教师不仅要有较强的专业理论知识基础，还要有很强的实际动手操作能力。高等性、职业性、教学性、实践性一起决定了"双师型"教师应具备的专业素质。高等性是根本，职业性是基础，教学性是本质，实践性是内涵，这些要求便"双师型"教师专业素质的内容更加丰富。

二、高职教育对师资的要求

在层次上，高职教育属于高等教育；在类型上，高职教育属于职业教育，和普通教育不同。这两者的不同点主要是，普通教育有较系统的理论，要培养学术型、工程型的人才，高职教育则注重实践技术与专门技能，要培养技术型、技能型的人才。

所以，作为一种教育类型，高职教育既有高等教育的共性，又有自己的特色，主要体现在：高职教育的根本任务是培养高等技术应用型专门人才，目的是适应社会需要，要培养学生的应用能力，设计学生的知识、能力、素质结构和培养方案，毕业生要具备足够的基础理论知识、应用能力以及职业素质等；构建课程和教学内容体系的主旨与特征是"应用"；实践教学主要是为了培养学生的技术应用能力，在教学计划中占有较大比重；建设"双师型"教师队伍，是提高高职教育教学质量的关键；校企合作和工学结合是培养人才的必由之路；以就业为导向，侧重于敬业、就业以及创业教育等。针对高职教育的特点，高职教育对师资提出了特殊要求，可以概括为以下两个方面：

（一）特定的教育目标对师资的要求

一般情况下，人们觉得本科院校兴办职业技术教育是有很大优势的，即拥有雄厚的师资力量。本科院校教师的理论和科研水平更适合培养学术型、研究型、工程型的人才。但是，职业教育的目的是培养职业岗位所需的技术技能，培养出服务于生产第一线和基层的高级技术和管理人才。因此，职业教育的突出特征就是应用性，它更注重学生的实践能力，学生需具备较强的操作技能，能够在实际工作现场解决实际的问题，还要有一定的创新能力。综上所述，高职院校的师资配备要求明显是和本科院校有很大差别的。高职教育的师资配备应以双师素质为标准，也就是说，教师需要具备一定的理论水平与熟练的技术技能，专业技术和实践经验相结合。这个要求是由高职教育的教育目标所决定的。

（二）高职人才培养工作水平评估

有了教育目标，教育部就据此制定了评估高等职业院校人才培养工作水平的方案，主要有两个指标：一个是教师的理论水平，如在高职高专院校的师资队伍中，副高以上职称教师所占的比例、研究生或拥有硕士学位的教师在青年教师中的占比；另一个是教师的双师素质，如教师中拥有工作经历、不是教师专业技术职务的技术职务、行业资格证书、专业技能培训证书所占的比例，或者在本专业企业第一线实际工作的人数所占的比例。这说明，教育部要求高等职业院校的任职教师只有理论水平还不够，还必须有较强的实践技能。这就是高等职业院校师资队伍需要努力的目标和方向。

三、高职教师的地位和作用

教师通常决定了教学活动的质量。无论学校是什么，教师队伍的质量、数量与水平都决定了其教学活动是成功还是失败，也决定了学校的发展。高职院校之所以对其教师有特殊要求，是因为其培养对象与目标具有特殊性。在教育教学活动中，为实现教学目标，教师应处于主导性地位，并发挥自己的独特作用。具体地说，高职教师的地位与作用可以归纳为以下几个主要方面：

（一）教师是高职院校教育改革的主力军

只有通过所有老师的共同努力，才能改变以往人们对高职教育的看法。教学计划的制订、课程体系的建立、教学内容的挑选、教材讲义的设计、讲课、实验、实习等都是教师个人的创造性劳动。这些创造性劳动是教师为了达到高职院校的培养目标在教学的第一线展开的。所以，要想成功进行高职教育改革，必须先改变高职院校教师的观念。

（二）教师既是理论学习的领路人又是实践技能的传授者

职业教育教学的原则是"实际、实用、实践"。因此，在教学时应侧重培养学生的实践能力，提交专业课的针对性和实用性，把教与学有机地融合在一起。

（三）高职教师是教、产、研的主体和纽带

为了促进地区的经济发展，高等职业教育应运而生。高职教育培养的这些应用人才必须能够为地区的经济发展贡献力量，且能够扎根在当地。因此，高职院校必须结合社会的需要和实际的生产生活来设计教学内容，有机地把教学、生产和科研融合在一起，并把公司中现有的先进管理制度、经验、科学技术引进教学中。只有这样，学生在学校所学到的知识和技能才能符合将来的职业要求。教师主导了这其中的教、产、研。因此，教师不仅要培养学生，还要不断提高自己的能力。

第二节　高职院校师资队伍建设

一、高职院校师资队伍建设的重点

必须切实加强师资队伍建设，用大投入、花大力气、筑大系统打造高素质教学团队。教师在学校教学和学校各项工作中起着十分重要的（主导）引导作用，师资队伍建设是学校最重要的基本建设。高职院校需要一支素质精良、师德高尚、专兼结合、结构优良的专职教师队伍。同时，拥有专职教师和兼职教师是其教师队伍的重要特征，"请进来、走出去"是其师资队伍的一个主要运行方式，也是建设的系统所在和投入重点。一方面，高职院校应该创造条件，鼓励和引导在编教师走出课堂，常常深入或定期系统深入行业企业顶岗实践或从事实际业务与管理工作，了解行业、企业的发展状况，积累实际的工作经验，提高实践教学水平、自身的业务指导水平和动手操作水平；另一方面，高职院校还要聘请企业的业务、管理和技术方面的精英为学校的兼职教师，兼职教师要做到系统性，尽量保持稳定。

师资队伍建设的重点是专业带头人建设，花大力气、用大投入培养和选拔具有较高师德风范的教师，也要培养有教学能力、科研能力、社会能力和教学组织领导协调能力的专业带头人，这是学院重要的工作。要创造条件，营造环境，让专业带头人成为地位最高、待遇最好、最受人尊敬和尊重的教师，并真正成为教学名师。对他们的培养应当积极创造条件，不惜代价。在专业带头人带领下培育和锻炼优秀的教学团队，是师资队伍建设的重点之一，也是一项基础工作。团队既是专兼职结合的，又是以专职教师为主体的；团队既是流动的，又是相对稳定的。因此，必须注意在年龄、学历、专业、职称等方面的结构互补、优势互补，共同完成各项教育教学任务。无论是专职教师还是兼职教师，都必须注重师德教风、教学能力方面的提高，掌握较好的教书育人和职业技能训练能力、育人和职业生涯指导能力、科研和社会服务能力，真正把育人工作落到实处。加强高职院校师资队伍建设可以从加强高职院校师资培训工作入手，高职院校师资培训工作质量管理是质量管理理论在职业教育领域的具体运用和高职院校建设的重要保障[①]。师资培

---

① 　赵聪.浅析高职院校构建有效师资培训工作中的质量管理 [J].智富时代，2018(10)：184.

训是职业院校中人事工作的重要环节，培训工作组织的成功与否是检验师资质量的重要标准。

二、师资培训工作质量管理的必要性

近年来，国家越发重视职业教育，因此，必须增强职业教育的师资队伍建设力量。也就是说，提高高职院校教师的培训质量已经迫在眉睫，刻不容缓。为此，高职院校要建设一个终身的体系，隔一段时间就调查一次教师对于培训的需求，同时公布调查出的需求目录，展开订单式、定岗和定向培训等，使教师的职业培训更具有针对性；企业也要进行培训，并加强校企合作。

2016 年 11 月，教育部和财政部联合发布的《关于实施职业院校教师素质提高计划（2017—2020 年）的意见》（教师〔2016〕10 号）明确指出：2017—2020 年，组织职业院校教师校长分层分类参加国家级培训，带动地方有计划、分步骤实施五年一周期的教师全员培训，提高教师"双师"素质和校长办学治校能力；支持开展中职、高职、应用型高校教师团队研修和协同创新，创建一批中高职教师专业技能创新示范团队；推进教师和企业人员双向交流合作，建立教师到企业实践和企业人才到学校兼职任教常态化机制。通过示范引领、创新机制、重点推进、以点带面，切实提升职业院校教师队伍整体素质和建设水平，加快建成一支师德高尚、素质优良、技艺精湛、结构合理、专兼结合的高素质专业化的"双师型"教师队伍[①]。

三、师资培训工作质量管理内容多样化

这项工作很难，必须要结合高职院校的实际情况，不然难以发挥作用。因此，不同高职院校在统筹管理师资培训工作时，应该结合自身的实际情况与特点。为使培训工作产生实际效果，纳入一定组织管理的规范是必要的。人事处师资科应参照学校"十三五"发展规划以及一流高职院校建设和创新强校工程，依靠教师发展中心系统管理、规划教师培训，精心挑选出最能出效果的方法、内容，提高培训质量，理顺其中的关系，按照实际情况规划其程序、对象、目标、内容和主要形式，把其中的师资、物质和事务管理整理好。

---

① 李新发.以职业教育教师培训政策推进教师素质提升——《关于实施职业院校教师素质提高计划（2017—2020 年）的意见》解读 [J].江苏教育，2018(60): 15-19.

四、师资培训工作质量管理的对策

要想全面对质量进行管理，必须全体人员参与。只有这样，才能更好地组织、协调各方面的关系，提高社会效益。影响师资培训效果的因素主要是人员、物质和事务。

（一）培训工作质量管理中的人员管理

教师培训的对象是学校的教师，且主要是专职教师，还有一些行政和教学辅助人员。要想提高教师培训的质量，最重要的是鼓励全体教师都参加培训。这里所说的教师不仅包括授课教师，还包括院长、其他领导和组织部门的相关人员。

1. 领导者是核心，决定了培训质量

院长等领导层一致认为，教师培训很重要，关系到学校发展、战略和教学。要想达到其建设目标，建设一流的、创新的高校，就必须进行教师培训。

2. 中层部门的领导是执行者

中层部门的领导给师资培训安排任务和工作。中层部门的领导支持，师资培训才能有序完成。同时，对中层部门领导的培训也是教师培训的重要组成部分。

3. 普通教师是主体

只有普通教师对教师培训认可与接受，培训工作才能成功。组织师资培训工作时必须使普通教师积极主动起来，因此，培训课程和时间要科学合理，否则，普通教师就会排斥教师培训。执行者，尤其是班主任，必须管理前期（调查、计划等）、中期（组织、实施等）和后期（总结、反思等）全过程。只有班主任负责认真地管理，培训的效果才能好。

（二）培训工作质量管理中的物质管理

培训工作也需要一定的物质手段，如宣传通知、学员手册、培训讲义等。如果能把宣传通知做好，宣传效果就会更好。宣传方法如果有趣，也可以提高宣传效果。全面质量管理，要求所有细节都被标准化管理。例如，以学院手册来管理培训工作，受训人通过学员手册知晓培训的目标、内容、安排和管理要求，从而更好地接受培训，达到最佳培训效果；培训过程中专家讲座或报告重点不同，受训人通过预习或复习讲义可以更好地理解所学的知识；另外，硬件设备良好才能不影响培训质量，使培训工作更加灵活地进行和开展，学校的形象也可以得到改善，还能传播学校办学的正能量。

（三）培训工作质量管理中的事务管理

院长等高层领导要认识教师培训对高职院校建设和发展的重要性。高层领导要监督管理体制的实行，公布文件定位师资培训的目标，且说明培训在人事部门职责中的重要性。人事部门在此过程中要建设更完善的组织结构，组织更齐全的人员，注重其过程的管理，即需求调研、项目开发、教学过程管理、委托项目管理、教学质量监控和学员培训工作质量沟通与反馈等。

第三节　高职教师教学质量评价

一、高职教师教学质量评价的基础

（一）教师教学质量评价的内涵定位

教师的教学工作质量是一个综合性概念。它由很多因素组成，如教师的教学思想和态度、学术水平、教学业务能力和教学方法等，甚至涉及学生的学习思想和态度、知识基础和智力水平、学习积极性、主动性和学习方法，以及学校的教学条件、教学管理水平等。按照系统论的观点，教师教学工作质量可以被当作一个系统，其中的各个要素在系统中也有不同的位置和功能。要评价教师的工作质量，高职院校必须把握好在教师教学质量中占有重要地位并发挥主要作用的要素，还要敢于舍掉那些不重要、不发挥主要作用的要素。在确定教师教学质量评价内容并制订指标体系时，只有以主要内容为重点来制订指标体系，才能在评价实践中站得住脚，评价结果才科学可靠。因此，按照高职教学特色和教师工作岗位的特点，参考国家人事部有关文件中对事业单位工作人员德、能、勤、绩的基本要求，在抓住政治思想表现的基础上，教师工作质量监控与评价应该把教师的工作岗位职责和评价期内的工作业绩当作主要内容，评定方法定量与定性相结合，从基本素质、教学工作、教研科研和工作负荷等方面对教师工作质量进行全程监控和全面综合评价。

（二）教师工作质量评价体系的设计原则

1. 严密性与全面性相结合的原则

教师教学工作质量评价体系的指标所反映的范围必须是全面而广泛的，其内涵必须是具体而准确的；模型的建立和相应的数学处理方法必须逻辑严密而且科学客观。

2. 相对性与系统性相结合的原则

相比较绝对指标而言，相对指标通常更能反映服务质量的真实水平。因此，在设计评价体系时，要尽可能多地采用相对指标替代绝对指标。同时，要依据对实现评价目的的重要程度和指标体系的合理构成，合理选择各指标和权重，以突出重点并保持相对的均衡统一。

3. 定量与定性相结合的原则

评价体系是一个多维的复合系统，只有定量指标，或只有定性指标，都不能综合客观地体现系统的内涵。因此，原则上应该结合两者互为参考。定量指标可以确立明确的评价标准，通过量化的表述，直观、清晰地呈现出评价结果；定性指标所含信息量的广度和深度远远大于定量指标。定性指标的使用可以弥补定量指标的不足，使评价结果更加全面客观。

4. 可比性和可操作性相结合的原则

评价指标应具有普遍的统计意义，以便评价结果能够在教师之间进行横向比较，并在时间上进行纵向比较。

（三）教师教学工作质量评价体系的构建

为使评价过程更简便，方便开展评价工作，按照上述评价体系设计原则，将评价的基本内容按类划分，从而使分解后的评价项目具体化、可测量、可操作。评价体系由4个子模块组成，即评价的主客体、评价指标体系、评价标准和评分方法。

1. 评价的主客体

应结合实际对评价主客体进行定位，形成专家、系（部）和学生三位一体的评价主体。根据高职教学特色，构建多元化的评价主体和多层面的评价客体。

2. 评价指标体系

构建体系要有系统性，评价模型要有合理性、操作性。

3. 评价标准

按照高职教学特色确定各指标的质量标准。

4. 评分方法

研发专门软件，力求评价结果的准确性。

其中，该评价体系的评价指标体系，即《教师教学质量评价指标体系》，是整个评价的核心部分。它由一系列反映教师教学质量的评价指标组成。评价指标既是评价内容的载体，又是其外在表现。各项评价指标的内容及权重，构成教师工作质量评价体系。确定指标及其权重时，应在诸多影响和决定教师教学质量的因素中，找出最基本的影响因素，具体可通过问卷调查、专家访谈的方式遴选和确定指标。

（四）教师教学质量综合评价的目标和主客体

1. 评价目标

评价目标是整个评价活动的灵魂。只有先明确了目标，才能更好地展开评价活动。教师教学质量综合评价系统是高职教育院校的管理人员、社会教育机构和教育主管部门都需要的客观公正的评价工具。他们利用这个工具找到切入点以提高教学和管理水平，然后从根源上提高教育质量。高职学生注重教师的教学水平，系（部）注重专业的教学质量，教务处和督导处注重院校的教学质量，所以评价目标有很多，这也就表明了有很多评价层次。评估目标决定了评价系统应相应地把评估层次分为多个层次，这决定了教师教学质量评价综合系统应是多目标（multi-objective）、多对象（multi-target）、多评价人员（multi-person）和多评价层次的系统（multi-layer）。

2. 评价的主客体

评价对象系统的特点直接决定了评价的内容、方式以及方法。因此，对教师教学质量进行评价，首先需要明确教师教学质量综合评价的对象系统及评价的主客体。评估系统最终是要建立有效的教育教学质量监控与评估机制。它依托于教学管理体系和高职教育的需要确定最佳评估目标，确定最佳质量标准和评估标准，并设计教学质量评价指标体系。因此，评估系统主要使用者是学生、同行、教学督导或教育专家、社会中介机构（协会）以及教育管理部门，其评价对象就是各位教师。

（五）评价标准的作用

要想客观地判断对象的优缺点，就必须有可以参照和对比的评价标准。没有评价标准，具体评价也就无从谈起。评价标准就是判断对象优劣的标尺。一项具体的评价标准，是在一定条件下才能产生的，是相对的。评价的目的、范围以及出发点不同时，必须有相应的评价标准适应它们。因为社会不断进步、经济不断发展，人们对教育服务的需求也在发生变化，评价标准也必须不断发展和不断变化。因此，评价标准是相对的、可发展且变化的。但是在一定时间和范围内，评价标准是确定的。只有这样，才能产生评价结果。

评价标准有以下作用：①评价指标根据它可以精确地算出每个评估指标的得分，公正、恰当地评判高职教师的教学质量，还能够进一步分析被评价对象在教育教学管理等方面的优缺点；②有了它，根据一样的标准，可以横向比较很多院校或同一所院校不同系（部）的老师，从客观上指导老师的水平和地位；③评价标准能把许多人为干扰评价结果的因素的影响降到最低，使评估的操作性更强，使结果更加客观、权威。

（六）评价标准确定的方法

评价指标体系因为性质不同，一般可以分为定量指标和定性指标，对应的评价标准也分为定量标准和定性标准。在这里，我们重点介绍定量标准，定量标准由于评价的目的不同，可以分成定量评价标准值和相对应的标准系数。

从服务质量出发，定量评价标准通常可以分为四类：计划标准、历史标准、经验数据标准、客观标准。如果高职院校把提前制订好的年度计划和预期要达到的目标作为评价标准来看，那么这就是计划标准了。计划标准的缺点是比较主观，人的主观影响比较大。但如果高职院校可以制订出科学合理的计划、标准，就会有很强的激励作用。历史标准的衡量标准是被评价单位过去的服务水平状况。这种方法只能自己和自己比较，可以找到自我最优秀的时候，但是无法和他人做比较。这个评价结果不能在行业间进行比较，一般是单位用来测试自己的。经验数据标准就是根据其发展规律与长期的经验而产生的评价标准。客观标准以其他类似单位的服务水平状况为基准。一段时间和范围里的相似单位被当成样本，通过一些方法可以计算相关数据。客观标准相对来说具有客观性和真实性，适用范围广，评价结果有较强的可比性，与实际评价工作更加吻合。

在实际评价中，一般是根据不同的评价目的、评价环境和信息采集等条件，决定选用哪种标准。其中，满足评价目的的需要是评价标准制订方法选择的主要依据。根据教师教学质量评价目的要求，立足于为高职院校提供切实可行的教师教学质量评价工具，并为提高教学质量评价和分析的水平提供手段。因此，教师教学质量评价系统要遵循客观标准的原则。

二、校企合作的高职院校教学质量评价

在校企合作背景下，教学质量评价的内容质量在深度和广度上有所提高，评价的内容也会扩展[①]。校企合作教学质量评价包括三个方面：学生学习质量评价、教师教学质量评价、实践教学条件及利用评价。

（一）学生学习质量评价

学生的学习质量体现了高职院校的教学质量。因此，高职院校教学质量评价体系就包括了学生学习质量评价。通过在高职院校的学习，学生要学会实际操作、创新、找工作和创业，还要具备良好的思想品德、文化、专业、身心等素质，即"知识能力素质"。其中，职业素养和实践能力最重要。因此，评价其学习质量的主要参考因素应该是综合技术和技能，还有理论知识。评价的时候要注重他们的实践能力。学生的学习质量评价体系由高职院校和企业合作建立实施。很多学者认为，他们的学习质量很重要，学习质量就是学生增长和提高的知识、关键能力、自我认识、各种态度等。也就是说，它体现了学生明确或隐含的需要有多少得到了满足。要想提高高职院校的教学质量，需要学院中的教学系统环节整体出力。这体现了学

---

① 蒋阿宁，管建慧.校企合作的高职院校教学质量评价研究[J].商，2015(41)：289.

生学习质量评价对教学质量评价的重要性。同时，学生通过教育产生，但他们还要接受企业考查，所以必须评估其学习质量。接受高职教育的学生所学习的理论知识够用就行，主要还是要培养他们的实践能力，这是由高等职业教育的特点所决定的。因此，高职院校评价学生的学习质量，需要检测他们的知识、技能和素质。要想知道学生是否掌握了理论知识，不能仅仅检测他们对本专业基础理论和基本知识的掌握情况，还需要检测的是他们是否能够操作并组织一定岗位（群）的生产。也就是说，评估学生学习质量需要评估两个方面：知识获取和实践技能。在评估实践技能时要参考就业和服务水平，检验其是否培养出了能够满足社会需求的技术人才。评价高职院校教学质量主要是评价学生的实践能力。高职院校人才培养工作评估方案表明其实践教学环节有实验、实习、实训、课程设计、毕业设计等方式，所以评价学生的实践能力也是从这些方面来进行。现在来看，高职院校很少评价实践教学和学生实践能力。评价实践能力需要订合理的评价标准、方法和措施，更大力度地去评价实践教学环节。通过高职三年的学习，学生应该具有较高的思想品德素质、文化素质、专业素质和身心素质。高职院校在学生的实践教学和顶岗实习中，要让企业人员对学生进行素质评价[①]。

（二）教师教学质量评价

高职院校的教学质量主要依赖教师。高职院校本身的特点要求它必须拥有具有"双师"素质的教师队伍。因此，"双师"素质就是教学质量评价的一部分。如果有企业应用了教师主导或主要参与的科研项目的成果并取得良好效益，就说明该教师的理论知识和应用能力足够，只要他取得了教师资格证，就具备了"双师"素质。明白了怎么界定"双师"型教师，那如何评价"双师"素质也就清楚了。高等职业教育的学生"理论够用，实践为主"就可以，也就是说，他们只需要具备必要的理论知识，关键还是实践能力。因此，对老师理论和实践教学质量的评价非常必要。

1. 对教师理论教学的评价

理论知识足够即可说明老师不能把学科的知识从头到尾都教给学生，而是教给学生最有必要的部分。因此，教师必须有选用教材及其内容、组

---

① 靳桂龙，马伟．高职院校顶岗实习学生管理策略研究 [J]．科学咨询,2018(8): 89.

织课堂、选择合适的教学方法的能力。高职院校的教务部门需要对这些进行评价和监督，确定教师在传授理论知识时把握好了"度"。首先要多检查备课内容。教师必须熟知教务部门制订好的备课要求。不仅如此，教务部门还要和系部负责人、教研室主任等人一起评估其备课内容，确定教师挑选出了足够的教学内容，并通过合理的课堂和方法增进学生理解。其次要让教师进行说课比赛。评估方案要求教师至少说课一门，增加其难度，高标准、严要求地促进教师对教材性质、作用和特点的把握。根据这一要求，高职院校可以在教师间进行说课比赛，促进教师更理解理论教学。最后要紧抓教学技能。教学质量取决于教师的教学技能。许多高等职业院校的教师没有上过师范学校，参加工作后也没系统学过教育学心理学和教学技能。他们的授课方式通常来源于以前的老师，没有养成教学基本功，教学方法非常陈旧。为了提高他们这方面的能力，丰富他们的教学方法，有必要再继续培养教师的教学技能，并请教学管理部门评价。

2. 对教师实践教学的评价

高职院校教师要具备实践教学能力，否则培养出的学生实践能力也不会很强。要想提高学生的专业素质，就需要评价教师的实践教学质量。其评价标准是实践教学评价标准。如果教师在企业里实践教学，那么企业和院校的代表应监控、评价教师实践教学的每个环节；如果是在学校内进行，那么高职院校、课程专家、企业代表组成的"工作分析"小组按照职业要求、教学过程监控和评价教学的每个环节。校企合作的教学过程时间长，空间广。教学过程持续时间很长，并且在学校与企业之间轮流交替，这使评价标准更难制订。学校和企业应该密切合作，评价教学质量时，不仅关注过程，还关注结果。教学质量评价是教学质量管理活动的一项内容，其评价的是教学过程和教学效果。高职院校应更加重视监控和评价教学过程。教学过程评价机构（由高职院校领导、系部负责人和教研室主任等组成）要对高职院校教学过程里的每个内容进行评价。教学过程评价机构要掌握高职院校理论和实践教学的特点，重点监督和评价教师课程组织方式、教学内容选择、教学技能的掌握、教学方法是否合理、师生在教学中是否互动和学生是否参与到教学中等。因此，选择评价教学效果的方式方法更要慎重。教学质量评价的评价重点是教学效果，某种程度上来说具有实用性。社会和企业在接收毕业生时，更看重学生素质，不在意过程。但是，教学过程决定了效果。评估方案要求高职院校必须大量进行实践教学，因此，必须注重评估实践教学。校企合作教学过程的参与者不仅只有学校，还有企业。因此，校企合作评价教学效果，使教学效果经过较长时间的考核，可以使教学效果的评价结果更准确。

（三）实践教学条件与利用评价

怎样设计和运用实践教学的硬件，决定了高职院校是否能够具备较高的教学质量。因此，教育主管部门必须评估其基础实验室、实训基地等实践教学硬件和利用情况。实践教学对学生技能的提升效果明显。学生理论知识充足时就可以进行实践。这样可以使他们把理论掌握牢固，并掌握基本的专业技能。只有实践教学硬件具备，才能进行实践教学。因此，教育主管部门需要评价其实践教学条件，使其能够进行实践教学。在这种情况下，学生才能完善实践技能。首先要注重评估基础实验室。所有省份都要求高职院校必须评估完基础实验室，才能培养人才。教育部实施的《高等学校基础课教学实验室评估办法和标准》中指出，评价高职院校的基础实验室有六个方面，分别是体制与管理、实验教学、仪器设备、实验队伍、环境安全和管理规章制度。其内容包括管理机构、制度和手段、实验室主任及教学人员、教学开展及其管理等多个方面，主要涉及了硬件建设、软件配套、人员配备、教学与科研等方面。高职院校必须用专门的评价指标体系评价实训基地、实习基地等实践教学条件。教育部实施的《高等学校基础课教学实验室评估办法和标准》多年，已得到高职院校的认同，其内容相对全面，以其为模板可以设计其他实践教学条件评价标准。这个评价过程促使高校完善实践教学的硬件和软件，建立完整的制度和管理方法，提高教学设施的使用效率。

第七章　高职院校学生质量管理

第一节　高职院校学生教育和学生培养

一、高职院校学生教育

（一）树立自尊自强的信心

帮助学生树立自尊自强的信心，重新评估自己的能力，是促进学生人格健康发展和潜能充分挖掘的第一步，也是至关重要的一步。在升学竞争对教育的长期导向下，学校评价学生的标准主要是学科成绩，忽视了学生健全的人格培养。一方面，学生成了"考试的机器"，造成"高分低能"甚至"高分低德"的现象，难以适应新时代市场经济的需要；另一方面，高职学生在经受了考试失败的挫折后，身心疲惫，后劲不足，对前途产生了悲观失望的想法，也失去了对未来判断和选择的能力，不知道自己要干什么、能干什么。把尊重每个学生作为生命整体的发展需要放在首要位置，重视对他们的全面教育，促进他们认知能力、身体、道德和精神力量的全面发展，强调以行为而不是以结果来评价学生，转变那种"只有上大学、当专家才是人才"的狭隘人才观，技能型人才也是社会急需的重要人才。学校可采取"走出去、请进来"等多种形式的社会调查与社会实践活动，让学生倾听社会各行各业人士的心声，了解他们从事的职业与社会需求的重要关联，明白他们在平凡的岗位上干出了不平凡的事情，不仅赢得了社会的尊重，还实现了自身价值，同时对社会发展也起到了促进作用。让学生从活生生的事例中得到启发，领悟到人生的奋斗目标并不是只能通过上大学这条途径才能实现，还能通过其他各种方式，在社会各个领域展现自己的聪明才智，实现自己对生命的追求，"三百六十行，行行出状元"。

广大教师要达成一个共识，每个人的一生都蕴藏着许多机遇，对学生能力评价的最终标准是社会的检验，看学生踏入社会以后的表现、能力、贡献如何，展现在他们面前的将是一个全新的教育观念、教育体系。帮助学生增强信心，树立信念，强调学会做人比学会做学问更重要，要引导学生做自信的人，做意志坚强的人。良好的心理品质是一个人健康发展的必要前提，只有自身人格得到不断完善，人的生命价值才能充分体现，人的潜能才得以充分挖掘。在教学过程中，教师要改变思维定式，要明确教师不是学生意志的主宰者，而是启迪者、帮助者，对学生要多鼓励、多肯定，使他们产生积极向上的力量，获取信心，带着乐观、自信的心境去认识自我、表现自我。根据学生的实际能力，学校可开展技能竞赛、特长展示、演讲比赛等活动，让学生在努力发掘自我的过程中体验成功的自豪感和幸福感。

（二）重视学生的学习与思考

重视培养学生的学习和思考能力，为终身发展夯实基础。瞬息万变的信息时代、知识经济时代，在学校教育中获得的知识已不能满足人们的生存需要，人们已经步入了一个终身学习的时代。在这个时代里，人们不仅需要不断学习，还要学会学习、善于学习。随着社会的发展和科技水平的进步，未来的文盲不再是不识字的人，而是没有学会学习的人。

素质教育的理念就是要求教师不仅要对学生进行知识的传授和能力的训练，还要对他们进行思维方式的训练，让学生学会学习、学会思考，为自己的终身发展奠定坚实、丰厚的基础。长期的"应试教育"可能导致学生习惯接受现成的思维模式，缺乏主动学习的探索精神，特别是当学生未达到家长和教师要求的分数时，他们就会感到沮丧和失败，继而对学习感到厌倦。进入职校学习的这批学生，由于考试成绩不理想，心理上感到失落、无助，继而对学习不感兴趣，甚至惧怕学习。他们把失败的原因归结于自己的能力不足，天赋不够，这就要求从事职业教育的教师把培养学生的学习兴趣，提高学生的自我学习意识放在教育工作的首位。教师要承认孩子在求知的过程中属于不成熟的个体，要以学生为主体，构建一个充满阳光的课堂。教师在课堂上要少一些偏见与挖苦，多一些尊重与赞许，由单向知识传授转为双向情感交流，由一味指责转为想方设法让学生品尝成功的快乐，使各个层次的学生都能获得心理上的满足，从而使他们更加积极向上。教师在教学过程中要强调学习方式，让学生认识到学习的努力程度比学习的结果更为重要，要引导学生学会并掌握知识形成和将知识应用于实践的科学方法，培养学生对事物敏锐的观察与判断能力和对知识的分析与理解能力；在接受新信息、新理念时，具有取其精华，去其糟粕的选择能力；培养学生在熟能生巧的基础上勇于创新的能力；引导学生主动学习，独立思考，敢于去发现、去创造，敢于标新立异；教会学生发挥自己的优势，努力培养学生较强的在未来社会中可持续发展的能力；教导学生不关注一时的失败，只坚信自己每付出一份努力，都意味着朝着人生的目标前进了一步。成功了，归因于自己付出了努力；失败了，归因于自己努力不够，使学生正确对待自我，学会自己掌握自己生命发展的主动权，重新燃起探求知识奥秘的信心，把学习作为提升自己人生价值的重要途径。只有树立了强烈的自我学习的意识，学会学习，善于学习，他们才能主导自己的命运，拥有独立的思想，才会不断丰富自己内在的精神世界，创造出新的生命历程。

（三）选择适合高职学生的教育模式

在高职院校学生质量管理的过程中，可以采用问卷形式调查、收集对学生教学效果的反馈，从而全面了解学生的学习需求和状况，并根据这些反馈持续调整教学计划。在办学机制上要灵活多样。比如，在修完大一所规定的全部课程以后，学校根据学生的意愿分别设置就业班、升学班、第二专业班以及各种短训班等，让就业者有路可走，升学者有门可入，成人继续教育有平台可参与。在教学中，根据学生的文化基础差距较大这一实际情况，教师可以分层次进行教学。完全学分制的动态管理体系和灵活的课程结构能够锻炼学生的自主能力。学校可以增加限选和任选课程，学生可以自行选择学习内容，发挥自己的长处，弥补自己的不足，以适应学生的个性发展和职业方向。学生通过分组讲座这种教学组织形式，可以先思考并进行激烈讨论最终得到结论。精心处理教学组织形式的细节，努力营造轻松愉快的学习氛围。

可以采用不断变换学习场所、交换座位等方式，使学生在新鲜感带来的探求欲里开始一天的学习。

高职院校的学生质量管理让教师可以尽情施展自己的才华。教师只要能围绕学生进行教学，对待学生有爱心和责任心，了解学生想要什么，并传授给他们社会需要的知识和能力，那学生们一定能学到所需的知识和技能；学生将充分表达自己的个性，并发挥自己的长处，最终就业成功。只要学校积极主动服务学生，选择他们能够接受和喜欢的教育方式，就能提高他们的创新能力，助力他们事业成功。

二、高职院校学生学习质量培养

国家越来越重视高等职业教育的教学质量，因为学生的学习成果真正能表明学校的育人效果、证明学校的教育质量。当前理论研究的重点是高职教育的质量，却忽视了高职学生的学习质量。

学生的学习质量决定了教育质量。高职院校对课程和教学模式进行探索，增加教育资源的投入，没有别的原因，都是想提高学生的学习质量。本书通过探索学生学习质量等核心概念，研究了高职学生的学习特点，归纳了高职学生学习质量的概念。

（一）高职学生学习质量的概念及其特性

1.学生学习质量的概念

质量首先用于描述产品，后来才应用于服务、人员及活动等领域。质量是事物主客观规定性的量度表达，那么学生学习质量是对学习活动的主客观规定性的量度表达，是学习活动特性满足学生明确或潜在需要的程度[①]。基于人类最基本的需要（职业、成就、求真求善、安全和社交需求），学生接受学校教育。职业需求就是学生要找工作，这体现了一个人最基本的生存需求。而在当今社会中，学生要想找到工作，必须具备知识、技能和能力。成就需求就是说个人天然想要追求较高社会地位，通过自身具备的知识和能力回馈社会、追求目标并得到别人尊重。求真需求是学生想要探索事物本质和真理，求善需求是学生想要完善其道德和人格。前三种在所有需求里占相对

---

① 王军红，周志刚.教育质量的内涵及特征[J].河北大学学报（哲学社会科学版），2012(5)：70-73.

大的比重。职业需求和成就需求是功利的，求真求善需求是非功利的。质量就是统一质（学习促进学生身心发展）和量（促进了多少）。

（1）学习质量表现在两个方面：一个是学习的过程，一个是学习的结果。因此，学习质量不仅是学生自己对学习过程的感受，还是学习成果和目标的对比。

（2）学生的学习质量主要取决于学生是否满意学习活动的内容、结果、方式和过程等。这些是教师特意挑选出来设计安排的人类的知识经验。学生的学习质量还会被学校的教学条件所影响。所以，学习质量最终的好与坏和学习内容、老师、同学、教学条件等都有关系。

（3）学习质量反映了学生学习前后状态的差距，即比较学生学习前后的状态。这个结果实质上表明了学习活动的有效性和学习对提高人们素质的影响。比较学生学习后的结果状态和预期目标状态得出目标达成度，也就是教育起多少作用。预期目标学校定也行，学生定亦可。比较学习效果和学校定的目标说明学习质量客观存在，而比较学习效果和学生自己的目标体现了学习质量是学生的主观感受，表现为学生的满意度。这不是学术性的，而是和教学过程、服务和条件相关，着重表现了教育质量。

2. 学生学习质量的特性

学习质量特性是关于学生需求的学习活动的固有特性。

（1）功能性。功能性说明了通过学习得到的结果可以发挥应有的作用，可以提高学生的素质。例如，学生通过教师的帮助，获取知识和能力，进而能够学习水平更高的知识或胜任某种工作等，即学习成果满足某种教育标准。

（2）文明性。文明性指的是在接受服务的过程中，实体特性对消费者精神需要的满足程度。学习是指学生了解客观世界，并获取经验和知识来发展自己的身心。因此，它可以满足学生的精神需要。

（3）经济性。经济性用来评估消费者获得的服务和支付的费用（人力、物力和财力等）是否成正比。学生对学习活动投入了时间和精力。因此，他们想要获得他们投入的时间和精力与所获得的成果之间的关系，即学习效率。学习效率越高，学习质量就越高，反过来也是这样。

（4）舒适性。舒适性就是说消费者是否感到实体的服务舒适。例如，学生是否能在学校的课堂里体验到舒适快乐、公正公平，而不是感到焦虑和压抑。

（5）时间性。学生需要在规定的时间里完成学校的任务并达到标准。因此，学校必须满足学生的时间需求。例如，如果有问题，学生可以得到及时解答、教师可以按时上课等。

（6）安全性。学生的生命和财产不能在学习活动中有所损伤。

（7）可信性。可信性就是学生感觉学习活动结果可靠真实。相比学生而言，不管是在质方面，还是在量方面，教师的知识与经验都更有优势，学生会相信教师。

功能性和文明性是关于学习结果的，是最基本的特性。功能性是指学校为学生提供学习和成长所需的知识和能力。文明性是指学校可以促进学生精神成长。经济性、舒适性、时间性、安全性、可信性都和学习过程有关，教师通过对学习内容把关、对学习方式的设计以及实施教学活动来实现上述功能，这决定了学生的学习效率和满意度。

3.高职学生学习质量及其特性

学习质量的一个具体表现就是高职学生的学习活动能满足高职学生多少需求。高等职业教育结合了高等教育和职业教育，要培养的是高素质技能型人才。这些人才必须德、智、体、美全面发展，并能够胜任生产、建设、管理与服务。区别于其他教育类型，高等职业教育的目标决定了人才的培养形式和其学生的知识和技能结构。例如，高职学生需要理论基础够用，拥有广泛的专业知识，并能够利用理论解决问题，且可以进行组织管理。高职学生的知能结构决定了其课程结构、课程内容、教学方法、教学策略、教学服务、教学质量评估的重点与普通教育会有所不同，这种不同反映在学习中表现为学习内容、学习方式、学习过程和学习结果不同[①]。因此，高职学生学习质量就是学生学习质量特性具体在高职领域的结果。

（1）高职学生学习活动决定了学习质量的职业性和实践性。学生学习是主体对客体（教师精心选出的人类的知识文化经验）的能动反映的过程。高等职业教育主要是为了培养学生的实践能力，这就决定了它主要学习的是技术知识。这些技术知识也选自人类的知识、文化和经验，只不过是围绕实践的。它不仅包含技术实践知识，还包含技术理论知识。技术实践知识直接控制技术过程。技术理论知识就是对技术过程的理解，是静态的符号，它能够促进对技术的理解。因此，学校就需要通过了解实践是否对技术实践知识有正面作用来评估学生是否掌握了技术理论知识，这和普通教育所想要的完整系统的学科有很大区别。有了技术知识，才能培养学生的实践能力，才能使学生胜任工作岗位，它对于高职学生的学习质量有很大影响。

因为高职学生所学习的内容具备技术性和职业性，因此，他们的学习方式和过程必须具备实践性。在学习方式上，高职学生主要是"做"或"工作"，记忆为辅。其学习方式和过程联系紧密。比如，"做中学"中"做"不仅表明了学习方式，还描述了过程。绝大部分的学习都在实际情境中展开。学生所学习的技术理论知识必须联系情境才能体现其全部意义。例如，学习护理专业知识不能不护理病人。这些知识会变化，体现在实践过程里，所以想要获得和运用技术实践知识就必须在情境中进行实践。这种认识活动也包含实践和自我反思活动。实践活动对培养技能型人才很有帮助。通过实践，高职学生学习知识、认识世界，而不是改变世界，从而确保了其学习质量。

学校和教师通过提供和学生实践经验相适应的学习活动来提高其实践能力。高职教育很注意培养学生的职业能力，因此学习活动结构一般是"实践—认识—再实践"。不难看出，高职学生的学习活动起于实践，终于实践。换句话说，实践是高职学习中非常重要的一项内容。高职学生的学习结果是学生在学习方式和内容实物互相作用中形成的，必须经过教师的指导，是学习活动的产物。高职学生学习结果就是学生在知识、技能和素质等方面的变化，综合职业能力就是这些方面的有机融合。拥有它就可以把做好的设计、计划和决策转化成产品，并且拥有理论和经验技术、智力和动作技能。学生要想在社会上找工作，胜任工作岗位，就必须在学习中产生良好的学习结果。高职院校的目标决定了其学习内容、过程、方式和结果都具备职业性和实践性，而学生的学习质量反映在这几方面中学生的真实需要，所以其学习质量还有职业性和实践性。这就是学生学习质量功能性的具体化，它给出了高职学生学习质量评估的道路。

（2）高职学生需要的多样性体现了学习质量的人文性。满足学生多少需求直接决定了人才培养的质量和教育目标。美国心理学家马斯洛的需求层次理论把人的需要分为五类：生理需求、安全需求、爱和归属感、尊重和自我实现。生理、安全、爱和归属感需为低级需求；尊重和自我实现需要则是高级需求。自我实现需要就是精神追求，能激发个人潜力，发挥创造力。

上述这些需要具体到高职教育就是职业、成就、求真求善、安全和社会需要。因此，高职院校不仅要使学生拥有某职业的技能，还要使他们能胜任多种职业。高职教育不是以前认为的一次性的教育，而是终身教育，使学生能够适应不断变化的岗位要求，使学生不管是求职还是继续深造，都能终身受益。高职学生自己不知道所学的知识、技能是否有价值，他们只是希望能够学会所需要学习的内容，并且这些内容不管对现在，还是对未来，都能有所帮助。因此，教师要积极引导学生树立终身学习的理念。高职教育除了使学生学会谋生，还要关注他们的精神世界和个性发展，让他们的精神也有所成长。只有这样，学生才能实现自我。因此，满足学生不断变化的各种学习需求也表现出学习质量的人文性和文明性。

学习质量的功能性和文明性具体到高职学生身上就是职业性、实践性和人文性，即其学习活动可以提高综合素质。没有职业性和实践性，高职教育就没有了培养高素质技能型人才的特色；没有人文性，就不能使学生全面发展，高职教育也就成为培养工具的活动，而不是育人活动。虽然人文性不是独有的，但它区别于高职教育和职业培训，即体现了育人特征。高职教育很容易走入只要职业性、实践性，不要人文性的误区。但它们三个其实是平等的，只有让它们三个相互配合达到平衡才能提高学生学习质量。学习活动要开展需要得到教师指导、学校提供必要的教学条件和服务，从而使学生达到知识、技能和素质的某些标准，同时促使学生的成长。

（二）高职学生学习质量生成过程

高职学生学习质量的概念、内涵和特性能抽象解释学生学习质量。但是必须了解学生学习质量的生成过程和影响它的因素才能够使它提高。在这个过程中，各种元素相互作用。高职学生学习质量就产生于学习活动元素的作用。因为学习活动，才有了学生学习质量，其基本矛盾就是"知与不知"。学习活动的形成需要主体和客体持续互动，它统一了主体客体化和客体主体化。学习活动需要将学生现实状态与预期目标状态相比较。学生和教师、课程和学校环境等不断互动，以完成学习活动。高职学生学习质量参考学生的现实、可能和应然状态，从现实状态出发，努力达到可能状态，趋近应然状态，从而提高学生学习质量。

（三）高职学生学习质量的表达

质量需要对比实体特点和主体需求，其表达是比较的过程和结果，人们通过测量、描述、分析和判断，让这个过程和结果更具体。学习质量需要对比学习活动特点和学生需求，其表达的是它们的比较过程和结果。学习质量表达具有多样性特征，这是由学习质量本身的复杂性、模糊性、迟滞性、多因素性和潜在性等特征导致的，如学习质量既含有知识和技能等比较确定的元素，又含有能力、个性、各种心理体验感悟等比较模糊的元素；既有即时显现的学习效果，又有长期积累才能显现的学习效果①。在不同分类标准和方式下，其表达可分成静态和动态表达、过程和结果表达、显性和隐性表达、知识和行动表达、客观和主观表达、个人和社会表达等。不同角度也可以有机融合。例如，结果显性表达就是学生获得的学分和职业资格证书等。多角度表达有利于学校获取更多有关学习质量的信息，并更全面地了解学习质量。比较内容不同，其表达方式也不同。

实证思想是客观、具体的，探索奥秘时必须是科学的。实证性质量表达用指标具体客观表现实体特征，使用统计和度量等方式定量分析质量的指标。质量标准就是明确的规格，需要预先设定好。判断质量好坏对比实体特征和质量标准即可，越符合标准质量越高。

学习质量标准详细量化了人才培养目标，它可以分为学校的、专业的和课程的。高职学生学习质量的实证表达是学生的行为及其变化，如比较学生学习成果和学习标准（包括基础和专业知识水平、交际和思维推理能力、个人的观念和信仰等）、课堂积极参与并与老师互动次数、社团活跃频率、学习时间、作业达标次数、专业课程通过率、资格证书获得率、学生就业率和退学率等。学校和专业层面的学习质量表达主要是就业率、课程通过率和资格证书获得率。学生层面的学习质量表达是学习时间和行为。

1. 高职学生学习质量的实证性性表达方式

实证性是实体静态的状态或明确的结果能满足多少质量标准。适用性质量是用户在使用产品时能有多少需要被满足。用户的需要包括显性的和隐性的需要。符合性质量只看事物有没有符合标准，适用性质量除此外，还看事物有没有满足周围环境、其他个体或群体的需要。个人层面上，高职教育有

---

① 孙传远.高等教育多样性：特征、维度与价值[J].国家教育行政学院学报,2017(10): 46-51.

利于学生求知，使学生获得知识、技能和能力；它还要测试学生心理上是否满意学校环境等。从整体出发，高职学生学习质量符合学校的教育标准因而取得毕业证书，但这不能说明其就达到了用人单位、社会和政府的要求。因此，高职学生学习质量不仅需要学校评估，还需要终端组织评估。归纳来说，实证性质量表达侧重实体的固有特性和主体的显性需要，适用性质量表达则与之相反。其适用性表达是教育服务能满足学生多少需求和生能力能满足用人单位多少需求。

2.高职学生学习质量的满意性表达方式

满意性质量必须达到主体要求，也就是需要使主体满意。满意性质量是全面、动态、发展的质量，即主体不断追求更高的质量。满意性质量表达围绕人，在其价值和利益上满足主体的期望，包含表层的静态和深层的动态、结果和过程质量。满意性质量表达注意主体现在和以后的需求。满意性质量表达要实现的是各个关联主体的共赢，要从整体上进行优化，并不很注意单个主体需要或单环节完善。在微观上，高职学生学习质量的满意性表达是指学生对教师教学和学校环境满足其自身需求程度的表达。在宏观上，高职学生学习质量的满意性表达是指行业、企业和社会、国家对高职院校的毕业生满足其自身需求的程度的表达[①]。满意性质量表达更全面、更立体化，它体现了许多关联主体诉求的共同点。例如，学生、行业、社会和国家等都想使学生拥有就业能力，高职院校通过培养使他们满意。高职学生学习质量的满意性表达有学生对学习成果、企业对学生职业能力、社会和国家对其社会贡献以及家长对孩子成长情况的满意度。

第二节　高职院校学生思想管理与学习激励

一、高职院校学生的思想管理

思想是行动的领导者，特别是对于处于成长阶段、身心不成熟的学生，他们思想更活跃。管理学生首先要管理的是思想。其思想活动客观存在，但既看不到，又触摸不到。思想活动不是没有源头的水、没有根的树，它是客观世界的表现，因此具备规律性。高职院校要有针对性地管理学生的思

---

① 万伟平.高职教育质量评价的分析框架[J].长沙大学学报，2017(4)：145-148.

想，做好他们的思想工作，并符合学生的思想规律。思想管理的基本内容主要包括四方面。第一，促使学生树立正确的世界观、人生观，并学会运用辩证唯物主义观察、分析和处理问题，培养其奉献精神，使其思想健康发展；第二，使学生树立崇高的理想和信念，坚定政治立场；第三，使学生遵守纪律和法律，自觉增强法治意识，使他们能够自律；第四，解决学生实际的思想问题，使他们更积极、主动地去创造。从入学到毕业学生会经历三个阶段：入学、修业和毕业。相应地，管理也是这三个阶段。学生在不同的阶段里思想活动不同，思想工作的中心也相应变化。入学阶段学生思想因为自己的角色变了，角色和动机发生冲突，所以思想波动很大。这时候做思想工作必须从学生思想波动的原因入手，整体的教育和单独的教育都要有，使思想工作更有针对性，端正学生入学的动机，使学生尽快接受自己角色上的转变，适应大学生活；修业阶段使学生思想发生变化的原因很多并且分散，所以思想工作形式多样且随机应变，主要还是要单独给学生做思想工作，动之以情，晓之以理，示之以行，耐心地讲清楚道理，对有实际困难的学生，必须帮助他们解决实际困难；在毕业阶段，学生即将就业，思想上会产生较大的波动，导致波动产生的原因也比较集中，在这个阶段要时时关注学生的思想活动，积极展开教育，实事求是地分析学生的优缺点，提前做好毕业教育工作。

二、高职学生的学习激励

高职院校的学生绝大多数是青年。他们精力满满，活力四射，思维活跃，能够发挥自己的长处。但他们之中有的没有学习的动力、厌学，这些问题一旦不能得到及时研究和解决，就不能达到高职院校的教育目标。要想使高职学生积极主动学习，可从下面几点入手。

（一）提高认识

首先，使学生的思想觉悟得到提高，让他们建立正确的学习目的。高职学生三年的学习时间可以影响其一生的发展。因此，学生经过高职院校的教育，应该明白自己需要承担的历史责任，理解自己今天的学习关系到国家明天的发展和未来的建设，看到不断更新的科技文化；学生应该通过教育了解到世界上的新技术，并积极主动承担责任。学生应该了解到我们国家在科技方面还远逊于发达国家，使他们认识到自己的责任，并通过努力学习来为国家的科技发展作出贡献。

其次，使学生了解到专业学习的重要性，以此来提高他们的积极性。正如爱因斯坦所说："热爱是最好的老师[①]。"只有让学生喜欢所学的专业，他们才会产生积极性。有些学生自身就对专业有兴趣，那么教师就需要维持他们的学习热情。没有兴趣的学生，则需要教师去发掘他们的兴趣，并让他们了解到专业对科技的作用、我国和发达国家的发展水平还有多大差距。教师可以组织学生参观相关工厂和企业，使学生可以从感官上认识专业；或邀请校友回学校为学生作报告、开讲座等，这样学生就能了解专业如何推动新技术革命和经济发展；或通过实践让学生明白学习有多重要，从而提高他们的学习兴趣，让他们热爱专业，认真学习。

再次，传授学习方法。大学和高中的课堂差别很大，很多学生习惯于高中课堂的教学方法。因此，大多数学生认为大学课程很容易，也就放松了学习，不再努力提升自己。在新生入学时，教师要给他们讲述松懈的后果。这方面高职院校可以通过让高年级的学生讲述他们的经历来实现。同时，学校还要开展介绍学习方法的讲座让学生学会学习。如果有些学生确实很难适应，导致成绩不尽如人意，那就需要建立帮教小组，单独地对他们进行辅导。

最后，开展职业设计与辅导。毫无疑问，高校扩大招生规模导致就业市场竞争激烈。如果一个人只有高学历，那他就会被高素质、高水平的人挤下去。因此，学生为了生存和发展必须努力提高能力和素质。在这种现状下，学校可以增设职业指导课，学生可以通过问卷了解自己的性格、能力和职业倾向，这样，他们就可以更有重点地去学习知识，为就业打好基础。让学生了解实际就业情况并做好心理建设是学校的义务，这可以使学生在业时得心应手，不会茫然失措。

（二）营造合适环境

尽管有的学生自身素质较好，但他们的自控能力较差，这是因为没有好的学习氛围。还有很多学生不能很好地处理自己的学习和生活。为改变现状，高职院校可以通过以下三个措施建设良好的校园环境。

---

① 张晓静.激发学习兴趣，提高学习成绩 [J].青少年日记（教育教学研究），2019(3): 257.

1. 营造良好的学习氛围

习惯的养成需要生活环境的配合，良好的学习氛围对学生的学习态度、学习热情影响很大。如果高职院校能够创设良好的校园环境，就可以通过环境逐渐影响学生，实现各种学习的可能性，使学生有动力去学习。因此，教师要设计适合高职学生的教学方法，营造一个民主、平等的环境，开发学生的潜力。

2. 加强培训，树立榜样

在院、系的干部培训中，学校要培养起带头作用、思想先进的学生干部，入党积极分子则更要为其他学生作表率，但是高职院校还需要探索如何去发挥这支队伍的示范作用。受训过的学生干部需要做到的是生活中关心同学，主动帮助同学解决困难；需要有坚定正确的政治立场；及时了解学生的问题并帮他们解决矛盾。在教学上，师生互动学习，提高效率。学生干部、入党积极分子需要通过自身引导带动自觉性较弱的同学融入浓厚的学习氛围，整顿校园环境。

3. 完善激励机制，进行各种评比

高职院校的各个系部要逐步完善激励机制，开展更多评比活动，采取更多措施鼓励和肯定学生干部的工作，鼓励学生通过竞争共同进步，挖掘自身潜力。在各种激励机制下，学生必定可以大展身手，互相鼓励，弥补缺点，一起前进。最后，组织讲座并改革教学。

当前社会竞争激烈，为了在竞争中脱颖而出，高职院校要制订合适的学习和管理方案，实事求是地改革教学，不仅改革教学内容和方法，还要应用本科院校的学分制，逐步完善教学体系。不仅如此，高职院校还要积极开设专业的知识讲座和咨询机构，使学生能够自主发展、解决问题，营造良好的学术氛围。

第三节　高职院校学生就业质量管理

根据对高职学生竞争力的分析，高职院校主要是培养学生的基础与核心竞争力，也就是学生的职业素质。所以，高职院校必须让学生素质与培养目标相符。

一、宏观上，办出高职特色

伯顿·克拉克在《高等教育系统》一书中提到，当普遍的不景气发生时，没有特色的院校除在经费预算中的固定位置外，对资源没有特殊的权利[①]。一个院校如果没有特点，能够被轻易取代，那就很容易被认为是多余的。国家更推崇有特色的院校，而不是常规的。高职院校在人才培养上，既要区别于本科教育的"系统知识素质"，又要区别于中职教育的"以能力型素质为主"[②]。高职院校的教学模式要能够培养学生的技术应用能力，这种模式是灵活的、现代的、多元化的。高职院校的教学具备职业教育的特点，培养人才的"核心技能、核心知识"，高标准、高要求，理论和实践相结合，使学生能科学地运用理论解决实际问题。学生的就业率与学校新生的入学率、在校学生的保有率有直接关系。要提高学生的就业竞争力，学校要义不容辞地传授给学生竞争的"资本"。只有培养出的人才切合市场需要、切合地方经济需要，才能让人才被市场吸纳。对于广大高职院校而言，不能只求谋生存，更要在发展中生存。我国的高等教育越来越普及，协调高校的办学规模、办学质量和特色已成为十分突出的问题。"特色"是学校继续生存的前提，从没有特色的学校走出来的学生必然缺乏就业竞争力，没有特色的学校常常处于濒临"破产"的危险之中。因此，高职院校进行各项改革的重点首要的是办出自己的特色。

二、微观上，提高学生综合素质

1.综合素质的内涵及其结构素质的含义

综合素质首先包括感官和神经系统等人本身的身体特征，它能促进心理发展；其次包含个人通过社会实践得到的较稳固的身心发展素质。素质一般分成心智素质和身体素质。心智素质包括知识、技能和心理品质。心理学认为，提高心智素质需要学习知识、能力和社会规范。由于社会规范对学生素质影响很大，所以心智素质结构也包括该模块。心智素质包括知识、能力、

[①]　胡瑞琛.知识：影响高等教育系统运行的背后力量——浅析伯顿·克拉克的知识观[J].科教文汇（下旬刊），2018(7)：121-122.

[②]　潘丽萍.试论素质教育与高职院校人才培养的关系[J].长沙铁道学院学报（社会科学版），2013(2)：89-90.

社会规范和心理品质。知识对应智能模块，这部分需要通过学习获得；能力对应技能模块，这部分需要通过训练获得；社会规范和心理品质对应素质模块，这部分需要通过养成获得。

2.高职素质教育人才培养模型设计

人才培养方案的设计需要依据培养模型，而它的制订和健全决定了教学体系建设的方向。如果拥有科学的人才培养模型，高职院校的专业、实验室、技能训练基地和师资队伍建设就有了方向；要想建立人才培养质量评估体系，必须规范、科学地组织并管理教学。创新人才培养模式，实施"校企合作、学工交替"的人才培养方案，使培养的人才规格更适合于企业对人才的要求[①]。设计专业必须依靠市场需求，课程必须能培养职业能力，教学内容要跟上技术更新换代，确保学生喜欢并能够学会所需知识，还能在实践中真正应用。高职素质教育模型就是通过素质教育培养学生的能力，而且必须使培养出的应用人才知识够用、知识面广、能力强、素质高。不仅如此，高职院校的专业设计要符合市场和社会要求；建设的专业必须能够培养学生的职业能力，达到企业的要求；要符合现代教育理念——"以人为本"。高职院校设计的这个模型使人才规格满足社会需求、职业能力满足企业需求、教学组织满足学生就业需求，知识技能和潜力并重，具有实用性和适应性。

三、提升高职院校学生竞争力的原则

《中华人民共和国教育法》指出："教育必须为社会主义现代化建设服务，社会主义现代化建设必须依靠教育。"我国高等教育发展总的指导思想是高等教育的发展要适应社会的经济、政治、科技、文化发展。基于教育基本规律，制定高等学校发展战略必须遵守这一原则。高等教育应积极主动探索社会发展需要，并在符合教育发展规律的前提下促进社会和学生个人的发展。高职院校学生竞争力发展战略的主要依据是高职院校办学的总原则，还有高职院校自己的实际发展状况、区域经济特点、地方政府的政策法规等依据。制定战略需要根据院校实际发展情况，但也必须具备超前意识。高职院校的领导者必须知道高职教育是一种高等教育，是高水平的职业教育。制定战略要遵守超前性、适应性、系统性三个原则，超前性原则是一项总的原

---

① 缪朝东，徐志方.创新"校企合作、工学交替"人才培养模式的探索和实践[J].中等职业教育（理论），2012(10)：3-5.

则，它取决于教育的先行性和高职院校发展战略的未来性。超前性原则意味着制定战略必须着眼于未来，正确处理好与经济、社会发展的辩证关系，使高职教育发展适度提前，这样未来教育才能和未来经济、社会协调发展。适应性原则意味着该战略必须符合现在和未来社会环境的要求。未来社会环境范围很广，教育需要适应的主要是经济实力、经济结构和生产力水平。系统性原则强调全局性和整体性。它的立足点是全局，综合分析考虑怎么运用科学方法，正确处理该战略系统功能和结构的关系。提升高职学生就业竞争力是一项系统工程，需要社会、学校和学生三方的共同努力。

第八章 高职院校教学质量评价管理

第一节 高职院校教学质量评价理论

高等职业教育教学质量评价是由各级政府教育行政机构、社会中介机构或高职院校的教学管理部门组织，按照教学质量目标和标准，对教学工作的质量、价值进行评价的过程。这个方法是了解高等职业教育教学质量计划的实施情况和落实教育质量工作，获取教育质量信息，对教育质量工作进行检查和指导，确保教育质量不断提高的有效途径。现代教学质量管理的重要组成部分和高等教育质量保证体系的重要组成部分是改进质量评价的重要条件。本章将对高等教育质量评估的内容进行具体研究。

一、教学质量评价综述

（一）教学评价过程

教学评价是现代教学管理和指导的主要手段。教学评价是指以现有的教学目标和质量标准，通过系统地收集信息，运用科学的方法，对教育活动中的事物或人做出综合的价值分析和判断。教师评价的关键是评价的内容和标准，同时要遵循人才培养发展规律；有机需求、有机机遇、有机效益合并进行综合评价。对应评价对象的相应属性评价之后，评价指标体系应当系统地收集信息，对收集到的信息进行定量和定性分析。评判教学工作和质量接近评价标准的情况，依此指导学校改进教学工作。这是教学评价的全过程。这种基于现代管理学的教学评价是实现教学管理科学化、民主化、现代化的重要标志之一。教学质量评价作为教学评价的一个重要方面，对教学质量体系及其组成部分（动态和静态）的价值进行判断，评价教学活动的状态。从高职院校微格教学工作的角度看，微格教学工作是以教学目标和质量为标准，它是在系统全面地收集、整理、处理和分析教学信息的基础上，选用了观察法、访谈法、问卷调查法、计量统计法、评价法等标准化评价方法对教学质量进行评价的过程。

高职院校教育质量自我评价是动态管理的基本前提，是提高教育质量的重要保障。教学质量评估的类型根据不同情况可细分成若干类，但主要分为两类，即外部评价与内部评价。外部评价通常是指全国性或地区性的中介机构（包括教育界与教育界以外的专家、组织）受行政当局的委托，对某一对象或组织实施教育质量鉴定或评估活动。教学质量内部评估是学校自身的主动评价，它包括学校内部一切与教学过程和人才培养质量相关的方面，主要是评价、监控和调整其教学目标、课程计划、运行过程与机制、人力资源与硬件配置的状态，采取措施确保人才培养目标的实现。外部评价系统与内部评价系统应该结合起来，共同发挥对教学质量体系的价值判断功能。

质量评价是高职院校质量管理的一项重要任务。学术界对高等教育教学质量评价的定义并不十分明确。有人认为，"质量评价是通过各种测量手段系统地收集数据。"有人认为，"教学质量评价是指所有参与者按照一定的标准，根据教育目的和课程设置，并运用一切切实可行的方法和手段对教学质量进行测量、分析、比较和评价。"有人认为，"教学评价是从教育部收集信息，按照一定的客观标准统一各方面的信息，对教学过程和教学效果进行客观测量和科学评价。"概括起来教学评价的概念主要有两个方面：一是对评价主体的认识不一致；二是对评价方法的理解不一致。

教学质量评价是一项特殊的活动。明确评价的含义，有助于把握教学质量评价的概念。所谓评价，就是对客体的认识和主体对客体是否有价值的判断。简言之，评价是对价值的理解，价值是指"客体对主体的意义"，即评价作为人类知识的一种特殊形式，它不仅要描述和捕捉对象的物质属性，还要对其进行评价，同时是课题的目的。

（二）教学质量评价的要素与方法

主客体、方法、评判标准等基本要素构成了教学质量评价。教学质量评价的主体是教育管理者、学校领导和教师，除此之外，学生也是教学质量评价的主体。全校、各部门成员以及影响教学质量的各个方面、环节都可以成为教学质量评价的对象。它涉及教学的各个领域和方面，如人才培养目标、教学计划、教师教学质量、教学管理等。高职教育教学质量评价是建立在学校教学体系真实性的基础上的。换言之，高职教育教学评价必须以收集的有效教学系统信息为基础。

教育水平的测量是基于一个特定的理论，它被用来作为一个定量的工具。测试是一个系统的程序，用于衡量行为模式，是一个科学工具，能够对所有行为中的心理特征进行定量分析。考试、教育测试的某些标准，是对教育领域的测量和教育质量的评价。评价标准的多样性取决于评价目标的多样性。从以上分析可知，高等职业教育的质量评价是通过收集有关高等教育质量的必要信息得来的。职业教育评价和某些质量标准，是学校质量管理的一个重要组成部分。现代教学质量管理在保证高等职业教育质量的工作中占有重要地位。

（三）教学质量评价的分类

高职院校进行教学质量评价的对象，包括教学领域中的各种因素、各个环节、各项活动，其范围是非常广泛的。对教学质量评价进行分类，有助于高职院校从整体上把握学校教学质量评价的内容和范围。

按评价的时间和作用区分，高职院校教学质量评估可分为"诊断性评价""形成性评价"和"终结性评价"三种类型。

1. 诊断性评价

诊断性评价又称条件评价，是指在某一教学活动进行前，为使其计划更有效而进行的预测性、定量的评价，如对高职院校教师队伍结构、师生比例、各类教育设施的配置和经费来源等分析判断。其主要目的是了解被评价对象目前的工作情况，判断其是否具备开展某种教育活动的资历。诊断性评价的功能主要是诊断被评价对象的工作基础和办学状况。其基本特征是评价因素以客观条件为主，基本上不涉及教育活动参与者的主观条件；它是一种事前评价，评价内容体现了评价对象的数量与实质；评价方法基本上是定量分析；评价结果对评价对象的工作效率和学习条件的改善起到促进作用。

2. 形成性评价

形成性评价又称过程性评价，是指在教学活动过程中对教学活动的状态和效果的评价。它的目的不是预测或评价结果，而是熟悉教学过程中的情况，从而合理安排教学活动，以确保教学目标的实现。形成性评价的主要功能是调查被评价对象在工作过程中的优缺点，并提出改进建议。它的基本特征是评价中的衡量因素以教学活动的过程为主，较少涉及教学活动的结果；是一种进行过程中的评价，评价内容反映了被评价对象的工作水平；评价中采用的方法多是定性分析，有时是定量分析；评价结果对被评价对象的工作水平有影响，对其发展起到促进作用。

3. 终结性评价

终结性评价又称成就评价。它是指在某一教学活动结束时，将预估教学目标作为基本标准，对教学活动达到目标的程度，如对毕业生质量、教学质量和科研成果的评价。这种评价往往以目标来衡量和比较结果，因此也可以称之为目标评价。终结性评价的主要功能是考评被评价对象的工作绩效。其基本特征是评价对象主要是教学活动的结果，基本上不涉及教育活动的过程；评价内容反映了被评价对象工作质量的本质；评价所采用的方法大多是定量分析，有时是定性分析；评价结果对保障和提高工作质量非常重要，对被评价对象的工作绩效的提高起到促进作用。

从评价的测量因素来看，诊断性评价、形成性评价和终结性评价实际上是教育评价的三种类型。它们是相对独立和互补的。因此，高职院校的教育评价往往将这三者结合起来。

二、目标评价与过程评价

目标评价是对教学活动结果和质量的评价，也叫结果评价，如办学水平评估和选优评价等。它虽然也涉及教学活动的过程，但着重于对教学结果进行评定和等级区分。过程评估就是对教学过程的评价，如教学过程评价和学校管理过程评价等。它一般不直接涉及教学结果，而是重视对过程中各关键环节质量的诊断。从教学评估的发展趋势来看，教学质量评价有着越来越重视过程评价的倾向，这是因为人们越来越注重发挥评价的改进工作和为教育决策服务的功能。过程评价和结果评价既相互区别，又相互联系，并在一定条件下相互转化。具体地说，成果既是过程发展的自然结果，又是新过程的开始。因此，它们是统一的。任何试图把它们对立起来的行为都是错误的。

三、定性评价与定量评价

定性评价是对学校教学质量体系的各个方面进行分析，并从质的方面给出结论。定量评价是对学校教学质量体系的各个方面从量的角度进行分析、说明，并从量的方面提供事实。任何事物都有质和量的两个方面，并且两者是辩证统一的。

对教学质量体系的全面评价必然包括定性评价和定量评价。定量评价是定性评价的基础，而定性评价是定量评价的结果。如果评估只停留在纯粹的数据上，那么，它给出的只是一种单纯的数量关系，而无法解释评价事物的特性。同样，如果离开了评价者丰富的经验，也难以确定合理的数量关系，而不能做出科学的解释和评估。可见，定性评价可以作为定量评价的客观依据，但不能替代定量评价。定性评价是定量评价的前提和最终结果，但在整个评估过程中，定性评价不能取代定量评价。也就是说，定性评价和定量评价不能相互替代，它们的关系是相辅相成的。

四、教学质量评价的功能

（一）教学功能

1.鼓励教与学的共同进步

教学质量评价包括提供有关教学场所有针对性和有组织地调整信息（或反馈）的过程。委员会引导教师和学生通过大量教师反馈信息，积极参与下一步的教学活动，帮助教师和学生利用反馈信息使自己的行为适应教学活动，从而实现教与学的双赢，提高教学质量并最终实现教育目标和学习目标。

2.完善教学组织管理

教学质量评价的结果可以提供与教学过程活动相关的各种信息（信息资源），为教学管理提供依据。这个教学质量评价有助于学校管理者决定教师的聘用、评价、晋升和奖励，有助于教师的继续培训，同时组织协助教学管理部门开展教师评价工作，及时对自己的工作做出决策，提高管理水平和效率，以提高教育质量和教育管理水平。

3.促进教师改革和教学的发展研究

教学质量评价的结果可以直接反映教学目标实现过程中存在的问题和差距，检验课程实施和课程设置是否适用于教学活动，并采取必要的改进措施进行教育改革。比如，课堂教学质量评价可以用来监督和监控教学质量，提高课堂教学质量。

（二）社会功能

教学质量评价具有学校的内在功能和社会功能。比如，对教学条件、教学状况、教学质量和专业教学水平的评价，在某种程度上展示了一所学校的综合实力。它一定程度上代表着培养人才的质量。成千上万的学生，经过对知识、能力、素质的预测和评价后，步入社会。从这个意义上说，教学质量评价在某种程度上对培养优秀人才有看重要影响。

（三）心理功能

心理功能是教学质量评价的重要功能之一。一方面，客观公正的评价能够激发师生教与学的动机，对师生的自我意识、情感和意志产生积极的影响。例如，积极评价可以使师生产生成就感，从积极的角度进一步认识自己，增强自信，使积极的情绪趋于稳定，从而提高教与学的积极性，追求更高层次的教学目标。另一方面，评价也能对学生的个人修养产生积极的影响。评价过程可以提高学生和教师的自信心，调节学生的学习心理和情绪，培养优良的意志品质。

五、论教学质量评价的作用

（一）指导作用

教学质量评价是通过对教与学的状况进行系统检测，对教学效果和教学目标的实现程度进行评价，并做出相应的价值判断以提高教学质量的一种工作过程。因此，对教学质量的评价对教师今后的教学活动起着重要的指导作用。

（二）调控作用

质量评价是对评价对象的各种因素和指标进行逐个测试，了解情况后，找出不足和差距，接收大量反馈，并在此基础上决定教育改革的方向，同时被评价者必须找出自己与评价标准之间的差距，并根据评价结果进行自我调节，才能不断改进工作。这样，评价就可以从多个方面来调节教学质量。

（三）识别功能

通过一系列的测试、评价和考试，教学质量评价能够全面掌握被评价者的实际水平。这就为相应的评审工作，如评选、评比等提供了依据和可能，因此在资格评审等方面有着广泛的应用。

（四）激励作用

作为被评价者，每个个体（单位或个人）都有实现自身价值和获得高评价的需要。这个评估结果的价值份额（确认或缺失）不仅可能导致受益人确认收益，还使他们发现了工作中的差距、不足和错误。评价结果能在一定程度上激发被评价者的竞争意识，鼓励被评价者按照一定的教育目标来调节自己的行为，这不仅有利于激发和调动广大教师的积极性，还在一定程度上促进广大教师要刻意规范自己的行为，以达到相关的规范目标。

综上所述，教学评价具有导向、调节、识别和激励的功能。教学评价具有控制功能，是制订教育教学计划的依据。

六、高职院校内部评价方案的实施

（一）编制考核计划

高职院校内部评价是对高等教育的一种定期评价，这无疑是形成高职院校内部自我控制机制的有力而有效的质量保证和控制机制。高职院校要加强内部评价，完善内部评价机制，逐步实行内部质量保证体系，按照质量目标和标准开展高职院校内部评价活动，对人才培养过程中的教学工作进行积极、动态监控，确保人员培训质量尽可能符合要求。高等学校内部评价（自评）要以学科和课程的统一评价为重点，制订评价方案，定期开展教师评价活动，及时收集社会反馈，积极满足经济社会发展需要。高职院校内部评价机制是高职教育工作顺利进行的保障。完善高职院校内部评价机制包括评价后改进评价的主题、内容和结构等。

高职院校内部评价是一个复杂、细致、专业的过程。如果对职业院校的评价没有计划或者评价标准太高，会引起学校老师和校长的反感，影响学校的教学工作，影响评价的目的。这就是为什么高职院校内部评价必须全面、统筹考虑，科学合理的原因。在《现代汉语词典》中"计划"是指在工作或行动之前预先创造的具体的内容和步骤。在这里，评价方案主要是指评价前制订的具体内容和程序。在整个评价过程中，综合评价方案主要包括指导思想、方法、数据和资料、时间和进度。评价小组所有的评价计划都必须有明确的定义和必要性。评价体系的具体编制应根据高职院校内部评价的特点进行。

1. 要重视专业的品质评价

这是因为高职学院的专业建设是其他教育活动背后的推动力。只有专业水平不断提高，提高人才的培养质量才有最基本的保证。

2. 要重视自我评价

学校的内部评估专家是从学校各个部门选拔出来的，对参与评估的部门有一定的了解，可以全面、系统准确地掌握各部门教育教学活动的信息。自我评价是教师和管理者对自己的工作进行评价的行为。评价的目的是"改革"和"建设"，与教育教学直接相关。这就是为什么在评价过程中要充分发挥师生的积极性和主动性。

3. 重点评价与日常评价相结合

日常评价是指按照既定计划进行监督检查，及时发现问题，采取改进措施，能够维护正常的教学秩序，保证教育质量。重点考核是在日常考核的基础上进行专业考核，其目的是针对一个共性问题或薄弱环节，从而引起领导和师生的重视。

4. 将评价结果与保障措施相结合

要使教育评价具有权威性，就必须使评价科学、准确，同时必须有保障措施。为了学院和系教育水平的提高，为建设有效的重点学科和课程，要对获得优秀评价的学科和课程进行奖励。

（二）评价实施流程

科学合理的实施评价，是有序改进工作的重要保障。学校内部评价的实施过程包括以下几个方面：被评价学校单位按照计划和进度进行自我评价，并在收到自评报告前一个月提交学校自评报告等材料。进行正式评价之前，应建立一个充分发挥学校学科群咨询和管理作用的学校诊断性评价机制。这一机制可以对被评价单位的评价工作进行诊断性评价，提出改进意见，保证评价工作的顺利进行。学校邀请校内外专家组成专家组，实地研究和评价查阅自我评价报告和背景资料，听取自我评价报告，对机构和设备进行现场检查，组织研讨会和问卷调查，对被评价单位的研究、评价提出意见，提供评估结果和建议；根据专家组对被评估单位的咨询报告，得出评估结论，组织召开学校评估委员会会议，并对评估专家组提交的有关材料进行审查；评审委员会成员对评审结论进行评审，并对评审结论进行秘密表决；被评级单位应制订纠正措施计划并实施；评估和纠正工作通过，评价结束后一段时间内，被评价单位对工作进行重大变更，以便对改进工作进行评审和管理。高职院校内部评估的主要目的是促进高职院校发展，进一步明确职责意识，提高职能手册质量，进入自我发展、自我限制、自我完善的运行机制。

因此，完善和建立高职院校内部评价体系是一项重要的工作。学校展示高职院校办学成果，总结办学经验和特点，针对办学中存在的问题提出补救措施，并从"被评价"的角度认真进行自我评价，把"欢迎评价"改为"积极评价，评价与建设相结合"，以评价促改革、以评价促建设。同时，评估工作具有深厚的群众基础和良好的社会效益，因此，学校应进一步转变教育观念，深化教学改革，强化教学结构，加强教学管理，提高教学质量。

第二节　高职院校教学评价体系建设

高职院校教学质量评价是一项系统工程，是办学思想、教师学生综合能力、教学管理水平等诸多因素综合作用的结果。因此，高职教育教学质量评价指标体系是一个由多个评价项目分解后组成的综合性整体。

评价指标体系是高等教育教学评价项目的一种常用表达方法，是将高职教学质量体系的综合项目分解为具体的可度量的评价指标，形成一个系统的、相关的指标体系。评价指标体系是评价工作的操作程序，规定了评价工作应"评价什么"。评价指标本身对教学有指导作用，即评价测验指标。因此，评价指标的建立和选择非常重要，既要体现高职教学的本质，又要注意发挥其主导作用。评价指标体系一般由评价指标、权重系数、评价标准和统计方法组成，是一个完整的指标体系。

高职院校教育质量评价工作要想长期持续下去，必须遵循一定的原则，评价的组织者和评价者自觉按照评价的目的和规律进行评价，以提高各级教育质量评价的信度和效度，切实保障教育质量得以提高。提高高等教育质量评价体系的设计应遵循以下基本原则。

一、主要原则

高职院校人才培养水平与教学质量是多种因素相互作用的结果，有效的教育管理是提高教育质量的前提。教育的有效实施是提高教育质量的关键。教师队伍结构、教育的有效组织与管理、专业与课程的发展与改革、实验与实践的培养条件是教育有效实施的基础。高职院校要把握关键因素，根据不同因素对教育质量的影响程度赋予其不同的权重。根据优先级，主要因素是高权重数据，相对重要的因素是平均权重数据，一般因素是轻权重数据。

二、动力学原理

质量评价体系是一个动态的结构，人们对高职教育质量的认识也是一个动态的过程。影响教育质量的因素是动态的，因此要从动态发展的角度考虑不同时期影响学校教育质量的主要因素。例如，一段时间内教材投入不足可能是影响学校教学质量的关键因素，教材经费增加后此因素将不再是影响教育质量的关键因素。因此，高职院校教学评价体系建设要将影响教学质量的因素置于动态发展之中，在建立各项制度时，要充分考虑最终目标与当前现实、长远部署、分步实施的关系。

三、指导原则

引导是评价教育质量的重要功能之一。评价的目的是提高教育质量，为学校教育指明方向，保证评价起到导向、激励和纠正作用。比如，学校注重教育的建设和改革、教育管理、教育效果等，权重系数比较大。因此，评价的主题必然集中在教师队伍的工作上。评价主体要按照这些要求开展教学，规范教育管理，在评价中发挥主导作用。被评价必须充分体现思想性。如果评价指标体系不科学，就会偏离评价目标。评价活动应加强导向，充分考虑评价对象的差异性和评价活动的多样性。任何有效的评价行为都是评价主体自觉或不自觉地遵循一定的评价原则对自身进行评价的结果。无论是对教育质量体系本身的评价，还是对教学质量体系各组成部分的评价，都离不开指导原则。

四、特色原理

办学特色决定了办学档次，反映了办学实力。办学特色有理念型和项目型两种。前者是学校长期运行形成了升华和积淀的精神基础和文化品位，后者是学校办学和教学中建立的有效管理模式。办学特色的形成是一个渐进的过程，学校或部门不可能在短时间内形成鲜明的特色。它是一种文化积累，是一项长期的工作。高职院校需要找到突破口，优化现有资源，形成、保持和发展自己的优势，通过院（系）级教学评价，在具体分析自身情况的基础上，逐步形成自己的特色。在院（系）级教学评价中，有些标准会对特色教学文化一票否决，这不仅会阻碍学院的发展，还会阻碍本部门的发展。因此，在设置评价指标时，要注意在体现基本要求的前提下，尽量不做硬性规定，应增加灵活性，根据各院（系）不同专业、不同课程、不同领域设置特色标准，鼓励各院（系）工作创新突破，督促各院（系）不断探索，发挥自身独特优势，发展自身特色。

五、简单原则

在客观、清晰的前提下，指标体系应具有易用性、成本效益。为了能够顺利进行评价，各方需要共同参与，否则容易造成主次不分明的局面，但评价指标体系不宜过于简单。指标体系过于简单，末级指标太少，只能反映部分指标的评价情况，不能有效地反映整个评价指标体系的实际情况，从而影响评价的准确性和科学性。

第三节　高职院校教学评价问题分析

一、评价指标的严肃性与认识的多样性之间的矛盾

高职院校评价指标由教育部制定，各地必须严格执行，这是毋庸置疑的。然而，在评价指标的实施过程中往往存在一些问题。

比如，大多数指标是"抽象"的，对教育部文件全面系统的解读，不同的专家、不同的省份、不同的学校有不同的理解。再比如，某指数是对某一特定地区高等教育客观认识的产物，当然，这是一个新的问题，不同的地点会有不同程度的协调，如教师结构指标要求兼职教师占职业实践培训师总数的比例要达到一定水平，合格标准是 10%，优秀标准是 20%，但一些高职院校教师队伍的结构性问题不是兼职教师太少，而是兼职教师太多。另外，评价指标概念模糊，而评价标准可能会发生变化，因而迫切需要一个统一而果断的表述，这是评价体系完整性的一个重要方面。

二、专家组工作强度大与工作时间相对不足的矛盾

根据教育部的评价计划，专家组在评价期间必须完成十项以上的计划行动。实际上，专家组的每个专家平均每天工作 12 个小时以上，个别专家甚至忙到了下半夜。考核是一项高智力、高体力的活动，必须在规定的时间内完成。正是因为专家辛勤工作，才在最短的时间内完成了评价任务，最大限度地减轻了学校的负担。但从评估组织者的角度来看，安排专家做大量的工作并不合适，专家也需要休息。因此，如何保证评估任务的及时完成和专家组的合理工作量，是摆在我们面前的一个新课题。造成这一矛盾的原因有两个，一是评估任务过重，二是专家缺乏培训和经验。

三、创优积极性高与严格控制优优秀比例的矛盾

高职院校不能忽视评价目的，也不能忽视评价过程。有学校认为，对高职院校的评价是对高职院校的重新洗牌，是学校生死攸关的大事。只有"优秀"的学校才能参加下一轮的全国性竞争，获得更长远的发展。在很多学校看来，拿到"优秀"是唯一的选择，拿到"好"和"合格"几乎就是"不合格"。

在全国范围内，有的学校为了争先争优而召开承诺会，有的学校与全校干部教师签订了责任书，有的校长在全校动员会上说出不恰当的话。在实践中，大多数高职院校为了追求"卓越"，都设定了更高的目标。但教育部明确规定，不同地区的"优秀"高职院校比例不应超过总数的一定比例（通常为30%），这与参评学校的整体争优情形形成鲜明对比。

四、评价结果歧视与专家组视野有限的矛盾

从科学的角度看，评价结果原则上应该是正态分布的，即两端小，中间大，绝大多数学校都应该在优秀和合格的名单上。这就要求省级高职院校评估专家委员会进行宏观审计，确定或取消一些评价结果。但是，评审委员会也存在一些问题：一是今年并不是所有委员会都参加了对所有学校的评审，无法对评审进行横向比较；二是经过第一时间的详细审查研究，专家组的评价结果不一，达不到预期的效果。因此，委员会不应轻易否定其结论或提出其他建议。可见专家委员会必须依靠专家组，但专家组也不一定可以做出绝对客观的判断。

五、学校对专家组寄予厚望与专家指导有限的矛盾

被评估院校对专家组有很高的期望，这种期望可以分为两个层次。第一层次是期望专家组达到学校设定的参与评估的目标。一般来说，专家组达到指标要求的标准相对容易，当然，也有个别学校达不到第一层次的期望；第二层次是期望专家组参与评估，这是更高层次的期望。这种期待不仅仅是指得到优秀水平的评价，更希望得到专家的建议，甚至是化石为金的灵感和化春风为雨的指导。这就要求每个专家组中的每一位专家人人都是大师，要有高超的技术和智慧，要准确地评价学校。但这一要求显然很难达到，主要是因为学校把专家神化，认为专家无所不知，无所不能；专家缺乏信息，方向模糊，引导乏力。学校想通过评估推进工作提高办学水平的初衷与部分专家指导能力有限的矛盾，是高职院校评估中不可回避的问题。这对专家队伍建设提出了更高的希望和要求，也为评价过程中重鉴定、轻指导的倾向亮起了"黄灯"。因此，建设一支高素质的评估专家队伍是当务之急。

第九章　高职院校实践教学质量管理

第一节　高职院校实践教学质量保障

一、高职院校实习内容与质量保证体系

实践中的质量保证组织体系由六个子系统组成，即质量保证管理体系教学实践、质量保证信息系统教学实践、质量保证评价与诊断体系教学实践，质量保证信息系统教学实习、质量保证系统教学实习、质量保证支持系统教学实习。

（一）质量保证实践管理体系

实践框架的开发是一个结构复杂、内容丰富的系统工程，它必须有一个高效的指挥系统。指挥系统是整个组织系统的核心以及顺利运行的关键。一般来说，指挥系统是由负责教学的主任或副校长组成的，管理体系由教育行政部门及其负责人、教学中心、组织部组成，纪检委、人事部、学院、教育部组成评审组。还可以增加一些具有丰富实践经验的一线教师和教育科研方面的专家。

（二）收集质量保证信息的实用系统

质量保证信息系统教学实践是全面质量管理的前提和基础。系统由教务处和教学部共享委员会负责，收集在实际应用程序中看到的动态信息、教学活动和教学活动后的反馈，并以网络为平台定期提供相关的状态数据和活动信息。在信息采集过程中，应考虑信息采集与日常教学管理的有机结合，以提高信息收集的效率和准确性，根据学校实际情况为学校做出正确决策提供准确的事实依据。

（三）质量保证实践的评价与诊断系统

实用质量评估与诊断系统的任务是收集、整理、存储、统计和分析系统提供的各种信息，定义和解释一些具体的信息，发现问题，并对其中所反映出来的信息及其成因提出相应的解决方法，并对教学实践活动进行反馈。因此，诊断系统的评估非常重要。该小组必须由负责教学的副校长、负责相关部门的负责人、信息管理人员的负责人、各学科的高级专家和具有丰富实践经验的高级教师组成。除此之外，该小组还应测量与评估实际的教学质量和教学效果，保证信息反馈系统与指导系统相联系，并对相关职能部门和具体师资队伍进行调整和完善。反馈的及时性和准确性将直接影响整个质量保证体系在实践中的效率和状态。这个系统通常由教务处负责，教学部主任由专职信息管理人员担任。因为这些反馈不仅涉及学校一级的政策调整，还涉及教师和学生对教育的兴趣。如果处理不当，会严重影响实习质量，甚至出现严重的教学案例。

（四）采取方式实施质量保证反馈制度

教学质量保证的实用信息反馈系统，是与指导系统相联系的，并对相关职能部门和具体师资队伍进行调整和完善。这是建立实践教学质量保障信息系统的必要条件。为了不断提高实际教学质量，及时反馈很重要，其精准度将直接影响整个质量保证体系在实践中的效率和状态。尽快向指挥系统及其部门和工作人员反馈，能够及时解决问题，提高实习质量。

（五）实践教学质量保障审计系统

审计的实践教学质量保证体系，事实上与特定的教学和教学实践活动或学习本身没有直接的关联。从根本上来说，它是一种监督的制度，是对教学质量的实践和评价，等同于人们经常在工作中遇到的"元评价"。此系统体系是相对独立的，实践教学质量保证体系中的任何子系统之间没有隶属关系，应设置人事专家小组。除了学校实践教学的专家，还应该有一定比例的校外代表，包括一些质量评价和鉴定专家。系统的责任是看学校是否有实践教学质量保证系统，该系统应该是有效的和可持续的操作。

（六）实践教学质量保障辅助系统

为了建立一个完善、高效的实践教学质量保障体系，有必要培育适合学校的质量文化。它是有效保障实践教育质量的必要前提，也是许多国外学校经过研究形成的。一方面，提高高等职业教育和培训的质量不是一个人或多个人的任务，而是人们的共同责任和义务；另一方面，尽管高等职业学校已经引入了质量保证培训制度，但还没有达到学校要求的价值标准。这就是为什么要建立有质量保证的党委部等有关职能部门和多部门共同组织、管理的原因。实施质量保证培训制度的目的是开展质量宣传，培育积极向上的质量文化，促进教师和学生的质量意识，提高精神同一性的系统驱动级别的水平。

二、高职院校实践教学质量保障的作用

高职院校实践教学质量保障主要体现在导向、调节、诊断和监督作用四个方面。

（一）导向作用

高等职业学院教育质量保障体系的导向作用反映在学校和教师的指导上。对于学校来说，通过建立实践教育质量保障体系，高职院校不仅可以在实践教育中发现本校的优势和存在的问题，还可以通过比较，找出与其他学校实践教育的差距，有助于实现教育目标，确定实践教育的发展方向。对于教师来说，健全制度化的实践教育质量保证体系对教师有着明确的引导作用。一方面是隐含的指导，也就是说教育品质政策和品质文化在不知不觉中对高职教师产生了影响；另一方面教师可以指导和规范自己的教育活动。

（二）调节作用

高职学院和大学教育质量保障的调节作用主要表现在三个方面。第一，通过建立实践教育品质保证系统，高职院校可以及时、准确地得到反馈信息。学校可以根据反馈信息及时调整实践教育活动，实时监控实践教育过程。第二，政府和教育部门可以根据实践教育的质量评估结果及时调整和改善相关方案。第三，教师和学生是实践教育活动的主要参与者，他们充分了解教育情况，针对存在的问题和不足，采取有效措施，按照规定的标准进行实践教育活动。

（三）诊断作用

高等职业学院保障教育质量的诊断作用主要是指保证教育质量的系统实践对教育的有效性、矛盾性问题的判断能力。如果建立了高职学院实践教育品质保证系统，相关人员会根据规定的目标和标准来诊断实践教育质量，进而判断学校的实践教育活动是否达到预期的目标。

（四）监督作用

监督高职学院教育质量保障的作用是实践教育质量保障体系，监督整个实践教育活动的效果和能力。高职学院的教育品质保证体系确立后，学校的实践教育的质量评价和保障活动有了明确的方向和路线，促进了学校的实践教育活动向预期目标迈进。同时，各级教育主管部门根据实践教育质量保证体系，实现对学校教育的宏观管理，形成以学校为核心、指导教育行政的学习模式，社会各行业、企业都可以参与教育质量保证体系的实践。另外，在高等职业学院，教师和学生可以通过制度化的实践教育质量保证系统，监督学校的日常实践教育活动按计划进行。

三、实现高职学院和大学的教育品质保证多维

为了保障教育质量，多维的重新评估是必要的。这些维度包括保证实际教育质量的目标层、输入层、过程层和输出层。这四个方面互补，保证了高职大学和大学的实践教育的质量。

（一）在实践中保证教学质量的客观水平

第一，学校的教学目标应该是准确的。高等教育应该面向市场需求，应该面向技能发展。为职业群体提供必要的培训，建立实践培训制度，发展职业技能和综合技能，建立以核心技能为基础的实际学习制度，这是独立的、具有高水平的职业教育和学校的特点。第二，通过有效的方法提高认识，使意见趋同，为明确理解实际培训目标采取措施，建立共同的实用教学价值观和目标。

（二）在实践中保证学习质量的客观水平

首先，加强实际教学人员的培养，积极建设一支"结构合理"的双教学管理队伍。一方面，积极鼓励教师继续学习或接受临时培训，为教师申请高等职业技术职位创造条件；另一方面，培训有实际教学经验的年轻教师，并在企业和工业组织中聘用课外教师和专业技术人员担任教师，从事兼职工作。其次，加强学校内外的教学实践基地建设，要从数量和质量两方面入手，满足实际学习需要以及培养合格人才的质量要求。最后，高等教育机构必须保证实践教育的质量，保证实践教育所有方面的资金，以及在实践中学习的资金。同时，监督和合理使用分配给实践培训的资金。

（三）保证实际教学质量的水平

1. 加强实践培训的质量管理

完善实践教育的管理体制和法律框架，改进实践培训的相关规定，包括实用课程、培训材料、培训手册、学生手册、教育报告、实践指南等实际教学内容。应根据发展实际能力的原则组织教学内容。教学内容应与工作场所的技术要求密切相关。

2. 教学方法应广泛应用现代教育方法

在教学方法上要广泛运用现代教育技术，在教学实践过程中要运用先进的教育技术成果。例如，综合实践模拟法、面向项目的教学方法。

3. 评价形式应该灵活多样，适合实际学习的特点

在制定评价标准时，必须考虑到行业的要求，特别注意学习过程，强调实际教学的特点，达到企业或行业的专业要求，努力使教学实践与职业实践相结合。

（四）确保实际学习质量的产出水平

1. 建立教育和职业资格证书互认制度

毕业生在获得高等职业教育证书的同时，必须获得专业的技术资格证书。

2. 毕业生须适应区域工业发展需要和满足用户需要

毕业生适应区域工业发展的需要和满足用户的需要是一个重要的实践培训指标。大学专业人才培养是一项复杂的系统工程，除加强管理外，还需要协调发展。只有这样，才能充分优化在不同学习阶段的实际学习策略，实现培养高技能人才的目标。

第二节　高职院校实训基地教学管理

实践训练活动和理论学习一起被重视，是职业教育区别于一般教育的最大特征。加强对高等教育实践与研修的研究，促进高等教育实践与研究活动的有效开展，是提高学生职业技能的有效途径，也是高等教育发展的重要因素。

一、培训基地的建设和实施

（一）高职院校和大学训练基地的建设原则

高职院校培训基地的建设应遵循实践原则，由对应专业的集团进行职业分析，明确各个职业所需要的技能，建设合理的训练基地。训练项目体现了新技术和新过程。培训基地具有面向学生、企业、社会、教育开发、科学普及教育等综合服务功能，是学历教育、短期进修、科学研究、社会服务一体化的多功能研修基地。

（二）训练基地建设

1. 整合现有资源，优化运行机制

职业教育需要应用理论教育，这样的教育过程需要在实际的专业环境中进行，并需要大量的资金。因此，在职业教育资金不足的情况下，选择和购买培训基地的设备，应在考虑培养经济建设实用人才和构建真实或模拟的职业环境的同时，注意控制训练成本。

2. 依靠行业优势，建设培训基地

训练基地包括校内的训练基地和校外的训练基地。校外训练基地能有效解决校内训练基地设备和场地不足的问题。同时，要重视校外实习教育基地的建设，这些基地和场所为学生实习提供了良好的条件，可以使学生在实际的生产经营环境中得到锻炼。

3. 加强共有意识，为社会服务

为了充分利用先进设备和良好训练基地，实现社会资源共享，节约建设资金，培训基地的开放不仅接受了学校学生的技能训练，还为社会提供了多方面的服务。

4. 加强教师和教材的建设，不断提高基地的内涵

高职院校培养面向生产现场的应用型人才，教师丰富的教育实践经验和熟练的动手能力是提高学生实践技能的直接保证。因此，提高实践教学质量，不仅需要先进的仪器设备和生产设备，还需要更高素质的培训教师。高职学院通过鼓励教师进修、开设大学课程、引进高学历人才，可以提高教师的教学水平。鼓励教师参加工厂实习、技能培训和实践指导。

（三）校外实践基地的建设和实践管理

高等职业学院除了选择合适的企业作为校外实习基地之外，还必须和企业一起进行建设和管理，让学生完成实习任务，实现培训目标。

1. 学校、企业的结合，优势互补

良好的校企关系是校外实习的基础。校外实践基地的建设应遵循互利共荣的原则，拓宽高职教育发展道路。这种互惠关系不仅包括让企业接受学生实习、安排就业，还包括学校为企业提供技术服务、培养企业员工、在教育中适当宣传企业等。

2. 计划周密，适合企业

学生在校外实习基地实习时，内容涉及很多专业课程。教师应为实习企业制订详细、恰当的课程实践教育计划，包括实习的目的和要求。这些教育计划必须与企业生产技术、人事管理等部门协商修改，充分理解技术内容，达成培训目标。

3. 制定对策，管理周到

为了使实习顺利进行，学校和实习企业需要共同制定详细的实习管理规定，管理实习期间学生的工作、学习、生活和安全。企业按照规定管理实习生，学校要经常派遣教师到企业协商实习生待遇，并对实习生进行管理、安全教育方面的指导，协助校外实习基地的建设，为达到良好的实习效果发挥重要作用。

（四）校外研修基地的管理模式

1. 通过专业教师和企业的联系，建立"合作式"校外实践基地

为了调动学生的学习积极性，激发他们的学习热情，最常见的方法是通过专业教师和企业的联系，建立校外合作培训基地。训练基地最初由教师和相关企业取得联系，如果双方对长期合作有信心，想要进一步加强合作，则由学校和部门与企业商谈，然后设立校外研修基地。最后，经过一定的磨合过程，校外训练基地正式成立。这一过程有助于教师实践能力的培养。建立合作实践训练基地，对培养实践能力强的双师型教师十分有利。

2. 通过学校和企业的合作，构筑"合作制"的校外研修基地

学校可以依赖政府，参加专门吸收企业家的委员会。以专业委员会为平台，及时了解有关专业发展的政策动向、企业对专业人才的具体要求等信息。同时，加强本专业教师、学生和社会的联系，最终促进"合作制"校外训练基地的建立。

3. 通过建立经济实体，设立"自主经营"的校外研修基地

学校可以鼓励相关专业教师大胆组建经济实体，以学校为投资主体，专业教师直接参与企业的日常运营，这具有较强的现实意义。与前面两种方法相比，该方法具有一定的风险并难以实施。

二、基地的核心功能

高职教育面临着机遇和挑战，其中高水平的培训是必不可少的。因此，高职教育根据发展需要，可以继续扩大自己的职能，为高素质人才的培养提供有力的支持，为职业培训和科学技术成果的转化提供平台。

（一）知识和经验基础

在现有基础上，建立一个高级别的培训基地，以测试和加强专业知识的应用，并为新的方法提供基础。一个实用的框架可以建立一个完整的培训项目，如从现代建筑技术到现代建筑管理、从智能建筑到房地产管理、从城市废水处理到城市环境的清洁、从珠宝设计到珠宝加工、从集成电子技术到网络技术、从机器人技术到计算机应用技术等。培训项目分为认知、观测、演示、操作、模拟，满足所有类型和水平的职业教育需求。

（二）职业培训基础

1. 现代设备是职业培训的基础

高等教育基地建设的起点是要有现代设备，现代设备是行业发展具有先进水平的直接表现，为培训学生的专业技能或者再培训创造基础条件。根据需要可在其专业技术领域制订适当的培训计划和项目，根据政府劳动和社会保障部门的要求设立职业技能鉴定机构和培训模块测试数据库，对学生进行培训和审查。通过对大学生职业技能的培练和审查，可以使学生积累工作经验，缩短就业后的适应期。

2. 开展员工素质工程教育

培训基地能使员工及时掌握先进的生产技术和技能，提高技术创新和实际应用能力。根据终身教育、技能培训市场化的特点，通过在职培训或再就业培训适应产业优化升级。生产业的调整和更新以及生产的现代化、科学化、机械化和信息化，对高素质劳动力的需求不断增加，也促进了在职培训的商业化和再就业培训的多样化。

（三）科学技术推广的发展基础

在应用科学技术研究和科学技术成果的孵化过程中，高等教育机构可以成为科学技术变革的发展基地。教育与生产、科技和社会实践相结合，既是提高教师和学生素质的主要手段，也是提高教育质量的重要手段。多学科的研究需要充分利用学校配备的先进的设备，为高技术孵化器和高技术孵化器的诞生创造条件，创造有利于高技能教师和学生实际学习的环境，积极开展研究和技术开发，致力技术和成果转化的试验项目。企业获得技术创新领域的教育、科研、孵化、技术开发和产品测试，已成为技术革新的实际体现，并已证明是有效的。

（四）应用研究基础

培训基地可作为应用学科的科研基地参加生产联合企业、中小合作企业的工程建设和生产实践，是培养高素质人才的基础。企业为高等教育提供有力支持。企业可以参与各种形式的培训基地建设，培训基地也可以为企业提供各种各样的培训。学校与企业可以优势互补，资源共享。在提高技能的基础上，学校应把重点放在理论和实践的结合上。企业应将教育和生产相结合，利用企业和学校的优势获得发展。同时，为了承接工程或生产应用项目以及新产品的开发，在职业培训方面，政府应考虑建立一个职业培训中心，为高级别学生提供专业培训，并为企业工作人员提供职业培训，可采用应用项目、生产工艺设计等。

三、高职院校实训基地的新模式

（一）实训基地管理形式多样化

改变高校实训基地首次模拟考试模式，继续加强行业、专业实训基地建设，对适合学校的实训基地，可以利用企业现有的实训条件，根据培养高职学生和培养劳动者的共同需要，在实训基地外建设实训基地。在政府、行业和企业的支持下，学院可以为一些通用性强的基地建立区域性培训中心和中外合作培训基地。

（二）多元化培训投资者

第一个模拟实验是开放政、学、商多元化的投资渠道，充分发挥政、学、商三大投资效益，多渠道调动资金，交流资源，共同投资，发展民族高等职业培训。通过联合投资，高校要充分认识培训基地对职工培训的重要性，加大对培训基地发展的支持力度。

（三）建立产学研结合的作用机制

建立产学研结合的作用机制，加强教学与生产、科研的联系，以产促教，是高校教学实践可持续发展的重要保障。

高职院校要与产学研单位合作，建立实训基地和专业实验室，资源互补和交流，充分利用实训基地的先进技术和先进设备，为培养学生、工商人员、检验科研产品和应用研究项目创造有利条件，积极实施科技产业生产技术，促进科技进步。

（四）发展培训、咨询等综合服务

高职院校开展培训、咨询等综合服务是进一步拓展我国高校教学实践范围，发挥教育培训、职业技术教育培训综合服务功能的新举措；是科学技术与社会服务相结合、实现教学、培训、服务协调发展的新举措。

市场竞争是人才和技术的竞争。为了提高教育质量，高职院校应该进一步加强实践训练，提高学生开发和应用新技术的能力，提高就业竞争力和市场适应能力，提高教育培训质量。鉴于高等职业教育对工人的培训和再培训需求迅速增加，迫切需要为技术创新提供咨询和服务；提供技术改造和产品开发。鉴于此，高等教育应充分发挥自身优势，利用这一历史机遇，开展职业培训，积极落实科技咨询，兼顾经济发展和科技服务经济技术发展，为企业发展提供多功能、全方位的服务。

第三节　高职院校校企合作的教学管理

一、高职教育中的校企合作

学校和企业之间的合作是一种微观层次的高等教育机构和相关企业之间的合作，是学生完成了理论教育和基本实践活动，在企业里组织实习的活动，其目的是提高学生的专业水平，为企业提供技术劳动力，促进企业发展。

在实际工作之前，学生必须明确责任，明白操作规程，掌握生产设施的管理系统，适当处理程序中出现的问题并立即予以登记。为了使学生有针对性地提高职业技能，将理论与实践结合起来，高职院校需要保持和企业之间的合作，加强实习培训和基础学习。高职院校全面教学质量管理的研究是以就业为导向的，以学生能否顺利工作、实现毕业与就业的零过渡为重要目标。因此，高职院校的第一目标就是建立开放办学机制，努力推进校企合作。校企合作不仅可以有效地促进教师的临时培训，还可以聘请行业或企业的业务专家和技术专家到学校任教。当然，基地建设本身就是校企合作的重要目标。

校内要建设一批具有仿真或真实环境、能够进行模拟教学、实战训练的实训基地，以解决理论与实践相结合的问题。有了这些实训基地，学校就可以为教师进行模拟教学和学生进行模拟活动提供训练场所，如果专业和条件允许，还可以建设一些具有真实环境、真实设备、从事真实产品生产和销售的基地，这更有意义、更能体现高职办学的目标和要求。

（一）教育合作的目的和重要性

现在，学校的职业培训体系已经从多元化经营模式演变为校企合作，这种实践教育是提高学生职业技能最重要的途径。为了提高学生的职业技能，商业合作教育逐渐成为发展高职教育的重要途径，也是实现高等教育目标的重要契机。高职教育的特点和内在要求决定了实践教育是高职教育的重要组成部分，实践教学应提供理论指导。因此，高等教育应以校企为课堂，以理论与实践相互渗透的教学形式完成高等职业教育。这种教育领域的合作具有重要的现实意义。一方面，为地方和工业、企业服务，培养更多创新人才，为高等教育机构最大限度地采用开放式课程提供有力的支持，培养人才，支持企业，扩大学生就业；另一方面，发展教育领域的合作也是地方和部门在层次上发展高等职业教育的需求。企业认为，高等教育机构能为地方政府和行业提供合格的人才来促进社会发展进程。合格的专业人员和有效的教育资源必须与高等教育机构相结合才能发挥更大的作用。

（二）系统分析学校之间的合作

根据系统科学理论，如果一组物体至少有两个不同的物体，所有物体都以某种方式相互关联，然后一组物体成为包含一个对象的系统的一部分，称为系统组件。最小的组件，是一个系统的元素，不需要分裂，也有人认为，系统的性能取决于系统的元素和结构的定义，而系统的外部条件对企业发展有着重大影响，并限制了企业的发展。为了改变和提高系统的生产力，需要改革和完善系统要素，优化系统结构，提高系统适应环境的能力。也就是说，要发展事物的内部要素和外部环境的合作系统。

在市场经济体制下，学校各方客观上与市场构成了"互惠关系"，在合作教学的框架内，双方是相互的关系，相互鼓励、相互制约。政府的支持和领导是改革成功的必要保证。高等职业学校是非营利的社会组织，旨在促进与发展新的教育形式和培训形式，其中心任务是对人才的培养和知识（技术）的贡献；企业通过生产满足市场需求的物质产品直接促进经济发展，实现利润的增长。可以看出，他们的基本目标和行为取向并不一致。市场经济条件和企业需求是高职院校生存和发展的源泉，为企业发展提供强有力的人才和技术支持是高职院校的功能和目的，所以企业与高等教育之间有着天然的互补关系。为了促进高职院校和企业两个子系统之间的积极交流与合作，通过优化组合和有效利用资源，充分发挥校企合作办学体系的普遍效益，使利益最大化并实现效益最大化。

供求关系和价值规律是经济和社会发展的基本规律，也是优化资源分配的驱动力，以及高等职业教育的主要驱动力。从需求的角度来看，企业的主要需求是知识结构合理的、适应企业发展的技术人才，大学的主要任务是培养高水平的技术人才和企业发展所需要的技术服务、科研成果。因此，学校和企业之间的联系是人才和技术，高等教育机构必须培养人才，保证知识水平和技术成果；企业应当积极参加联合培训，提高学校继续教育和培训员工的积极性。为了促进经济的发展和国力的增强，企业应该把推进高等教育作为一项必不可少的责任。同时，人力资源应从公司发展的战略地位出发积极参与产学研合作和学校人才培养的全过程。

二、工学结合的高职校企合作教学管理

（一）"工学结合"的含义

工学结合是一种校企分开合作的教学组织形式和管理体制。学校主要负责传授理论知识，企业主要负责实践教学和技能培训，理论与实践紧密结合，校企合作密切。我国"工学结合"教学模式兴起于 20 世纪 80 年代，是

在借鉴和发展德国"双元制"教学模式的基础上逐步形成的。"工学结合"模式要求学校更加重视学生的实际能力。虽然许多学校已经意识到实践的重要性，但在教学过程中，重点仍是理论教育，学生的实际技能并没有提高，现在越来越多的高等教育机构正在与企业建立长期的合作关系，目的是为学生提供在企业实习的机会，解决学校的实际问题。

高等教育和技术科学的结合意味着高等教育机构将结合产品的生产，提高学生的学习质量，提高教师的实践水平，利用科研的优势为社会服务。"工学结合"的形式包括实验室建设、学校和企业等。其中，有四个主要组成部分即学生、教师、设备和设施。

（二）技术一体化的基本要素

学校和企业应制订学生注册前的培训计划。在第一学期，学生在企业实习 6 个月；在第二学期，学生开始在学校学习一年半，获得基本的理论知识和相关的技能；在第三学期，他们回到企业实习，完成实习和毕业设计。两个空间的互操作性和互补性将加强学生的理论知识以及促进学生技能的发展，能更好地满足社会对技术人员的要求。

职业教育的目的是"培养合格的人才"，他们不仅应具备必要的理论知识，还应具备一定的专业技能和职业技能。他们有很强的适应能力以及强大的实践能力和良好的专业素质。为满足企业的人才需求，学校为求职者、学生和使用者开发了一种双管齐下的流动学习模式，既保证理论知识，又保证人才需求，同时提高了学生的就业率。双管齐下的教学体系是指生产工人、技师、管理人员作为技师指导学生，教授专业理论知识，共同完成对学生的文化教育、职业教育和能力建设；针对不同特点的学生使用不同的教学方法，其中接受较快的学生需要"放手"，部分接受较慢的学生重点"帮助"。

（三）工学结合的必要性和可行性

1.学习和工作相结合的必要性

首先，学习与工作相结合是学生掌握职业技能的主要形式。只有科学和技术相结合，学生才能将理论教育与实践活动有机地结合起来，提高实践水平，培养学生的专业技能，激发学生的学习兴趣，鼓励他们掌握技能，使他们直接参与工作过程。工学结合缩短了学校教育与专业实践之间的距离，实现了创造性的成果，培养了创新精神，有效地提高了技能人员的素质，实现了发展高等教育活动的目标。

其次，工学结合是一种有效的教育方式，有助于改变教师对高等教育固有的观念，提高教师解决实际问题的能力，促进教师的继续教育和培训。

再次，工学结合是高等职业学院提高研究能力和水平的一个重要手段。高等职业学院不仅要执行教育任务，还要履行开发和研究新技术的职能。学生在实践中运用理论知识，教师在实践中处理新问题。因此，工学结合有助于解决实际问题和提高研究水平。

最后，工学结合是高等职业学院积极为社会服务的主要措施。高等教育机构不仅传授知识和专业技能，还传授管理技能。同时，也有助于知识的应用和社会的建立。工学结合在高等教育中不仅是一种创新，还是知识型企业发展和高新技术产业化的重要基础。高等教育机构必须融入科学体系，成为经济、科学技术发展有机的组成部分，也是知识与经济、资本相结合的趋势。工学结合的形式不仅能为社会提供服务，还能为学校的健康发展提供物质和环境保证。

2.学习和工作兼顾的可能性

建立寄宿学校和配备实习设备有助于科学技术的整合。在试点项目的建设过程中，高等教育机构通常有一定的专业实践空间、专业技术设备。高等教育机构不仅有独立的专业技能，还具有一定的教育水平。在研究过程中，研究成果可以转化为真正的生产力。高等教育机构充分利用教师研究成果，在学校内外建立相关企业，拥有所需要的设备和相应的资金。学生可以在寄宿学校学习，减少雇用费用，也可以为学校带来经济效益和社会效益，并促进高等教育的良性循环。

（四）工学结合教学管理模式的优势

对于学校来说，"工学结合"具有以下优势。一是学校可以充分利用人才和科研优势，与企业合作进行技术创新和产品研发，推动应用研究，为高新技术产业化做出贡献；二是学生除了理论学习外，还了解企业的实际生产技术，积累了一定的工作经验，在今后的工作中具有较强的适应性和竞争力；三是学校与企业建立了良好的合作关系，双方优势互补，学生参与技术开发和应用的全过程，全面提高了学生的综合素质。对于企业来说，"工学结合"的优势还可以从以下四个方面来阐述。

1. 科学的培训过程

企业与学校密切合作，可以共同培训专业人员。企业可以与学校共同制订培训计划，共同管理和指导，并参加学生评估。

2. 工学结合的教学运行管理具备高度的灵活性

工学结合过程中学生在工作和学习之间不断切换，学生的角色也是在学生和企业员工之间交替，由于企业和学校的制度不同，这在管理上有很大困难，需要较强的教学管理机制来保障。另外，由于企业的生产周期性等原因，教学安排需要根据企业的要求进行调整。

3. 工学结合的教学过程更加突显实践性

实践教学是工学结合人才培养模式中最突出的特点之一，因此实践教学管理应提升到更加重要的位置。实践教学管理主要包括实训条件的建设与管理、学生技能竞赛管理、学生校外顶岗实习和校内实训教学管理，还包含了实践教学管理的培养形式、监督管理等。

4. 工学结合管理的系统化

创建工作综合指导体系是一项涵盖学校管理方方面面、涵盖整个教学过程方方面面的系统工程，要想顺利进行组合操作就必须管理好教学、学分、师资队伍建设以及内外部教育培训机构的管理等。

第四节　高职院校顶岗实习质量管理

一、顶岗实习的概念及意义

顶岗实习是指学生到一线工作环境中，像普通专业人员一样从事生产劳动，其身份不仅是在校学生，还是企业员工。顶岗实习是高职院校根据专业培养目标和教学计划的要求组织的一种实践活动。顶岗实习是指高职院校根据职业教育的培养目标和教学计划，组织安排学生到企业和其他用人单位的生产、服务一线的实践活动，以体验真实的企业场景、参与实际岗位的生产和服务。

顶岗实习是一种课程类型，是培养高技能人才过程中具有特定环节、特定内容、特定形式的活动。顶岗实习作为一门系统课程，享有系统的法律地位，但不具备权威性和规范性的课程内容。

顶岗实习是职业实践中最重要的环节之一。在巩固专业技能方面，高职院校通过顶岗实习的方式，将学生需要掌握的知识、技能进行分类、转移再整合到相关的专业活动中。在学校教师和商务教师的指导下，学生积极承担一定的专业任务，最终形成自己的专业目标和工作能力。

顶岗实习作为高职院校培养高素质、高端技能型人才的实践教学环节，既能满足学生提高专业实践技能的需要，又能帮助学生在心理上形成对企业文化的初步认识。顶岗实习作为一种实践形式，是高职院校教学活动的重要组成部分。然而，在这一教学活动中，高职院校不再是过程的唯一控制者。高职生在接受高等职业教育的同时，是实践任务（由用人单位安排的工作）的承担者。

根据顶岗实习的目的，岗位实习可分为两种类型。一种是以职业能力和职业素质为基础的顶岗实习；另一种是以巩固基本职业技能，培养或提高职业能力和职业素质为基础的顶岗实习。两种岗位实习的实施条件不同。培养创业素质，提升创业能力是实习的核心价值之一。在大学生创业教育实施过程中引入实习是十分必要的。教育的根本目的是满足受教育者的要求。因此，实习教学的设计与实施应以学生能得到全面的培养和多方受益为前提。实习质量是衡量高职院校人才培养质量的重要指标之一，实习的质量监控与评价能够充分反映学生的岗位能力素质和职业技术水平，是人才培养质量评价体系的重要组成部分。因此，如何加强学生实习质量管理，构建保证实习质量的保障体系，是解决上述问题、不断提高实习质量的有效途径。

虽然，我国职业技术教育与国外相比还有一定差距，教育理念和教育模式也存在差异，但产教结合是国内外职业教育的一个共同特点，这是实习模式必须遵循的一个基本理念，因为无论教学内容和教学设备多么先进，专业教师多么优秀，但与企业的生产和服务总是有一些差距。国内研究应突破专业研究视角下研究顶岗实习模式的思维模式，尝试从现代学徒制的视角，从职业教育的一般理论出发，以创新思维演绎出后实践理论，为后现代教育实践提供必要的理论基础。顶岗实习不是职业技术学院的第一次创举，而是一种源于师范院校培养师范生的人才培养模式。现在，研究人才培养模式是职业技术学院的一个核心问题。

总之，实习不同于传统意义上的实习，参加实习的学生是在真实的工作环境中以"专业人士"的身份从事生产和服务工作的。他们承担岗位规定的责任和义务，积累相关工作经验，获得一定的劳动报酬。因此，顶岗实习是将理论知识的学习、专业能力的培养和实践工作经验的积累结合起来的一种职业教育方法，在人才培养体系中发挥着不可替代的作用。

二、顶岗实习的总体框架

顶岗实习是高等学校人才培养计划中一个重要的、综合性的实践。它具有管理主体多元化的特点。为确保高校实习顺利有序发展，加强校企合作、推进工学结合，保证高素质人才队伍建设，就需要建立规范的执业管理，制定和完善相关管理制度，不断完善执业管理方法。

（一）校企"双主体"实习管理模式的构建

高职院校探索实施"双主体实习管理模式"，建立大中专、短期大学、顶尖实习公司的二级实习管理机构。之后，公司、学校、企业广泛征求学员意见，共同制定《高层次实践管理实施细则》。

（二）加强实践管理

鉴于学员分散，现正推行"双导制"，明确企业兼职教师和学校教师的职责。检查学校教师的定期配置，加强与业务部门的沟通。要充分利用网络管理平台，针对不同的学生，采取不同的教育形式，加强对学生的辅导，解答学生的疑问。学校及教学质量管理部门加强对学生顶岗实习管理工作的监控，及时收集企业、学生和教师的反馈信息，反思学校存在的问题，制定解决方案。

（三）严格评价工作场所实践

实践是员工培训的重要组成部分，要对其进行严格的评价和考核，但对实习的评价仍应以课程评价为基础。评估的主体是学校和公司，双方应共同制定评价标准，以确保评价的科学性和合理性。鉴于实用性，即专业技能可以提升学生的专业素质，提高团队精神和综合素质，学院将实习考核结果作为取得相关证书的必要前提，而且实习成绩的测试是由学校和企业共同完成的。

三、顶岗实习的有效管理

（一）加强校企合作，完善行政组织

高职院校通过教育部门与政府部门取得联系，寻找热心高等教育的企业和机构，成立产业合作培训咨询小组，由负责人、学院院长和实习组在车间经理和企业部门负责人的指导下进行管理。

（二）制定相关管理规定，完善管理机制

针对不同等级的实习模式和不同性质的实习企业，制定相应的实习管理制度和符合教育规则的管理模式。例如，集中岗位实习、分散岗位实习、生产型职位实习、经营型职位实习等。要形成企业体验实习、企业职位培训、就业实习的企业实践体系，必须积极探索校企合作的长效机制，加强相关制度的管理。在顶岗实习期间，加强过程管理，建立完善的实习管理制度，制定相应的政策。

（三）加强过程监控，完善管理体系

根据学校与企业共同制定的课程，高职院校可以结合企业的发展方向，完成初步的人才培养计划。高职院校的工作流程和辅助课程的替换，经教育主管部门批准后方可实施。高职院校要完成人才培养各任务模块的验证要求，并达到预期效果，保证学生正常毕业。

（四）完美的双重评价

高职学生实习期间的任务主要包括企业的工作任务和学习任务。这个阶段的评价和学校开设课程的评价不同，审查的主体是学校和企业。只有双方共同制定评价标准，双重评价实习学生完成的工作任务和学习任务，才能使评价科学化，从而达到高职学生实习的目的。实习期间，对学生工作的审查主要由企业和学校共同进行。企业可以评价学生在职场的表现、技能学习情况等。出示分数后，学校根据企业的评价对职场的学生进行评价，综合评价的结果包括实习的表现、实习的报告和实际的考察。一般来说，各任务的审

查以企业考核为主，学校考核作为辅助。合格的学生可以通过相应的系统获得到相应的学分，并获得学校和企业联合颁发的"见习证书"。

通过实践评价体系，学生可以得到科学合理的评价。学生通过实践和学习，提高了实践技能和综合素质，也提高了就业竞争力。

第十章　高职院校全面质量管理创新

第一节　高职院校全面质量管理中的文化创新

一、高职教育新型教学文化构建——综合职业能力本位教学

（一）综合职业能力本位教学文化内涵

综合职业能力本位教学文化，是以综合职业能力培养的价值趋向贯穿教学文化各个要求，并决定它们的特点。综合职业能力这一概念很早就被引入国内，但是由于人们对技能与能力概念的混淆，综合职业能力这一培养目标未能有效付诸实践，而随着职业教育实践的深入，综合职业能力的内涵也越发丰富，符合个人、社会和经济发展的需要。因此，综合职业能力的培养成为新型教学文化的价值趋向。20 世纪末，随着国际合作项目的开展及推广，国内对职业能力展开了大量的讨论，研究者从不同的角度对综合职业能力进行定义，如表 10–1 所示。

表10-1　综合职业能力不同角度的定义

视　角	概　念
职业教育目的	某种职业所需的专业能力和非专业能力的综合，是个体当前就业和终身发展所需要的动力
广　义	某类职业群的共同基础能力；个人所具有的某个职业方面能力素质的总和，它是指经过适当的学习或训练后完成某些专业活动的可能性或潜力
狭　义	某个岗位的工作能力；个体将职业态度及所学的知识、技能通过在特定的专业活动和情况下进行分类迁移和集成而形成的。能够完成某些专业任务
整体分析方法	是在真实工作情境中整体化地解决综合性的专业问题的能力，这是人们从事一项或多项类似职业所必需的技能，也是个人以科学的方式从事专业工作，并以负责任的态度对待个人和社会的热情和能力。它是一个人在现代社会中生存生活，从事职业活动和实现全面发展的主观条
形成过程	个体将所学的知识、技能和态度在完成特定职业活动或情况下的分类迁移和整合而形成的某些专业任务的能力

职业能力的构成分为专业能力、方法能力和社会能力。例如，专业能力包括知识、技能、态度和个人素质；或将职业能力分成专业能力和非专业能力（也就是关键能力）。接受程度比较广泛的职业组成要素结构是专业能力、方法能力和社会能力。其中，专业能力是指在特定方法的指导下，合理地运用专业知识和专业技能独立解决问题、形成评价结果的能力，这是专业业务范围内的能力；方法能力是基本的发展能力；社会能力是体验和建立社会关系，感受和理解他人的贡献和冲突以及负责任地与他人打交道的能力和愿望。社会能力不仅是基本的生存能力，还是基本的发展能力。由于方法能力和社会能力与职业技能和知识没有直接关系，因此当职业发生变化或劳动组织发生变化时，工人的能力仍然存在，它是一种跨行业的能力。

总而言之，国内对综合职业能力的内涵和外延不断地丰富和扩大，从对内涵的解释来看，更多的是从适应职业世界的角度展开论述，没有把人的个体对职业世界的主动行为能力纳入综合职业能力的考量。设计导向是德国职业教育的重要指导思想，其教育目标即"本着对社会和生态负责的态度参与设计工作世界的能力"，这成为所有专业中更高的培养目标。设计导向职业教育思想的提出，意味着职业教育的内容不能简单地适应技术的发展和职业工作任务的临时性要求，必须更多地关注工作、技术和教育之间的相互关系和相互作用。

在综合职业能力要求结构的基础上，以设计能力为导向，综合职业能力是一种相当的职业竞争力（设计和建造能力），它包括四个层。第一个层次是工作操作能力，表现为能够熟练运用技术（技能）和知识完成一项具体工作，这本质上是职业适应能力的表现；第二个层次是综合的专业能力，即完成一项整体性工作任务的能力；第三个层次是专业发展能力，是组织和优化一定的职业迁移、把握机遇的能力；第四个层次是最高层面的专业创新能力，体现在工作反思、解决问题和技术创新上。设计能力作为综合职业能力发展的重要趋势，不仅体现在课程的内容和形式上，还体现在教育教学过程的组织设计上。作为职业教育重要载体的工作过程和工作内容，既体现了技术的可能性与经济、社会、生态利益以及价值观之间的妥协关系，也体现了工作人员和各工作单位的价值①。

（二）综合职业能力本位教学文化要素的构建

1. 以综合职业能力养成为教学目标

教学应既立足于学生，又面向社会，以培养学生综合职业能力为教学目标，把"人的全面发展"作为终极目标，在形成综合职业能力的同时，为学生终身学习和可持续发展奠定扎实的基础。

2. 以工作知识为主要教学内容

职业能力本位教学文化在内容的选择和组织上努力打破学科体系，但是其改革是一种不彻底的改良。职业教育教学不是书本上内容的简单教学，也不是用双手模仿操作的简单过程，而是发展包括设计能力和职业行动能力在内的综合职业能力的过程。因此，教学内容的选择要打破传统的知识与技能、理论与实践的二元对立框架，以工作知识统整理论与实践，承载综合职业能力的教育内容。所谓的工作知识，它不是学科知识简单应用的结果，而是在劳动条件下产生的一种特殊类型的知识。它是在工作过程中使用的知识，实际上是在工作过程中应用的知识，具有实践功能，产生了以工作和工作行为为代表的知识。工作知识可以口头表达，也可以默默表达，但无论以何种形式表达，其意义主要体现在对行为结果的理解上。它也是由工作任务组织起来的知识。其与按学科边界划分的学科知识不同，工作知识是一个以

---

① 王新春．社会主义核心价值观视角下现代职业教育生态体系构建 [J].中国成人教育，2015(4): 19-21.

工作任务为中心的有机组织，按传统的理论和实践等分类维度难以区分。对工作知识的习得是综合职业能力培养的关键条件。

3. 以职业行动为特点的教学过程

（1）行动导向教学

行动导向型教学实质上是在学校整个教学过程中，创造一种专业的学与教的交流环境。它强调学生是学习的主体，并通过学习活动积累知识，形成以专业能力、方法能力、社会能力整合后的行动能力，使受教育者不仅能够适应当前相应职业岗位的要求，还能够将这种能力运用到其他专业领域，进而达到学以致用的效果。以行动为导向的教学围绕着行动。学生将根据信息、计划和决策、实施，检查和评估的 5 个完整的动作序列，通过动作（即与该职业密切相关的专业动作领域中的工作过程）进行学习，以动作为导向使学生能够独立、自觉和有目的地参与学习。这样，不仅可以使学生通过学习知识获得相应的专业能力，还可以使学生学会学习并获得一定的方法能力。同时，学生学会生存，学会交流，并形成社交能力。最后，有效地培养了学生的综合专业能力并提高了交际教学、建构主义的学习、问题导向的学习以及项目教学。

（2）生态型的师生关系

单纯的"教师中心"或"学生中心"的师生关系已不能满足行动导向教学的需要。生态型师生关系是一种新型的师生关系，以理解、平等、民主为内涵，以和谐共生为核心，致力学生的"可持续发展"。行动导向型教学的改革要求师生之间保持平衡，需要教师控制权和学生自主权之间的平衡，要求师生在教学过程中除了基本的组织者和被组织者、教授者与被教授者关系的基础上，还要加入其他角色定位，如师傅和徒弟关系、团队合作者关系、咨询者和被咨询者关系、引导者和被引导者关系等。师生能在教学过程中根据教学任务、教学时间、学生的能力、教学内容等因素确定师生关系平衡的基本策略，通过交往、互动实现能力的生成。

4. 开放、多元的教学环境

生产与教学的相容、生产与教学一体化的教学环境成为教学的必要条件，这种一体化场所可能是企业的生产车间，也可能是学校的实训教室。在校内的实训教室中，有为理论教学提供的场所，也有专门提供生产实训的车间，车间按照企业的真实车间来布置。

教学环境突破了时间、空间的局限，实现了信息随时随地地共享。计算机网络教室、多媒体综合教室、校园教学网络、电子阅览室以及基于互联网的远程学习系统等应运而生。学生通过网络，可以随时随地和同学、教师和企业指导教师进行交流、互动和学习，也可以通过网络获得学习资料，了解行业前沿动态。

5.多元性、差异性的评价模式

随着教育价值的回归及对综合职业能力的充分认知，传统的教学评价已不能适应教学的发展，一种能体现多元价值、尊重个体差异的教学评价正逐渐生成，即多主体参与的评价。学生的主体性在教学中彰显，学生不仅是教学的参与者，还是教学的评价者。在行动导向学习过程中，学生也是评价主体，并参与制定项目学习的评价方案，学生根据经济合理性、社会承受力以及环境可持续发展等标准，对学习结果进行评价。工学结合离不开企业的高度参与，学校与企业双重主体共同完成对学生的复合型评价。企业参与评价标准和评价方案的制定，来自工业和企业的技术骨干和专家与专业教师一起参与学生评估。在学校进行理论教学评估时，由订购公司的企业指导人员评估实践教学（课程培训、实习等）。

6.过程性评价和结果性评价相结合

评价的意图不是为了证明，而是为了改进。为了有效地促进改进，应更关注过程的评价，关注学生参与教学以及职业实践的过程质量情况，形成过程性评价和结果性评价相结合体系。

7.评价内容多元化

教学的主要目的是培养学生的综合职业能力，而综合职业能力的丰富内涵决定了教学评价内容的多元化，不仅要考核学生的职业能力，还要看重学生的人文素养、职业道德和态度养成情况；要考核学生的专业能力，还有考核方法能力、社会能力和设计能力。

8.互联网助力教学评价

基于计算机网络的教学评价改革是顺应教育信息化的发展。通过构建高度智能的信息处理系统和评估机制，将网络技术融入教学评估，将计算机技术、认知科学理论和人工智能技术有机地结合起来，不仅可以实现对学生的在线考试，还可以根据教学特点，科学、及时和有效地评估学生的学习活动，如学生的在线练习和家庭作业、在线提问、在线讨论，以及学生的交互式学习和自学。

二、高职院校文化创新的主要路径

（一）精神文化创新

高职院校的精神文化是指学校师生群体意识，反映学校基本特征的组织意识和文化观念，是在长期文化实践的积累下形成的。它通常包括学校哲学、发展战略和价值观、思维方式、心理情感、学术氛围、学校传统等。大学的精神文化体现在大学的精神中，并非所有大学都具有大学精神，如办学时间短、文化底蕴浅的大学。但是，从另一个角度看，精神文化，特别是大学精神的创造，是高职文化创新的重要使命。总之，高职院校的精神文化创新主要是对学校文化意识的认识、完善、实践和重构。这条路的探索过程涉及许多特征，如丰富性和本质。它主要表现在以下两个核心方面。

1. 直接现实定位需要明确的立场来确定正确的价值观

校园价值观是学校要发挥领导作用的意识形态概念，也是贯穿文化建设的行为准则。当校园价值观融入师生的身心时，就会形成一定的行为准则并产生强大的精神力量。由于高职院校紧紧依托行业，以就业为导向，促进工学结合，其价值观的建立具有鲜明的专业色彩，体现了高职教育的社会责任感与价值追求。

2. 曲折的理想定位必须致力探索和培养具有较高职业特征的大学精神

在这个问题上，高职院校不能因为"资格"问题而贬低自己。由于高校办学定位和办学目标的巨大差异，传统意义上的大学精神无法有效地传递到高职院校。因此，高职院校应根据自身的办学理念和文化定位，从高职教育的角度重构大学精神。大学精神的内涵是深远的。它以简明扼要的语言进行了总结，形成了学校的座右铭。高职院校可以努力完善和倡导校训，以彰显大学精神。从近年来高职文化的发展来看，所有高职院校在促进和培育校训核心文化方面都做了大量工作，但成绩平平。大多数学校座右铭使用"德"和"能"（或"技术"）这两个基本概念，对高等职业教育缺乏深刻的了解，也没有针对不同学校特征进行有针对性的映射，所建造的精神家园似乎太空泛。

（二）物质文化创新

校园物质文化又称实体文化，它是指通过感官所体验到的综合性物质形态系统。校园物质文化主要包括校园布局、建筑、景点、标志和雕塑，甚至是学校徽章、学校歌曲等，在这些因素的交织和凝聚下，学校成为一个"文化领域"，一个"工具"。作为大学文化最直接的外部体现，大学物质文化只是反映了学校的办学风格，并传达了学校的外部形象。校园物质文化的创新，一方面，可以直接承载和体现校园员工建设的汗水和智慧，激发大家的工作热情，树立积极向上的校园精神；另一方面，它可以发挥校园环境的审美启蒙作用，改善学生的生活，培养学生的美感及相关知识的敏感性和创造性，促进学生身心的和谐发展。高职院校物质文化建设与创新应注意以下三个问题。

1. 物质环境的实用性与教育美学相结合

美丽的校园将为学生带来启发，使学院的环境布局不局限于高大的树木和盛开的花朵，还有标志性建筑物，如雕塑、凉亭等。每个人都应具有一定的文化内涵，在实践中强调纪念意义和象征意义。由于高职文化的专业性非常突出，因此高职院校可以在这方面表现得更加生动。

2. 物质文化的创造和创新要注重软硬件的有机结合

完善教学科研设施，改善师生的生活环境和工作环境，特别是网络定位。作为一种现代媒体，网络技术对大学文化产生了巨大的影响。高职院校物质文化的创新必须涵盖网络文化的创新，从而占领网络文化的阵地，拓展校园文化的领域，更新校园文化的载体。

3. 注意徽标的开发，并介绍 CIS（企业标识系统）

作为企业 CIS 战略的主要部分，徽标是企业形象传递中使用最广泛、最频繁和最关键的元素。高校通常是相对年轻的职业学院，如何引入公司 CIS 来形成自己的 UIS（大学图像识别系统），尤其是借助学校徽标和手写学校名称来形成独特的徽标，并使学校有特色地运作。标志中包含了概念和高质量的教育环境，通过反复的描绘和宣传，它深深地刻在了观众的心中，这已成为高职院校文化创新的新课题。

（三）主体文化创新

校园主体文化是指有助于实现教育目标的文化状态，以及作为校园主体的教师、学生乃至企业在教学、工作、实践中所体现的文化机制。从高职院校文化建设的现状来看，校园主体文化的创新建设主要体现在以下三个方面。

1. 教师主体："主人文化"的形成

高校文化创新的最终目的是培养创新型人才，教师在大学文化建设中起着主导作用。由于历史原因，高职院校教师主体文化建设在发展过程中经历了巩固与完善、引进与丰富的优化过程。巩固和提高就是在学校升级过程中对现有教师进行培训，通过全日制培训和业余自学，帮助他们尽快做出职业定位和个人职业发展规划，全面提高其综合素质。通过临时培训，使其专业能力、教学能力和教育能力符合高职院校的要求。人才招聘是指在高职院校快速发展的过程中，引进高层次、高水平、高标准的教师，以促进教学改革、专业建设和科学研究。其实质是在招聘和晋升中引入外部竞争机制。从高职院校师资队伍建设的现实来看，相当一部分来自中西部高校的教师涌入南方高职院校，形成了文化认同问题。高职院校教师要提高教学活力，不仅要在教学文化改革中站稳脚跟，还要有能力推动一系列的创新。

2. 学生主体："成功文化"的创建

青年学生是高职院校校园文化的主要建设者和受益者。高职院校的文化创新必须围绕学生的成长、成才，围绕学生主体文化建设展开。据有关专家研究，目前高职院校学生普遍不了解职业技术教育的基本特点和对人才的基本素质要求，不善于运用知识发现和解决问题，缺乏倾听和尊重他人意见的素质和自我表达的能力，不懂得分享和合作。一般来说，中等职业学校学生的文化基础不牢固，理论学习困难重重，普通高中学生的心理失衡，缺乏成功的动力。针对上述情况，创新高职院校主体文化，当务之急是激发学生的成才意识，鼓励他们主动成为校园文化建设的主力军，用成功的教育理念，积极寻找自己的闪光点，发掘他们的潜力，帮助他们树立自信心，走向成功。归根结底，高职教育的最终目标是使高职学生具备成功人士的素质，在社会上做出一番事业。成功的学科文化创新是对高职教育崇高使命的有力探索，是高职文化创新在人的因素（即目标因素）上的良好写照。

3. 企业主体："开放文化"的融入

一般来说，学校的主体只有教师和学生，对于以服务为宗旨、以就业为导向、走产学结合发展道路的高职院校来说，工业、企业也是主体之一。如果忽视这一主体，在一定程度上就会忽视高职教育的开放性。随着高职院校与企业产学研合作的深入开展，一方面，学生在企业一线实习，了解企业文化，熟悉企业生产经营中的价值标准、道德规范和工作态度；另一方面，企业文化的诸多因素自然受到兼职教师的影响，不同的"订单班"和企业二级学院将其转化为校园文化的一部分。因此，主体文化的创新从根本上讲，就是要强调高职院校校园文化的包容性、广泛性和开放性，给自己一个更广阔的文化视野，给企业一个更肥沃的文化园地，实现与企业的多层次深度融合。开放文化除了拓宽产业资源、提高智力转化效率外，还要求高职院校挖掘各种优势和潜在资源，形成开放教育生态。例如，一些高职院校尝试建立同类型的院校合作发展联盟，增强某一行业的整体优势；一些院校在组建职业教育集团的同时，尝试寻求中外合作办学的新平台；一些高校积极开发企业毕业生资源，大力发展校友会；等等。这种开放的文化张力正是现代高职教育在经济社会转型中的魅力所在。经过几十年的改革发展，特别是近十年的长足进步，我国高等职业教育为我国高等教育大众化做出了巨大贡献，自身的教育机制和内部结构正在逐步走向科学化。大学文化作为一种群体认同的社会规范，对高职院校的改革有着重要的影响。高职院校的生命力、特色和品牌在一定程度上还取决于高职文化的前瞻性和创新性。因此，适应时代的变化，不断探索和推进高职院校的文化创新，将是我国高职教育发展的艰巨使命和永恒课题。

三、高职院校文化创新建设策略

（一）高职校园文化建设中融入企业文化

1. 实施校企文化对接，培养学生的综合职业素养

高职院校校园文化建设应以培养学生的综合职业素质为目标，将企业文化的精髓融入专业建设和课堂学习中。学习企业文化精神，了解企业工作要求，培养学生的安全意识、诚实守信意识、服务意识、竞争意识和团结意识，从而提高学生的技能，满足企业对高职毕业生综合职业素质的需求。高

职院校校园文化建设还应适应高职教育人才培养目标的需要，使校园文化建设适应市场，面向社会，开辟产学研结合、校企合作之路；同时，注重学校文化与企业文化的对接与融合，使高职学生受到企业文化的影响，增强企业文化意识，促进高职院校校园文化建设。在突出高职教育特色和企业精神的同时，高职院校还要塑造校园精神文化，让高职学生尽快了解企业的活动，从而满足企业的需求。此外，高职院校还要注重培养高职学生的企业精神、群体意识、团结意识、认同感和归属感，使其专业素质和行为习惯在毕业时能满足企业的要求，实现高职院校与就业市场的零距离对接。

2. 通过引进来、走出去的方式，实现学校文化与企业文化的高度融合

高职院校通过各种活动引进优秀的企业文化。比如，邀请优秀企业专家到高职院校讲课，宣传企业文化精神，为高职院校校园文化建设建言献策，结合企业文化要素提出独到见解。高职院校可以有意识地将企业文化融入学校的教学内容和日常教育活动中，把企业文化带入校园，有意识地将相应岗位所要求的文化理念渗透到相关专业建设中。通过科学规划、精心设计、校训校风总结的确定、校刊编辑、校服设计、校园建筑的创意布局、教室和宿舍的文化布局，充分体现校风的文化内涵和实践场地的布局。此外，高职院校将培养出来的人才输送到企业，为企业提供具有综合职业素质的高技能人才。

（二）加强高职校园网络文化建设

高职院校校园文化建设要适应文化创新环境下信息技术和互联网的快速发展，正确认识信息网络对高职院校校园文化建设的影响，积极吸纳网络优势，丰富高职院校校园文化内容，以包容的姿态赋予信息技术更多积极的文化内涵，从而使其与校园文化和谐共存，正确引导和把握高职院校校园文化建设的方向。同时，加强校园网建设，必须积极克服信息网络的负面影响，顺应网络传播的特点，改进校园网的管理方法，开展娱乐、思想、文化于一体的校园网络文化建设，形成良好的学习氛围，扬长避短，努力用先进的文化占领网络，先进的科学技术是学生成为人才的有效载体。

（三）促进高职和谐校园文化的建设

1. 对文化传统的继承与创新

在高职院校校园文化建设中，要重视传统文化的继承和发展，否则校园

文化建设将缺乏文化建设的基础，将不具有生命力。每个高职院校在发展过程中都积累了一定的校园文化传统，这也是高职院校区别于其他院校的精神象征。推进高职院校和谐校园文化建设，先要继承自身校园文化的优秀传统。只有坚持和延续自身的精神和个性，才能加强特色校园文化建设。同时，高职院校校园文化作为时代精神的产物，应体现时代特征，与时俱进。只有这样，它才能始终保持生命力。在继承传统的基础上，坚持文化创新，根据时代发展的需要，促进高职院校校园文化建设动力系统的和谐发展。

2.把握文化系统的兼容并包的特征

在文化创新的大背景下，促进高职院校校园文化建设和谐发展，必须把握文化系统的包容性特征。在校园文化建设中，要处理好主流文化与非主流文化的关系，坚持学术自由和开放胸怀。主流文化与非主流文化是高职学生学习生活中不可缺少的文化现象，两者的积极因素和谐共存。构建和谐校园文化应体现多元文化的色彩。只有使主流文化教育更加贴近高职学生的实际情况，才能增强高职学生的文化感染力和文化认同感。因此，要坚持用主流文化引导非主流文化，消除非主流文化中的消极因素。此外，要坚持学术自由、开放胸怀、和谐校园文化建设，通过鼓励创新文化活动，不断提高校园文化的学术质量，培养高职学生的实践精神、创新精神和开拓精神。同时，要利用和谐校园文化的功能，批判地吸收外来文化，充分吸收外来优秀文化，取其精华，去其糟粕，为高职院校和谐校园文化的建设提供有益的帮助。高职院校校园文化建设要与时俱进，通过学校文化与企业文化的融合，加强对校园网络和信息技术的管理，在继承和发展的基础上促进校园文化的和谐发展。其宗旨是适应新时期文化的不断创新和发展，体现校园文化建设的教育本质，提高高职人才培养质量。

第二节　高职院校全面质量管理中的教学创新

一、高职院校全面质量管理创新意义

高职教学管理创新研究是一个创新的课题，具有深刻的理论意义和可行性实践意义。

（一）构建中国特色的高职教学管理体系

近年来，我国正在加快高等教育大众化进程。加快发展高等职业教育是实现高等教育大众化的主要途径。但是，由于高等教育大众化进程的加快，高职院校在教学理论和实践上都没有采取相应的对策，导致高职教育发展和管理中存在着如特色、质量、师资、人才等潜在问题，认知、动机、日常管理、学生就业等诸多问题还没有得到深入的研究和解决，一些模糊理论也没有得到澄清和证实。在教学管理方面，还缺乏一套适合高职教学的理论体系和操作规范。高等教育大众化和高等职业教育的现实迫切需要这样的理论指导。因此，研究高职教学创新的管理策略，有助于构建具有中国特色的高职教学管理理论体系，具有重要的理论意义和现实意义。

（二）为高职教学管理提供理论借鉴

当前，蓬勃发展的高职教育教学管理中存在的主要问题是缺乏一套统一的管理目标和运行策略标准。教学管理的规则、规范、内容、范围、要求、策略和方法基本上遵循了普通高校的整套原则，最多是局部调整，出现了新瓶装旧酒的现象。因此，管理方向不明确，方法不新颖，规则不符合实际。这些问题的根源在于缺乏一整套符合社会需要和学校实际、具有高职教学特色的管理理论体系和常规体系。显然，如果在明确目标的基础上，以学生就业的社会和市场检验的优质有效结果为基础，制定一套管理规范，高职教育的教学管理将逐步走向规范和成熟。因此，提出并实施高职教学管理创新研究课题，可以为高职教学管理提供理论指导和实践操作规范，直接服务于高职教学、学生和社会。

（三）为提高高职教学质量提供评估标准

高职院校教学管理包括教学质量评价体系的构建和实施。提高教学质量是高质量教学管理的主要任务之一[①]。教学质量标准可以使高职教育更注重教学效果而不是教学投入。质量标准的制定是教育教学评价与一定既定标准之间的纽带。符合既定标准的高等职业教育是高质量教育，反之亦然。同

---

① 王少岩，杨德明.高职教育教学质量管理与评价保障体系的构建[J].辽宁高职学报，2007, 9(3): 7-8, 14.

时，质量标准可以使不同的教育机构在为相似群体提供服务时达到服务标准的一致性，避免服务质量的不平衡。此外，高职教学质量标准的制定可以提高教学评价和诊断水平，为教学计划提供参考框架，进而提高教学绩效。标准化的教学质量标准和评价体系可以提高高职教育质量，提高高职院校的生产力和产品质量，进而提高高职院校的区域和国际竞争优势。显然，高职教学管理创新可以直接解决这些问题。

二、高职教育实践教学管理创新

为了保证高职教育校内实践教学管理顺利实施，在实践教学管理理念创新的同时，必须对其管理体制和运行机制进行相应的创新。只有这样，新理念才能得以贯彻落实。实行实践教学管理，需要设立相应的管理部门，一般为高职院校教务处。第一，高职院校教育部主要设有理论教学部和实践教学部两个部门。从理论与实践相结合的角度看，这就导致了理论教学与实践教学的分离。第二，教学管理也没有按照专业能力发展阶段的理论来设置，不利于教学管理者的专业发展。第三，负责教育创新的研究部门独立于高等教育研究室或教务处科研室，没有将科研人员教学管理的创新理念用于实际教学管理。对于二级学院或院系来说，无论是理论教学，还是实践教学管理基本上都是由教学秘书独自承担。由于工作压力，教学秘书没有足够的时间和空间进行自我完善，不利于教学秘书的专业发展。因此，有必要创新现行的管理机制，以适应新时代对高职实践教学管理的新要求。

为更好地构建符合高职教育教学规律，体现产教结合理念的高职院校实践教学管理体系，建议将管理体制转变为运行组织。在新的运行机构中，原本负责课程实施的教学部门，转变为与学生专业能力培养相对应的服务部门。这样，教学管理者就可以更清楚地了解自己所负责学生的具体业务能力。此外，综合能力教学部还可以直接与企业对接，开发产教结合的课程，从管理机构上与校外实践教学实现无缝衔接。为了使学生的专业能力适应企业和社会发展的需要，应新设创新协调咨询部，解决科研室或高职教育研究室与教务处的隔离问题，促进创新信息的流动。该部门的职能是将科研室或高职教研室取得的教育科研成果直接与教务处联系起来。教务处组织人员论证，组织各教学部门调整课程内容。调整结果由院系教学秘书组织相关教师实施。

第三节　高职院校教师与学生创新能力培养

一、高职院校要营造学生创新能力培养环境

（一）高职院校营造学生创新能力培养的氛围

高职院校要营造学生创新的氛围和校园文化。教育者应把受教育者作为发展的主体，把学生潜在的创新能力转化为真正的创新能力。因此，必须营造良好的创新环境和氛围。学校要加强校园文化建设，精心设计，努力营造适合学生成才的校园文化环境，充分调动学生的参与意识、积极性和主动性。根据学生求新求异的心理，发展每个学生的个性与特长。通过组织教学和各种社团活动，提高学生的认同感、归属感。在整体环境的影响下，有利于培养学生的健康人格，使学生在活动中提升洞察力，培养创新精神。学校应改革课程体系和内容，改进教学方法，重视学生的课外活动，将其纳入学校素质教育体系。学生创新能力的培养应以学校领导和教师的创新意识和创新能力为基础。高职院校要加强舆论宣传，培养学生的创新能力，营造人人要创新、敢于竞争、奋发有为的浓厚氛围。学校科研教育行政部门、学生办公室、团委可以成立学生创新活动领导小组，有计划地组织开展学生科协、社团活动，并在教师指导下开展课外科技生产、科研及相应的竞赛活动，培养学生的责任感，开阔视野，发挥创新能力。学校应该为学生的创新活动提供空间和资金支持，鼓励学生创新。

（二）开设专门的创新课程，培养高职学生创新能力

高职院校应根据创新人才的需求和学生创新思维、创新技能的需要，开设专门的创新课程。这些课程都是从思维科学或心理学、方法论等学科来探讨创造性思维的问题。其实，人的创造性思维并不神秘，而是有规律的。人类科技发展史上许多发明创造的生动事例，都揭示了创造性思维的奥秘。如果教师把创造性思维的规律很好地加以总结，并有意识地传授给青年学生，那么就能帮助他们在艰难崎岖的创造发明之路上，从必然王国逐渐走向自由王国。在这里，教师要重点传授学生一些最基本的科学研究和创新思维方

法，如何收集、分析、整理资料，如何提炼观点，如何论证，如何修改稿件，如何掌握论文的写作标准，等等。同时，要有意识地安排一些综合作业或小论文，对学生进行科研创新的基础训练，然后给予必要的指导和引导，使学生初步掌握科研创新的方法和途径。这样，高职学生在实践中体验创新，他们的创新能力和写作水平才能得到显著提高。

（三）改革教学方法，更新教学手段

优化教学方法不仅可以提高课堂教学效果，还可以培养学生的创新意识和创新能力。新的教学方法，电子讲义和投影仪取代了黑板和粉笔，这不但增加了信息量，而且提高了教学效果，吸引了学生的注意力，激发了学生的兴趣和创造热情。要注重教学方法、教学形式和教学手段的创新。在教学过程中，教师应改革传统的以学生为中心的"满堂"教学模式，采用灵活多样的探究式教学、讨论式教学、问题式教学和案例教学等方法，打破传统的"问答式"教学模式，构建"结论式"封闭式教学过程和"问题—答案—结论—问题—探究式"教学过程，积极启发和引导学生思考、提出和研究问题。加强师生双向交流，逐步实现教师角色由"教"向"导"的转变；激发学生的好奇心和想象力，探索和培养学生自主学习的意识和能力；改革教学方法，积极运用现代教育技术提高教学水平。

二、高职院校教师必须自觉地提高创新意识

（一）教师对自己要有更高的创新技能要求

为了培养学生的创新能力，教师应该对自己的创新能力有更高的要求。在加强学生创新精神和实践能力的培养上，教师要具备高素质和高技能。教师要积极参加各种学习和进修，及时掌握现代科学技术的新理论、新技术、新方法，下到生产经营一线，跟踪生产一线的先进工程技术。教师要积极参与教学研究，遵循职业教育教学规律和学生创新规律，勇于探索创新，积极开展科技开发活动，为企业设备创新改造建言献策。教师要充分利用假期等课余时间，引导学生深入开展第二课堂活动。

（二）教师要克服对创新认识上的偏差

教育本身就是一个创新的过程，高职教师必须具有创新意识。高职教师应转变以知识转移为中心的教学观念，以培养学生的创新能力为目标，从教学观念到教学方法上大胆突破，确立创新性教学原则。高职教师必须坚决克服创新教育与教材内容脱节的旧认识。应该清楚的是，每一个合理的新发现和独特的观察视角都是新颖的。一个人对一个问题的解决方案是否具有创新性，不取决于这个问题及其解决方案是否被别人提及，而取决于这个问题及其解决方案是否新颖。教师可以挖掘教材，并有效使用教材，将适应时代发展的新知识、新问题、新思想引入课堂，与教材内容有机结合，引导学生积极探索。让学生掌握更多的方法，了解更多的知识，培养学生的创新能力。

（三）教师要鼓励学生发现问题和提出问题

通过讨论、解决和提问，培养学生的创新思维、创新人格和创新能力。教师运用深层语言，创设情境，鼓励学生打破自己的思维方式，以独特的视角提出问题。教师应该鼓励学生批判性地提问。批判性提问是创新思维的集中体现，科学发明创造从批判性提问开始。让学生敢于质疑教材的内容，敢于质疑老师的讲解，尤其是学生的观点，有更大的讨论空间，我们应该敢于质疑。打破常规，提出问题，勇于实践，寻求解决问题的方法，是具有创新意识的高职教师必备的素质。

（四）教师要给学生创设良好的学习情境

课堂教学形式单调，内容陈旧，知识面狭窄，难以激发学生的求知欲和创造力。因此，教师必须精心创设教学情境，有效调动学生参与教学活动的积极性，将学生的学习动机从好奇逐步升华为兴趣、志趣、理想和自我价值的实现。教师就教学内容设计出富有趣味性、探究性、适应性和开放性的情境问题，并对学生进行适当的引导。通过精心设置，教师巧妙地将学习目标和学习任务置于学生的最近发展区，让学生产生认知困惑，引起反思，形成必要的认知冲突，从而促成对新知识意义的建构。教师要善于结合实际，巧妙设置悬念问题，把学生放在"问题解决"中，使学生产生好奇心，吸引学生，激发学生的学习动机，使学生积极参与知识的探究，从而培养学生的创新能力。

三、高职院校学生必须主动地培养创新能力

（一）注重培养自己的创新技能

高职教育的培养目标是培养学生的实践能力和创新能力。因此，作为高职学生，在学习过程中必须重视创新能力的培养和提高。在高职院校学习期间，学生要通过刻苦学习掌握除专业知识以外的各方面知识的扩展，通过教学和自我修养培养创新智力，掌握创新思维方式和技能，从知识的模仿和继承中转变思维方式和创新思维方式。同时，要努力培养改革创新意识。因为人的创造力的发展不仅取决于智力的发展，还取决于人的人格和心理素质的健全发展。一个人只要有强烈的创作需求，以及敢于超越以往的大胆精神和不屈不挠的创作意志，他的创作智慧才能得到充分的发展和保持。

（二）重视动手能力和自身素质培养

作为高职学生，最需要的素质是实践能力。如今，就业形势十分严峻，高职生只有掌握扎实的生产经营技术，才能在社会竞争中占据优势。高职生在日常学习中应不怕脏、累或苦，在钳工、电工、化工等专业的实践训练中，要认真学习和操作，多方面提高实践能力。课余时间，高职生还要加强各种能力的培养。只要他们具有比其他人更高的综合素质，就会受到社会和企业的广泛欢迎和认可。

（三）创新学习，培养自己的问题意识

创新学习要求高职学生在学习过程中不要固执、迷信、保守，而要独立思考、大胆探索、勇于创新、独树一帜，积极提出自己的新思想、新思路、新设计、新方法，不断创新学习问题。"提出问题往往比解决问题更重要"，爱因斯坦说。高职学生敢于提问是一种积极的表达方式，要敢于发现问题、提出问题、解决问题。因此，高职学生应积极培养自己的提问意识和能力。在处理问题时，教师应该善于提出问题、设计假设和推理，要把

动脑、动口、动手结合起来，充分发挥学生的创造性思维和创新能力。

（四）积极学习和积累社会科学的基础知识

创新能力的培养需要有较高的综合素质，这一素质来源于丰富的基础知识和良好的素质[1]。狭隘的视野对应狭隘的思维。人类思维离不开历代创造的社会文化、科学知识和实践经验。人类的思维活动建立在历史和现实形成的社会文化背景和科学知识水平的基础上，并受其制约。一个缺乏科学知识和概念的人，他的头脑里就不会有广阔的思考空间。高职学生的主要任务是学习，刻苦学习科学知识、社会知识、人文知识和实践经验。只有高职生积累的知识和经验越多，现实和未来的创新能力就越强，获得的机会和成就就越多。

总之，高职学生创新能力的培养是多种途径和综合力量的结果。对于学校来说，要为学生提供创新空间，为高职学生创新能力的培养创造良好环境；对于教师来说，要自觉提高创新意识和创新能力，教师只有具备创新能力，才能培养出具有创新能力的学生；对于学生来说，要积极培养创新能力，关心和参与学校的专业建设和校园文化建设。只有这样才能激发学生的创新能力。

第四节 高职院校产教融合创新路径

一、新时代产教融合意义

新时期，产教融合的本质意义在于促进职业教育改革的全面创新和深化。产教融合已成为职业教育改革和发展的重大战略之一。职业教育改革从根本上回答了新时期教育政策如何落实的问题，也是职业教育内涵发展的初衷。只有遵循初衷，才能科学、系统地解决职业教育改革中遇到的问题。因此，职业教育必须坚持深化产教融合，促进职业教育与区域经济同步协调发展，瞄准社会经济发展方向，确定学校发展战略。

近年来，深化产教融合作为促进人才培养供给侧和产业需求侧结构全面

---

[1] 张辉，焦岚，李颖.创新型人才的剖析和塑造[J].成才之路，2015(7)：1-3.

融合的重要举措，越来越受到国家有关部门和地方高职院校的重视，并出台多项政策，为实施产教融合提供法律保障。

2017 年 10 月，国务院办公厅印发《关于深化产教融合的若干意见》，深化产教融合，促进教育链、人才链与产业链、创新链有机衔接，是当前推进人力资源供给侧结构性改革的迫切要求，对新形势下全面提高教育质量，扩大就业创业、推进经济转型升级，培育经济发展新动能具有重要意义。2019 年，国务院印发《国家职业教育改革实施方案》，明确提出了"推进产教融合、校企双元"的职业教育发展方针[①]。

产教融合是对经济社会发展特定时期教育与工业、企业关系的阐述。产教融合既是对现有认识的升华，又是在新的历史条件下对产教融合内涵的新认识。产教融合从整个经济社会发展需要出发，通过协同教育解决职业教育人才供给与产业需求的结构性矛盾，实现教育链与产业链、人才链与创新链的对接。认知是行动的导向和动力。改变传统认识的发展，对深化产教融合具有重要意义。

二、产教融合创新路径

（一）高职教学管理理念创新

政府、企业、学校和学生是产教融合的有效参与者，也是观念创新的实践者。政府是产教融合实施过程中的重要保障，可以为政策措施的制定提供人力、物力支持，充分调动企业在人才培养过程中的主动性和积极性，确保产教融合措施的有效实施。学校是产教融合的有利组织者。学校要充分认识产教融合的重大意义，积极适应企业要求，调整改革课程设置、教学计划和教学内容，有效提高人才培养质量。企业是产教融合的重要承担者。企业要坚持可持续发展的理念，在保障自身利益的基础上承担足够的社会责任，尽快介入高职院校人才培养工作，在服务社会的基础上建设人才库。学生作为产教融合的实际对象，需要明确就业观念，有效地与社会、职业联系，强化职业道德和职业观念，增强自身的职业技能，实现从学生到劳动者的角色转变。高职院校领导要转变思想，带领全体员工学习有关职业教育的相关政策和文件。深刻理解职业教育的培养目标和产教融合人才培养模式的内涵。召

① 曾露.产教融合视域下职业教育发展现状及对策 [J]. 林区教学，2019(2): 34-36.

集不同类型的教师，树立新的职业教育理念，形成独特的办学机制和人才培养模式。根据企业和社会发展对人才的需求，学校在专业设置、培养计划、课程建设、教学内容、教学手段和实践等方面都要进行调整和改革。通过校企合作和产教融合提高教育质量，增强办学特色。

（二）高职教学管理制度的创新

该系统作为产教融合能否顺利实施的保障，在高职学生管理过程中发挥着极其重要的作用。首先，确保学生能够熟悉企业的相关制度。学校不仅要开展遵守工作纪律、商业秘密、校企合作的一般职业道德教育工作，还要组织学生学习企业的日常管理、操作规程、技能考核等相关制度，帮助学生在学校学习阶段全面掌握企业制度。其次，要加强校企之间的制度联系。学校可以借鉴企业的实际经验。在日常实践、实验和规则制定过程中，要求学生严格按照企业的相关要求进行操作，使学生在工作中养成负责、认真、严谨的态度。通过真实环境的模拟，可以有效降低高职学生来企业后的不适感。最后，完善相关制度。学校要创新传统管理模式，充分考虑企业在实际经营过程中的规律性，切实保护企业的经济利益，邀请企业参与制订学校教学计划、管理制度和实施方案，使企业与学校实现双赢。同时，企业需要兼顾人才培养和学校教学的要求，做到取长补短。

（三）高职教学管理组织的创新

1. 高职院校要建立相应的管理机构

高职院校应尽可能吸收更多的企业人员参与，负责产教结合教学模式的实施和评价，签订相应的合作协议，明确具体实施方案、双方职责和培养目标，落实高校和企业的权责。既要明确分工，又要加强协作。

2. 加强企业参与学生管理

企业指定专人负责产学研结合的学生管理工作。学校聘请技术过硬、经验丰富、热情高涨的企业员工担任学生导师，主要教授学生相关技能，加强日常管理，并给予企业员工一定补助。

3. 学校要与企业保持联系

学校应建立定期通报制度，以便及时掌握学生实习动态，加强对学生的综合指导；也可以采取后续管理形式，由学校选派专业人员进入企业，加强对学生的日常管理，引导学生正确处理工作、学习、生活中遇到的问题。

4. 加强"双师型"队伍建设

高职院校要从企业中选拔优秀的专业技术人才和管理人员担任教师，也可以把现有教师送到企业进行临时培训，从而建设一支数量充足、结构合理、素质较高、具有学校和企业双重管理经验的教师队伍[①]。

（四）高职教学管理方法的创新

学校要掌握产教融合的具体规律，积极探索符合学生实际需要的管理方法。

1. 做好职业生涯规划和设计

让学生在入学时能够确定未来的岗位，以及对技能的需求，从而有效地解决思想上的疑惑，并积极学习实践技能和理论知识。

2. 加强日常教育培训工作

从实践技能和思想道德两方面入手，帮助学生尽快掌握企业的生存技能和发展技能。特别是在实施产教融合模式之前，要进行系统的培训，让学生从技能和思想上做好准备。

3. 加强企业文化教育

在校园内建立模拟的企业环境，可以宣传企业的价值观，使学生尽快了解企业文化，为更好地适应企业的工作环境和文化奠定坚实的基础。

4. 注重过程评估

学校和企业要制定具体的考核办法，以企业的考核工作为主要内容，以学校的考核为辅助内容，综合评价学习、生产、教学一体化过程中的实际表现。学校可将考核结果作为学生实习结果，企业则可作为今后招聘的实际参考，并将考核结果与就业挂钩。

[①]　王秀敏.高职院校专业教师赴企业挂职锻炼的实践与探索[J].中国科技投资，2014(A8): 521.

第五节　高职院校全面质量管理思考与启示

一、高职教育实施全面质量管理的思考

高职教育实施全面质量管理，必须注重全面质量管理理念、机制和体系的建立。

（一）要树立全面质量管理意识

教学全面质量管理体系必须以全员参与为基础。学校应通过多种途径和方法对全体教师进行全面质量管理的思想教育，培养教师的主人翁意识和敬业精神，使教师树立责任意识，以积极的态度投入到教育质量管理过程中，不断提高教学水平，全面有效地促进教学工作的发展，确保教育质量和教学效率不断提高。

（二）要确保实现人才培养目标

素质教育的直接对象是学生。因此，高职教育能否使学生学习到有用的知识和技能，满足学生自我发展和自我完善的需要和要求，教学内容是否令人满意，教学方法和教学环境是否良好，已成为衡量高职教育质量的重要标准。教育的间接服务对象是社会。教育服务社会满足社会需求，体现在学生内在素质和能力对社会的有用性上。高职教育必须以社会需求为中心，以就业为导向，以满足劳动力市场需求为发展动力，以提高学生就业、创业能力为改革方向。这既是高等职业教育改革发展的出发点和归宿，又是衡量高等职业教育质量的重要标准。学校在制订教学计划、确定专业培养目标、基本要求、专业方向、课程设置、教学过程等方面的统筹安排，必须明确社会对人才的需求，树立新的人才观和质量观，体现以就业为导向的原则，确保人才培养目标的实现。

（三）要有健全的质量管理体系和监控体系

没有健全的质量管理体系和监控体系，高等教育质量将失去强有力的保障。在高职院校实施全面质量管理中，可以建立质量评价体系和激励机制，

对教育教学工作的各个环节进行检查、监督和考核，对各部门的工作情况进行评价，对教育工作者给予精神、物质、文化等不同方面的激励，从而激发教师的积极性，加强质量管理、宏观指导和教学管理工作。

（四）注重质量分析

对质量检验中获得的一系列质量信息与原始指标或标准进行比较。通过比较和综合定性分析和定量分析，找出存在的问题和取得的成绩，为进一步改进管理提供依据，以实现质量管理的有效运行；实现教学质量的不断提高；实现学校管理的良性循环，全面提高学校的管理水平和教学质量。

（五）重视质量服务

实施全面质量管理，必须重视质量服务。通过加强学校软硬件建设，加强师资队伍建设，培养高素质的教风、学风，加强校园文化建设，改善教师工作条件和学生学习条件，使教师和学生有一个舒适的工作环境和学习环境，从而满足他们的求知欲和创造力，调动他们的积极性和创造性。学校的行政后勤要服务于教育教学一线，树立为教学和师生服务的意识，保证全面质量管理的正常实施。全面质量管理理论在包括高等职业教育在内的教育领域得到了调整和应用。它使人们更多地关注学校的整体管理，只有改进与整体管理相关的活动，才能更好地评价学校的整体管理。

二、以全面质量管理为导向提升高职教学质量的思考

全面质量管理的概念已被许多西方国家引入到教育管理的理论和实践中，并取得了良好的教学效果。因此，探索在全面质量管理指导下提高我国高职院校教学质量的途径具有重要意义。

（一）加强高校教学质量的品牌建设

brand 一词源于古挪威语的 brandr，最初的意思是人们用这种方式来标记家畜等需要与其他人相区别的私有财产。在《牛津词典》中，它被定义为"用来证明所有权，作为质量的标志或其他用途"，即区分和证明质量。一般而言，高校品牌是指高校在长期的发展过程中，通过教学质量、办学水

平、学科建设、科研水平和社会评价，在人们心中形成的印象和知名度，即无形资产以高校声誉和影响力的形式存在，是高职院校综合实力的集中体现。加强高校教学质量品牌建设，它立足于高校品牌建设的思路，立足于教学质量，在高职院校品牌建设中发挥着重要作用。根据《泰晤士报》公布的大学品牌价值评价指标体系，影响大学品牌的指标权重为教学质量 23%、财力 18%、学术声誉 14%、师资 9%、大学录取分数 9% 等。

（二）强调高校教学质量的全面管理、全程管理、全员管理

高职院校的根本任务是培养人才，教学始终是学校的中心任务。新形势下，高职院校必须处理好规模与质量、发展与投入、教学与科研、改革与建设之间的关系，牢固树立人才培养的质量是高职院校生命线的理念。在高职院校教学管理中坚持全面质量管理的理念。

一是在教学管理中，要对影响教学质量的所有因素进行管理，如教育教学观念、教师水平、学生素质、教师待遇、学校管理和后勤保障等；二是在教学管理中，要对教学质量的全过程进行监控和管理。在"教育投入—教育过程—教育产出"的全过程中，高职院校要以社会需求为导向，结合本校实际，通过过程性评价或形成性评价，依靠终结性评价和成就性评价，不断评价和提升教育教学质量，对学生从入学到毕业的学习、生活全过程进行管理，实现最佳教育产出；三是在教学管理上，建立用人单位、教学管理者、教师和学生共同参与的教学质量评价认证机制，把教学质量和人才培养质量的相关方面纳入高职院校教学管理，形成开放的教学管理思路。

（三）多措并举，构建教学质量监控、评估和保障体系

1. 加强提升高校教学质量的理论研究

要想提高高校教学质量，离不开高职院校教学质量理论的指导。我国对提高高职院校教学质量的研究起步较晚，主要集中在对国外相关理论和方法的引进和宣传上，缺乏系统的完善。加强对提高高校教学质量的理论研究，对提高高校教学质量，形成中国特色高校教学质量理论体系具有重要意义。中国特色高校教学质量理论体系必然涉及高校各专业的知识，或是高校哲学、管理、教育、工程、法律等各专业知识的聚合理论体系，如社会学、心理学、科学等学科。

2. 建立健全分层、多元的评估体系

我国国情决定了必须建立和完善层次化、多元化的教学质量评价体系，以促进高职院校教学质量的提高。在评价主体方面，要建立政府主导、多方参与的评价体系。要在政府的引导下，充分发挥各类社会组织的专业优势，调动各方面的积极性，实现高校教学质量评价的专业化、规范化、科学化，如综合性大学和专业性大学、师范性大学和农林类大学的不同评价指标。不同学科、不同专业设置不同的评价指标，如理工、文史、哲学、机械制造、法学等。在评价内容上，坚持定量评价与定性评价的有机结合，充分认识教育的长期性和滞后性规律。不仅要评价教育产出，还要评价教育产出所依赖的条件和过程，如办学特色、发展潜力等。

3. 重视内外结合，提升教学质量

所谓内外结合提高教学质量，也就是说既要注重内部教学质量机制、体系和方法的建设和探索，又要注重外部力量在提高教学质量中的作用。一是建立三级教学质量管理体系。关键是要以规章制度的形式明确各自的职权范围，做到权责分明；二是建立学校和学院两级教学督导制度，聘请德高望重、事业有成的教师担任教学督导；三是建立教学信息系统，包括学生信息系统、学生评价系统、干部教师考勤系统、教学检查系统等；四是加强高校师德建设，大力倡导教授上讲台，加强基础课教学，建设一支适应高质量教学要求的中青年骨干教师队伍；五是加强学风建设，充分调动和发挥学生学习的积极性。实践表明，良好的校风、学风对学生有着潜移默化的影响，是保证教育质量的重要前提；七是加强实践教学，注重培养学生的创新精神和实践能力，因为实践教学对提高学生的综合素质，培养学生的创新精神和实践能力有着特殊作用；八是以社会需求为导向，注重培养学生的创新精神和实践能力，注重用人单位对人才的需求和评价。充分认识提高我国高校教学质量的紧迫性和必要性，借鉴国外先进的教育管理理念，探索构建中国特色的教学质量体系，明确办学理念，这对增强我国高校的办学意识，提高高校的教学质量具有重要意义。

三、教学全面质量管理学生观对教学的启示

树立正确的学生观应在教育过程中贯彻落实。作为一种新的管理模式，全面质量管理的学生观将给我们带来一些启示。

（一）学生产品观的启示

1. 高职院校要把全体学生培养成为素质全面、个性自由发展的人

（1）教师应该把学生看作一个完整的人

教师不仅要研究学生的认知领域，关注知识、认知能力等智力因素的发展，还要深入学生的情感世界，包括心理、态度、意志、价值观等非智力因素的发展。学生不是简单的抽象学习者，而是情感丰富、个性完整的人。为了达到德、智、体、美、劳全面发展的目标，教师应该在原有学习的基础上丰富学生的精神生活，为学生素质的全面发展提供时间和空间，对学生充满爱心。爱是教育的出发点和前提。只有热爱学生的教师，才能正确对待学生，对学生的发展负责。

（2）学生产品观还体现在学生素质的全面发展和个性的自由发展上

教师要正确认识学生的个性差异，学会欣赏每一位学生，尊重学生在知识、专业、个性、兴趣等方面的差异，重视学生的个性，善于发现和研究个性，珍惜学生个性，培养个性独特的人。

（3）教师在面对学生整体时，要了解和遵循学生身心发展的规律

教师要熟悉不同年龄段学生身心发展的特点，从发展的角度关注学生的潜能，相信学生有很大的发展潜力，坚信每个学生都能积极成长。把学生的潜能当作教育资源，通过多种教育方式开发学生的潜能，并转化为现实。

2. 学生不仅个性不同，学习能力也不同

教师要以积极乐观的眼光和态度认识和接受学生的发展差异，真正做到包容、接受和珍惜。教师应该改变教学的重点，找出学生之间的差异，或简化排名。教师要尊重学生的发展差异，有效因材施教，挖掘每个学生的优势和闪光点，为学生的发展提供有利条件。教师应该对所有学生的发展充满信心[1]，相信每个学生的发展潜力，爱和信任每个学生。教师义不容辞的责任是对每一个学生的发展抱有热情和期望，帮助每一个学生而不是少数学生取得成功。教育者的信条应该是让每个学生都能成功。这就需要教师帮助那些在发展中遇到困难或障碍的学生。教师应成为学生的向导，让每个学生都得到最充分的发展，为社会培养适应社会发展需要的不同层次、不同类型的人才。

---

[1] 徐勤波.尊重学生差异 实施因材施教 [J].科普童话，2019(10): 33.

（二）学生管理观的启示

教学全面质量管理中的学生管理理念要求教师充分尊重学生的主体性。只有充分认识学生的主体性，才能真正引导学生在更高层次上自觉主动地发展，逐步提高自我教育和自我管理能力。

1. 教师要相信和尊重学生发展的主体性

教师要相信学生发展的主动性，相信每个学生都有积极求知、求发展的愿望。教育并没有赋予学生发展的特征，只是遵循学生身心发展的规律，促进学生更好、更快地发展。教育者的职责是激活学生内在发展机制，唤醒学生主体发展的意识，调动学生主体发展的积极性，即学生对发展的自觉性、需要性、自信性、意志性和当前自我发展的良好体验性，使学生主动发展而不是被动发展[①]。

2. 教师要相信学生具有自我发展和自我管理的能力

未来的社会需要学生学会自我管理。师范学校对学生的"管理"归根结底是为了"不管"。因此，要鼓励学生积极参与班级和学校的管理活动，特别是鼓励学生参与学校的重大决策，这样既能发挥学生的聪明才智，又能满足学生的需要，还能增强他们的决策认同感，激发他们的积极性和创造性。学校领导要对学生的贡献给予适当奖励，引导学生与自己合作，分担教师工作和责任，共同确定和实现各级教育的目标。因此，要重视学生主体性的培养，尊重和信任学生，培养学生的主体意识，培养学生的自我管理能力，使他们成为具有进取意识和创新精神的社会主体。教师应该用积极乐观的眼光和态度来评价学生的本性，自觉摆脱恶性论，真诚地评价学生的本性和行为，注重学生自我完善的内在需要和倾向。

（三）学生顾客观的启示

有了教育服务，就有了教育市场。市场精神的核心是民主与平等。由于学生为教育服务付费，教师作为服务提供者有责任提供优质的服务。全面质量管理中的学生顾客观要求学校从学生的需要出发，尊重学生的权利。学者何洪育曾说过："学生满意是教师最大的追求"[②]。学校的一切教育工作都要

---

① 林贵贤. 激活学生主体意识　促进学生主动发展 [J]. 数学大世界（教师适用），2011(7): 64.
② 何洪育. 课堂教学应尊重学生的学习权 [J]. 教育科学论坛，2015(21): 25.

从学生发展的需要出发。学校要深入研究学生的心理和行为，了解学生的学习需求，关注学生的情感需求，贴近学生，与学生沟通，适应学生成长的需要，营造适合学生成长的教学环境，营造和谐宽松的教学氛围，为学生的发展创造空间。树立为学生发展服务的理念，就是要从学生的角度去思考，教师不能以自己的思维方式去理解学生，而应该站在学生的角度去思考。要建立民主、平等、和谐的师生关系，营造开放、包容的合作环境，使学生在轻松愉快的氛围中接受教育、获得发展。把学生作为责任主体和权力主体的理念是建立民主、道德、法制教育关系的基本前提，强化这一理念也是时代发展的要求。此外，学校和教师应树立品牌意识。在加强全面质量管理、提高教育服务质量的同时，学校要形成自己独特的办学理念和办学风格。学校品牌是学校教育服务优势的突出体现。成功的学校把创建和发展学校品牌作为自己的生命。教育品牌和其他商品品牌一样，需要"管理"和教育者的努力。

四、全面质量管理理论对高职教育的启示

高等职业教育的主要职责和目标是培养和创造具有现代思想意识、高尚职业道德、高水准职业技能、满足社会（顾客）需求的一流专业技术人才（产品）。因此，全面质量管理的理论和方法对高职教育的发展和高职教育质量的提高具有重要意义。

（一）树立全面管理理念

高职院校教育教学工作应具有全面质量管理的思想和理念。高职院校的全面质量管理是以学生为主体、质量为中心、全员参与为基础的全面质量管理。其目的是让学生和社会满意，并为学校所有成员（包括学生）和社会带来持续的效益。

（二）管理方式改变

高职院校的管理应体现全面质量管理的基本特点，即由过去的事后检查评估转变为预防为主，从结果管理转变为过程管理，从分散管理转变为教师参与的全过程管理。学校管理应以满足学生和社会的需求为中心，强调提高质量人人有责，领导带头，全员参与，不断改进教学工作中存在的问题，用

事实和数据说话。

（三）教学全方位管理

高职教育教学质量管理应是全员质量管理、全过程质量管理和全校质量管理。学校每一位教职工都要明确，教育质量是高职院校的生命线，对学生、社会负责是高职院校的责任。每个人都应该关心质量，承担质量职能。每一位教师都应牢固树立以人为本、质量第一、学生和社会需求至上的观念，明确学校、院系、教研室、教师、行政人员、后勤人员的质量责任，健全质量责任体系，落实质量管理责任。

（四）多样化动态管理

高职院校应实行多元化质量管理，尊重事实，用数据说话，遵循 PDCA 循环工作程序，按照计划、实施、检查、总结四个阶段进行质量管理，尽量用计算机、系统工程、价值工程和数理统计等现代科学技术和科学方法进行管理，跟踪管理学校的教学质量、学生的职业道德和职业技能、用人单位的社会需求，实施动态管理。

（五）健全责任制度

要按照全面质量管理的要求，做好高职教育的基础管理工作。要按照全面质量管理的要求，做好质量教育工作，建立健全质量责任制，做好标准化工作、统计计量工作和质量信息工作。

（六）教学管理认证

高职院校可以按照 ISO 9000 标准进行质量认证。ISO 9000 标准是全面质量管理思想和方法以及各国全面质量管理的实践标准。在世界范围内，特别是在我国，质量体系认证得到了广泛的实施。高职院校也可以借鉴这一方法进行质量认证，形成高职教育的优质品牌，占领优等质量的制高点，寻找业界、社会、学生和家长的认可，为学校成员、学生和社会的长期受益，构建有效的可持续的发展管理体系和管理方法。

参考文献

[1] 刘五云. 高职教学管理研究与实践 [M]. 成都：电子科技大学出版社，2009.

[2] 蒋德喜. 高职教学管理创新论 [M]. 长春：吉林大学出版社，2007.

[3] 符丹. 高职课堂教学与班级管理——理论与实践 [M]. 天津：天津科学技术出版社，2017.

[4] 匡玉清. 高职院校教学全面质量管理研究 [M]. 长春：吉林人民出版社，2017.

[5] 祖廷勋. 产学研合作发展研究 [M]. 兰州：甘肃人民出版社，2007.

[6] 王然，刘巍，毛三艳，等. 管理实务 [M]. 北京：中国财富出版社，2016.

[7] 中国质量协会. 全面质量管理 [M]. 北京：中国科学技术出版社，2006.

[8] 王振洪. 高职院校管理文化及其创新策略研究 [M]. 杭州：浙江大学出版社，2017.

[9] 张岩松. 新时期高职院校创新发展研究 [M]. 沈阳：东北财经大学出版社，2017.

[10] 方法林，印伟. 高职院校顶岗实习质量管理探索与实践 [M]. 北京：旅游教育出版社，2015.

[11] 李明惠，卢晓春，陈周钦，等. 高职教育教学质量监控与评价的研究及实践 [M]. 长春：吉林大学出版社，2007.

[12] 班秀萍，叶云龙. 全面质量管理与高校人才培养 [M]. 长春：东北师范大学出版社，2017.

[13] 吴群. 高职管理专业产教融合模式的问题与对策探索 [J]. 纳税，2019, 13(31): 243–244.

[14] 王黎明. 高职院校管理队伍建设的途径——职员制改革 [J]. 开封教育学院学报，2016,36(7): 154–155.

[15] 谢莉花，彭程．德国"双元制"职业教育教材建设的特点及启示 [J]. 职教发展研究，2020(4): 71–80.

[16] 李霞．高职院校校院两级教学管理体制探索 [J]. 产业与科技论坛，2020,19(23): 252–253.

[17] 胡小春．高等职业教育实践教学管理与研究 [J]. 湖北开放职业学院学报，2020,33(21): 33–34.

[18] 邱德齐．德国"双元制"职业教育模式窥探及借鉴 [J]. 云南开放大学学报，2020,22(4): 84–89.

[19] 陆欣桐．基于CBE教学模式视角下我国职业教育教学新探索 [J]. 现代职业教育，2020(45): 194–195.

[20] 李小玺，刘志遥．基于CBE教学范式的社区教育课程建构 [J]. 中国成人教育，2018(24): 137–139.

[21] 顾月琴．德国双元制和北美CBE职教模式的比较研究 [J]. 黑龙江高教研究，2015(11): 64–67.

[22] 张学英，王璐．产业结构调整视角下的美国CBE人才培养模式探析 [J]. 职教论坛，2012(21): 93–96.

[23] 尹春宏．澳大利亚TAFE教育特点及对我国职业院校的启示 [J]. 技术与教育，2020, 34(2): 29–33.

[24] 沙其富．澳大利亚职业教育成功经验及其启示——基于TAFE学院模式 [J]. 成人教育，2020, 40(6): 89–93.

[25] 路美英，盛贤，韩国文．澳大利亚TAFE学院的特色及对高职教育的启示 [J]. 河北大学成人教育学院学报，2019, 21(4): 78–83.

[26] 杨超，赵燕．高职教育学分制模式的国际经验研究——以美国社区学院、澳大利亚TAFE学院和英国BTEC教育为例 [J]. 现代商贸工业，2019, 40(31): 187–188.

[27] 朱诗孝．澳大利亚TAFE学徒制人才培养分析与启示 [J]. 中国教育技术装备，2019(19): 132–133, 136.

[28] 沈雕，胡幻．以"产学官"合作为代表的日本现代学徒制研究 [J]. 职教论坛，2018(9): 171–176.

[29] 王玲．日本产学官合作现状及成功要素分析 [J]. 全球科技经济瞭望，2013, 28(3): 34–37.

[30] 吴达飞，江一帆．日本"产学官"创新创业模式的启示性研究 [J]．襄阳职业技术学院学报，2020, 19(1): 47–50.

[31] 胡昌送，李明惠．高职院校产学研协同创新问题及成因探析 [J]．大学（研究版），2018(9): 41–47.

[32] 徐铭．推进产学研结合深化高职教育改革 [J]．辽宁高职学报，2019, 21(8): 49–52.

[33] 李岩．基于产学研一体的高职教学管理研究 [J]．教育界（高等教育研究），2018(4): 12–13.

[34] 李君，王玉龙．高职院校"产学研"合作管理机制路径研究 [J]．北京经济管理职业学院学报，2017, 32(1): 58–61.

[35] 李霞．高职院校校院两级教学管理体制探索 [J]．产业与科技论坛，2020, 19(23): 252–253.

[36] 胡小春．高等职业教育实践教学管理与研究 [J]．湖北开放职业学院学报，2020, 33(21): 33–34.

[37] 史晓华．高职院校教学精细化管理探讨——以苏州健雄职业技术学院为例 [J]．河北农机，2020(11): 96–97.

[38] 黄安，何荣．高职院校分层教学管理创新与实践 [J]．科学咨询（科技·管理），2020(11): 106.

[39] 张岚．新形势下高职教学管理与队伍素质研究 [J]．农家参谋，2020(23): 206–207.

[40] 凌寿铨．高职院校教材管理存在的问题及完善策略分析 [J]．现代职业教育，2020(41): 230–231.

[41] 赵聪．浅析高职院校构建有效师资培训工作中的质量管理 [J]．智富时代，2018(10): 184.

[42] 刘武军，石永洋．高职院校高质量"双师型"师资队伍建设研究 [J]．科教文汇（下旬刊），2019(11): 118–119.

[43] 曾海娟．工匠精神引领下高职院校文化创新发展方向与实施路径 [J]．职业技术教育，2018, 39(35): 65–68.

[44] 贾新华．文化自信背景下高职院校文化创新发展研究 [J]．教育与职业，2019(12): 45–50.

[45] 张冬梅.文化创新视角下高职校园文化建设研究 [J].清远职业技术学院学报，2013,6(1): 117–120.

[46] 熊志强.基于职业素养培育视角的高职校园文化建设 [J].思想教育研究，2013(8): 72–75.

[47] 胡钊红.推进高职院校全面预算管理的思考 [J].产业与科技论坛，2020,19(4): 262–263.

[48] 陈天照.全面质量管理（TQM）理念对学校工作的启示 [J].湖北水利水电职业技术学院学报，2020(2): 1–3.

[49] 鲜耀.高职院校实践教学全面质量管理研究 [D].成都：四川师范大学，2014.

[50] 韩玲敏.基于全面质量管理的高职生职业素养培养研究 [D].青岛：青岛大学，2018.

[51] 董文敏.基于 PDCA 循环的高职学生顶岗实习质量管理研究——以 WH 职业学院汽车营销专业学生为例 [D].济南：山东大学，2017.

[52] 董菊芬.基于 TAFE 模式的中外合作办学质量保障体系研究 [D].宁波：宁波大学，2014.

[53] 杨文革.高职院校教育质量管理及发展趋势研究 [D].西安：西北大学，2013.

[54] 蒋微.高职院校教育质量过程管理研究 [D].南京：南京信息工程大学，2013.

[55] 刘明.高职院校教育教学质量监控与保障体系的研究 [D].合肥：安徽大学，2013.

[56] 朱星茨.我国高等职业教育教学质量保障体系完善研究——基于全面质量管理（TQM）理论的视角 [D].武汉：华中师范大学，2011.

[57] 叶亮.学校教学管理文件体系的构建研究——基于全面质量管理的视角 [D].上海：华东师范大学，2010.

[58] 郭文富.现代治理视角的高等职业教育质量保障研究 [D].上海：上海师范大学，2018.

[59] 陈方媛.高职院校教学质量内部保障体系完善研究 [D].成都：四川师范大学，2019.

[60] 朱姗.高职院校教学质量监控体系运行存在的问题及优化策略研究——以重庆 A 高职学院为例 [D].重庆：西南大学，2020.